编译文库

社科

李怀亮 著

本书是国家社科基金艺术学重大项目"建成社会主义文化强国的标准和实现路径研究"
【课题号：22ZD01】阶段性成果之一

中国文化"走出去"：
国际文化贸易与文化发展

Chinese Culture Going Global:
International Cultural Trade and Cultural Development

图书在版编目（CIP）数据

中国文化"走出去"：国际文化贸易与文化发展／李怀亮著．—北京：中央编译出版社，2024.7.
ISBN 978-7-5117-4785-3

Ⅰ．G124

中国国家版本馆CIP数据核字第20243883SU号

中国文化"走出去"：国际文化贸易与文化发展

责任编辑	李媛媛
责任印制	李　颖
出版发行	中央编译出版社
地　　址	北京市海淀区北四环西路69号（100080）
网　　址	www.cctpcm.com
电　　话	（010）55627391（总编室）　　（010）55627310（编辑室） （010）55627320（发行部）　　（010）55627377（新技术部）
经　　销	全国新华书店
印　　刷	佳兴达印刷(天津)有限公司
开　　本	710毫米×1000毫米　1/16
字　　数	239千字
印　　张	15.5
版　　次	2024年7月第1版
印　　次	2024年7月第1次印刷
定　　价	80.00元

新浪微博　@中央编译出版社　　　　　　微　信　中央编译出版社（ID：cctphome）
淘宝店铺　中央编译出版社直销店(http://shop108367160.taobao.com)　（010）55627331

本社常年法律顾问　北京市吴栾赵阁律师事务所律师　闫军　梁勤
凡有印装质量问题，本社负责调换。电话：（010）55627320

目 录

第一章 国际文化贸易的特点及发展趋势 ………………………… 001
 第一节 国际文化市场的特点和趋势 ………………………… 002
 第二节 国际文化贸易的影响因素研究 ……………………… 034
 第三节 数字化条件下国际文化贸易的新趋势 ……………… 046

第二章 文化产业发展的理论阐释及战略意义 ………………… 062
 第一节 文化产业与经济增长关系的理论研究 ……………… 063
 第二节 文化产业发展与国家文化软实力的提升 …………… 071
 第三节 文化产业创新创造活力提升的重要渠道 …………… 080

第三章 国际文化贸易与文化产业发展典型案例 ……………… 084
 第一节 多维视野下的国际电视节目市场 …………………… 085
 第二节 美国文化全球扩张和渗透背景下的百老汇 ………… 099
 第三节 FTA与中韩影视产业合作新空间 …………………… 107

第四章 从市场占有到价值引领：中国对外文化贸易发展逻辑 … 114
 第一节 中华传统文化与中华美学精神 ……………………… 115

第二节 国际文化贸易格局下的中国文化出口策略 …………… 117

第三节 新政策环境下我国对外文化贸易发展路径 …………… 126

第四节 从市场占有率到价值引导力：中国对外文化贸易的

新趋势 ……………………………………………………… 137

第五章 统筹国际国内市场：中国文化"走出去"路径 ………… 144

第一节 文化"走出去"须统筹国际国内两个市场 …………… 145

第二节 新秩序背景下我国文化"走出去"的逆接受

效果分析 …………………………………………………… 156

第三节 中国文化"走出去"效果评估体系的构建 …………… 170

第六章 人类命运共同体：中国社会主义文化强国建设价值坐标 …… 186

第一节 "后全球化时代"的国际文化传播 …………………… 187

第二节 从全球化时代到全球共同体时代 ……………………… 200

第三节 人类命运共同体理论与国际软实力格局的重构 ……… 207

第四节 社会主义文化强国建设的标准和实现路径 …………… 216

附　录 ……………………………………………………………………… 235

第一章　国际文化贸易的特点及发展趋势

　　二十世纪以来，世界格局的变化和世界范围内文化思潮的发展演变促进了文化经济化与经济文化化，在全球文化与经济的双重交织发展中，国际文化贸易展现出以下几大特点：地域上的巨大的不平衡性、文化贸易主体上大型跨国媒介集团的垄断性、贸易形势主要为产业内贸易以及法律法规层面以WTO成为规范当代国际文化贸易的主要法律文件。文化与经济的相互渗透中，世界范围内文化经济和文化贸易的迅猛发展，已引起各国政府高度重视。美国、英国、加拿大、日本、韩国等众多国家将文化政策的制定及文化产业的发展放在重要的位置。伴随着文化贸易的全球化，文化经济已经成为世界经济格局中的重要经济形态，也成为国民经济的重要支柱。文化经济与文化贸易发达地区和城市的综合竞争力大幅度提高，文化经济的发展为各国增加就业机会、改善就业结构做出了重要的贡献。在国际文化贸易的过程中，国内市场规模、文化差异和文化距离、技术条件、经济发展水平以及政策等成为影响国际文化贸易的主要因素。

　　当今，数字化发展成为国际文化贸易的新焦点，文化产品和服务的国际贸易平台在数字化赋能背景下不断发展壮大，文化产品的传播方式和贸易特点出现了显著变化。文化生产和贸易主体的泛化、文化产品表现形式多样化与品牌聚合功能同时加强、渠道和物流成本降低，但对知识产权保护的要求增强、各种形式的贸易壁垒功能减弱等特点使得数字化条件下文化产品和服务的国际贸易出现了新的变化。国际文化贸易方式从传统的交易工具改变为 EDI，支付方式由电子货币代替纸质货币，交付方式改变为在线与非在线的融合。由此，数字化条件下文化产品和服务的国际贸易出现了贸易扩大效应、贸易替代效应以及贸易条件效应。此外，数字化进一步促进国际文化贸易营销模式变革，网络互动式营销、网络定制式营销以及网络整合式营销成为数字化时代的营销新方式。当然，数字化在为国际文化贸易颠覆性发展提供技术座驾的同时也为其提出了诸多新的挑战，在数字化时代，如何在国际文化贸易中脱颖而出？如何增强文化企业的经营能力？如何提供更加优质的国际文化产品和服务？是值得我们深思的问题。

第一节 国际文化市场的特点和趋势[①]

随着文化经济化和经济文化化的进一步发展，文化经济已经成为当代世界经济格局中的重要经济形态和国民经济的重要支柱。文化经济对于提高城市、地区乃至国家的综合竞争力有着不可忽视的作用，为各国增加就业机会、改善就业结构做出了重要贡献。随着文化经济的发展，文化贸易在国际贸易格局中也发挥着越来越重要的作用。作为一种特殊的贸易形式，当代国际文化贸易有着与众不同的特点。从地域上看，当前国际文化贸易存在着巨大的不平衡性；从文化贸易的主体来看，大型跨国媒介集团垄断着当代国际文化贸易市场；从贸易形式来看，当代国际文化贸易主要

---

① 本节内容最初发表于《河北学刊》，原标题为《当代国际文化贸易综论（上）》（2005年第1期）；《当代国际文化贸易综论（下）》（2006年第6期），作者：李怀亮、闫玉刚。

是产业内贸易;从法律规范的角度看,WTO 成为规范当代国际文化贸易的主要法律文件。当前,中国文化产业和文化贸易正处于起步阶段,大力发展国际文化贸易,对于改善中国对外贸易结构、改变中国对外文化贸易严重逆差等方面问题都有着不可忽视的作用和意义。

一、世界范围内文化经济的发展趋势

(一) 文化经济和文化贸易的迅猛发展,已经引起各国政府的高度重视

在 2003 年的一次有关文化与经济发展的讨论会上,纽约联邦储备银行资深经济学家雷·罗森指出,"纽约经济已经陷入困境,以后,我们的经济将向何处发展?什么能够带动我们前进呢?"她给出的回答是:文化![1]

当今时代,全球社会、经济、政治和文化的变化,改变了传统商品生产和服务的条件。信息和通信技术的发展,催生了新的产业和生产组织形式。在当今信息社会,经济的竞争已经远远超出了传统生产要素的范围,而越来越倚重于知识、无形价值和创新能力。经济日益全球化,技术进步和创新已经占据经济发展的核心地位。国家、地区和城市的比较优势,越来越体现为其学习、创新和知识生产的能力。

在这种新的经济形态中,文化变得越来越重要。首先,文化功能的扩张与社会从传统产业形态向服务业转化密切相关;其次,生活方式的变化和空闲时间的增加使人们对包括文化在内的休闲娱乐活动的需求大大增加了。这两种趋势使文化的经济价值变得越来越明显。"文化生活与文化经济之间的关系日益变得密不可分、互相交织,这也成为今日文化部门的重

---

[1] Martha Hostetter, *The Cultural Economy*, https://www.fas.nus.edu.sg/staff/home/geokongl/doc/ introgeo.doc(访问日期:2004 年 12 月 30 日)。

要特点。"① 文化经济化，经济文化化，文化与经济之间的相互关系变得越来越密切。

所谓文化的经济化，是指文化进入市场，文化进入产业，文化中渗透了经济的、商品的要素，使文化具有经济力，成为社会生产力中的一个重要组成部分。将文化的商品属性解放出来，这就增加了文化的造血功能，使文化进入良性循环的发展机制。而所谓的经济文化化，是指生产、消费、市场等经济领域越来越多地被文化所渗透，经济活动中表现出更多的文化因素。正如阿伦·斯科特所指出，在当前时代中，产品的文化形式和文化内涵变得至关重要，甚至成为生产战略的主导性因素。在这种情况下，人类文化作为整体正在变得越来越商品化，同时，大量的生产、市场、服务等经济行为也都在某种程度上涉及美学、符号等方面的文化内容②。由此也可以看出，文化的经济化与经济的文化化其实是一种一而二、二而一的关系，是一个过程的两个方面。

1998年，联合国教科文组织和世界银行分别出版了《世界文化报告：文化、创造性与市场》③ 和《文化与可持续发展：行动框架》④，这两份文件都特别强调了文化在经济和社会发展过程中的重要性。1999年10月，在意大利佛罗伦萨会议上，世界银行提出：文化是经济发展的重要组成部分，文化也将是世界经济运作方式与条件的重要因素。这标志着经济与文化在不断接近以后开始走向融合，一种新的经济形态——文化经济（cultural economy）——正在迅速崛起。在全球范围内，文化经济改变了传

---

① Justin O'Connor, *The Cultural Production Sector in Manchester Research & Strategy*, www.mipc.mmu.ac.uk/iciss/reports/cultprod.pdf.

② Allen Scott, "The cultural economy of cities", *International Journal of Urban and Regional Research*, 1997, Vol. 21, No. 2, p. 325.

③ UNESCO, *World Report on Culture: Culture, Creativity, and Markets*, Paris: UNESCO, 1998.

④ World Bank, *Culture and Sustainable Development: A Framework for Action*, Washington, DC: World Bank, 1998.

统的经济形态，对世界市场格局、经济发展趋势、可持续发展产生了重要影响。文化产业不仅提供了数以万计的就业机会，在许多发达国家国民生产总值中占有举足轻重的地位，而且已经成为推动经济增长，培育创新能力，增强地区、国家和城市综合竞争力的重要因素。

对于文化经济的重要性，许多国家、地区和城市已经有了充分的认识。凡是经济发展达到一定阶段的国家和地区，纷纷将文化经济、文化贸易设定为战略目标，将文化产业定位为国家战略产业。

自从丧失了在机器制造业的国际主导地位以后，美国一直在寻求另一个经济制高领域。在美国的传播政策中，虽然没有声明要重建美国的世界领导地位，但将之作为美国政府的目标却是非常明确的。半个多世纪以来，美国国内的文化产业政策基本上是越来越放松管制，其理论基础是市场理论和多样化原则。美国大众文化的全球性扩张，在大多数情况下属于非政府部门的文化企业为巨额利润所驱动而进行的经营性活动，但在实际操作中受到政府的支持，尤其在对外宣传方面已与美国外交紧密地联系在一起。

英国政府为扶植文化产业发展，采取了许多具体措施。英国政府认识到，随着经济全球化的发展，国际市场对文化产品及服务的需求迅速增加，因此，完善自我，抓住机遇，扩展国内外市场是促进文化产业发展的当务之急。1997年5月英国大选后，工党政府上台仅一个月，就在布莱尔首相的直接推动下，成立了以文化大臣为首的文化产业行动小组，其成员包括外交部、文化委员会、财政部、贸易和工业部、教育和就业部、科学和技术部、环境交通和区域部、苏格兰事务部、威尔士事务部、北爱尔兰事务部、妇女部、唐宁街10号政策研究室等部门首长、政府高官以及与文化产业有关的重要商业公司的负责人和社会知名人士。此举本身足以说明英国政府对这一特殊产业的重视程度。

加拿大受到其近邻美国文化产品的冲击，对于发展文化经济和文化贸易更有一种紧迫感。加拿大政府制定了非常完备的优惠政策来鼓励本国文化企业走向国际市场①,由此促进了加拿大的文化出口迅速发展,从1996年到2000年,加拿大文化出口增长了50%。在此期间,文化产品出口的平均年增幅为14%,文化服务和知识产权的出口增幅为年均7%。2000年,加拿大文化产品出口总值为28.8亿美元,比1996年增长了11.7亿美元,增幅为69%;文化服务出口总值约为21.2亿美元,比1996年增长了4.84亿美元,增幅为30%(见图1)。

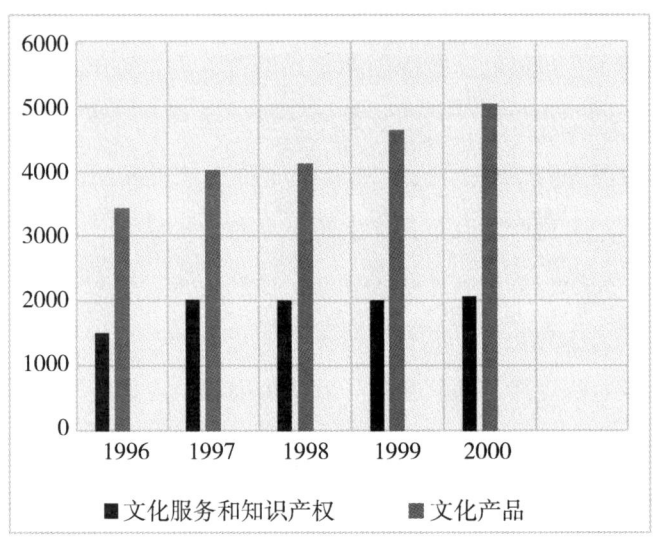

图1 加拿大文化出口总值(1996—2000年)

资料来源:Canada's cultural exports, Statistics Canada Data, http://www.canadianheritage.ge.ca/progs/cebecperb/index.

第二次世界大战结束以后,日本政府为振兴本国经济,曾经提出过技术立国等战略,提升并巩固了日本在全球经济中的地位。但自20世纪90年代以来,在日本经济长期低速徘徊的情况下,日本政府开始把文化和经济结合起来,大力发展文化产业。1995年,日本确立了文化立国方略;

---

① 李怀亮:《当代国际文化贸易与文化竞争》,广州:广东人民出版社2005年版。

2001年，日本开始全力打造知识产权立国战略，明确提出10年内把日本建成世界第一知识产权国；2003年，又制定了观光立国战略，计划到2010年让到日本旅游的外国客人达到1000万人，比2001年提高1倍。为把文化立国战略落到实处，日本政府还通过设立战略会议、恳谈会、幕僚会议、审议会等形式，研究商讨具体对策，推动文化产业发展。

亚洲金融风暴后，为了寻求新的经济发展，韩国制定了"文化立国"的方针，将文化产业作为21世纪发展国家经济的战略性支柱产业。韩国计划用五年时间把韩国文化产业的产值在世界市场的份额由2001年的1%扩张到5%（710亿美元），海外出口额增加到100亿美元，最终目标是把韩国建设成为21世纪的文化大国和知识经济强国。与此同时，国家还在文化事业预算上不断加大投资。有关数据显示，韩国文化事业经费预算2001年进入"1兆韩元时代"，2003年则达到1.1673兆韩元，文化产业投资预算达1878亿韩元。

（二）文化经济已经成为世界经济格局中的重要经济形态和国民经济的重要支柱

当今世界，文化在国民经济中的地位日益凸显。相对于国家经济发展来说，文化在国民经济中所占的地位越来越重要，文化经济已经成为国民经济的重要支柱。如美国的视听产品已经成为仅次于航空、航天的主要换汇产业，占美国总出口额的13%。

作为世界最大的文化内容强国，美国的文化产业是同军事工业一起主导美国经济的两大产业之一。1996年至2001年，美国经济增长率为3.6%，而媒体娱乐产业增长率却达到6.5%。

英国文化产业也发展到相当大的规模。1995年的统计表明，文化产业净收入约为250亿英镑，其产值约占国民生产总值的4%，超过了任何一种传统制造业所创造的产值。在外贸出口方面，文化产业的成绩也不俗。除软件产业无具体统计数字外，其他12种文化产业1995年出口总值约75

亿英镑，其中出版（19亿英镑）、音乐（15亿英镑）、广告（5.65亿英镑）和设计（3.5亿英镑）等产品在海外市场具有较强的竞争能力，在贸易进出口中处于赢利地位。根据1998年英国政府授权进行的调查统计，文化产业所创造的年产值接近600亿英镑。①

1999年，澳大利亚艺术和文化产业出口额达190亿美元，成为澳大利亚出口创汇的重要来源。② 根据相关统计，2002年，加拿大表演艺术团体（如戏剧、话剧、舞蹈团等）营业收入达10亿美元，比2001年增长5.1%，利润增长6.5%。娱乐服务业实现年利税55亿美元。

从世界范围来看，作为一种新兴经济形态，文化经济发展势头迅猛，对全球经济发展起到了强大的推动作用。世界500强企业中，科技、文化、信息产业越来越多。高科技、高文化附加值的计算机信息产业，在1997年世界经济和产业发展中独占鳌头，数家企业跻身世界前10强。据联合国教科文组织调查显示，世界文化产品贸易额从1980年的478亿美元增加到1998年的2137亿美元。③ 美国经济学者霍金斯在《创意经济》一书中指出，1999年全球的创意经济产值为2.2万亿美元，而且以每年5%的速度成长。1999年全球国民生产毛额为30.2万亿美元，创意经济占其中的7.3%④。最近的一项调查报告显示，在经合组织（OECD）国家中，创意经济的年均增长速度是制造业的四倍⑤。从2001年的世界市场规模来看，

---

① 范中汇：《英国文化产业状况》，http://www.cass.net.cn/chinese/s14_zxs/org/zxin/whzxin/lbs/yingguo.htm（访问日期：2005年1月1日）。

② Australia's Culture a Key Export Earner, http://www.dfat.gov.au/media/releases/foreign/1999fa066_99.Html.（访问日期：2005年1月1日）。

③ UNESCO Institute for Statistics: *International Flows of Selected Cultural Goods*, 1980-1998, Executive Summary, Paris, 2000, p. 4.

④ John Howkins, *The Creative Economy: How People Make Money from Ideas*, London: Aller Lane, 2001, p. 150.

⑤ Steven Jay Tepper, "Creative Assets and the Changing Economy", *Journal of Arts Management, Law and Society*, 2002, Vol. 32, No. 2, p. 60.

动画、游戏、电影、音乐等文化内容产业的世界市场规模都远远高于造船、半导体、家电等传统制造业（见表1）。

表1 2001年主要制造业与文化内容产业的市场规模对比

主要制造业		主要文化内容产业	
区分	世界市场规模	区分	世界市场规模
造船	460	动画	750
半导体	1390	游戏	1704
（存储器）	(249)	电影	677
TFT/LCD（薄膜电晶体液晶监视器）	144	音乐	337
数字家电	381	卡通	1220
钢铁	4915	广播电视	1780

资料来源：徐炳文：《文化内容是未来竞争力》，http://www.kocco.or.kr。

因此，韩国文化产业振兴院院长徐炳文认为，经过20世纪70年代的硬件时代、80年代的软件时代、90年代的信息通信网时代之后，在21世纪，"创意性文化内容的时代"已经到来，在未来的竞争中，文化内容是最为重要的竞争力之一。从发展趋势来看，2002年全球市场规模为1.1兆美元，2006年预计成长至1.4兆美元，年增长率5%以上。

（三）文化经济与文化贸易发达地区和城市的综合竞争力大幅度提高

在21世纪，成功的城市将是文化的城市。所谓文化，不仅仅是指文化产品，无论是高雅的还是通俗的，地方的还是全球的文化，意味着一种生活、行为、表达、思考和学习的方式。从历史上看，城市从来都离不开文化，但只有在当今社会，文化才以城市发展轴心战略的姿态出现。经济的、社会的、技术的和教育的发展战略,越来越紧密地与文化轴心联系在一起。信息、知识和内容创造已经成为地方经济可持续发展的关键,城市只有成功应对文化的挑战,才能在未来竞争中插上腾飞的双翅。

目前,文化旗舰项目已经成为西欧城市复兴的重要战略。在西欧,所谓城市复兴,就是对那些传统产业已经衰落,并且其社会、经济、环境和社区邻里也因此受到损失的城市,通过采取一系列的手段在物质空间、社会、经济、环境和文化等方面得到全面的改善,再生其经济活力,恢复其已失效的社会功能,改善生态平衡与环境质量,并解决相应的社会问题。① 这些城市通过文化基础设施建设、举办文化旅游、体育赛事及其他盛大庆典活动,较大地改变了它们的对外形象。

欧洲最著名的城市复兴旗舰项目要属西班牙毕尔巴鄂的古根海姆博物馆。1997 年该博物馆落成后,人们争相目睹,第一年参观人数就达到 136 万人次,其中 85% 以上来自该地区以外,而其中的 84% 又是专门为了博物馆而来到毕尔巴鄂,仅博物馆的门票收入就占当年全市财政总收入的 4%。截至 2000 年,古根海姆博物馆的经济收入已达 4.55 亿美元,成为带动当地经济的龙头产业。对于毕尔巴鄂更为重要的是,就像悉尼歌剧院赋予了悉尼世人皆知的个性特征一样,毕尔巴鄂也从博物馆的建筑中受益,一跃成为国际大都市的典范。英国的伯明翰于 1991 年建设的国际会议中心,吸引了著名的交响乐团、歌剧团和芭蕾舞团;谢菲尔德市则建立了文化产业区,1991 年的世界大学生运动会更是其城市复兴的催化剂,赛会过后,给城市留下了高水准的体育、休闲综合设施;利物浦不仅成功地改造了一个包括画廊、海洋博物馆以及电视新闻中心在内的规模宏大的艺术、休闲和零售商业为一体的综合设施,同时,甲壳虫乐队的丰富文化遗产和英国肥皂剧 Brookside 的成功,都进一步改善了城市形象。

纽约艺术联盟的相关报告《文化资本:纽约经济与社会保健的投资》

---

① 吴晨:《文化竞争:欧洲城市复兴的核心》,载《瞭望》,2005 年第 2 期。

显示，2000年，纽约艺术与文化非营利组织所创造出来的经济效益是57亿美元。同年，商业营利的艺术与文化组织（包括百老汇、画廊、拍卖会、影视产业等）的经济效益则高达88亿美元。营利与非营利的纽约艺文组织总共创造了145亿美元的经济效益。整个纽约市文化产业提供了总计达13万个工作机会。该报告还将文化产业看作是纽约经济的"核心资产"，它对纽约发展所产生的影响不仅仅局限于经济、就业方面，而是形成某种整体效应（见图2)①。

从该表可以看出，文化产业作为一种"核心资产"，其对地区和城市发展影响并不仅仅局限于直接的文化产业领域，而是对相关产业、就业、社会生活等方面产生一种综合的整体性影响。文化经济在整个国家、地区和城市发展中引发的这种"综合效应"已经非常明显，它也是文化经济与传统产业经济形式的重要区别之一。

（四）文化经济的发展为各国增加就业机会、改善就业结构做出了重要贡献

文化产业不仅推动了世界、国家及地区经济的发展，对国民经济发展做出重要贡献，在就业方面也有着重要的作用。文化产业发展对就业问题的影响之一是增加了就业机会。从1990年到1995年，欧盟职位年均增长率为1.2%，而娱乐、文化与体育活动领域相关职位年均增长率则为3.8%。自1995年起，欧盟国家在娱乐文化与体育活动领域每年创造就业机会9.8万个②。据欧盟1998年的一份相关报告显示，在整个欧盟国家，文化和文化产业相关领域的就业潜力约达300万个工作岗位。1987年到1994年，西班牙文化部门从业人员增长了24%。1982年到1990年，法国

---

① Alliance for the Arts: *Cultural Capital: Investing in New Yorks Economic and Social Health*, p.2.

② European Commission, "Exploitation and Development of the Job Potential in the Cultural Sector", 2001, p.79.

经济影响

- 非营利的文化机构为纽约创造了超过57亿美元的经济利润,并且间接推动了88亿美元的商业增长(百老汇、动画、艺术画廊等)
- 文化创造了超过最初投入两倍的税收
- 城市文化投资带动了超过其他方面投资额度五倍多的私人投资
- 非营利性文化产业为本地经济发展带来了至少每年100万人次的游客

就业市场

- 文化产业为纽约总共创造了13万个就业机会
- 仅由非营利性文化机构所创造的就业机会就有5万个左右
- 《财富》杂志将纽约评定为2000年度最佳商业城市,特别对其依托"创意资本"进行招商的能力进行了嘉奖
- 城市艺术在为纽约吸引了大量创意人才的同时,还为商家留住了雇员

文化产业是纽约的核心资产

为纽约市民带来的好处

- 纽约市民的热情参与
  ——49%的人去观看音乐表演,43%的市民参观过艺术展览或博物馆,36%的人去过剧院
  ——80%的纽约市民希望在他们年轻的时候参与更多的艺术和文化活动
- 调查显示经常性的大众文化活动包括44%自愿发起的活动以及40%以听课形式组织的活动
- 对学生来说,艺术促进了其教育实践,培养了他们的创造性,提高了他们的社会参与度以及与社会间的互动

社区稳定性

- 文化具有令整个社区焕发活力的能量,比如
  ——在纽约,除了捐税收入和新经济活动之外,新泽西表演艺术中心(NJPAC)创造了每年超过1230万美元的地方开支
- 艺术帮助纽约市民迅速走出了9·11事件的阴影(如通过展览、演出和纪念活动等)

图2 文化产业对纽约的影响

资料来源:纽约艺术联盟的相关报告《文化资本:纽约经济与社会保健的投资》。

文化产业从业人员增长了37%。英国从1981年到1991年,文化产业从业人员增长了34%。2002年6月,英国创意产业就业人口达到190万人。从1997年到2002年,英国创意产业领域就业年增长率为3%,高于1%的人

口年增长率。1995年,日本有610万人在文化产业领域就业,在日本所有产业的就业中占了大约9.6%。从1990年到1995年,日本文化产业领域的就业人数增长了5.3%,而在日本全国产业中只增长了3.6%。

文化产业对就业问题的影响也引起了国家政策的普遍关注。很长时间以来,文化和劳动力市场一直都处于一种相互分离的状态,直到20世纪90年代下半叶为止,文化政策还很少关注劳动力市场问题,对劳动力市场的研究中也很少把文化作为一个单独的部门进行研究。近年来,文化部门成为新的就业增长部门之一,国家政策和学术领域对文化与就业问题的关注也开始逐渐增多。

1997年,在阿姆斯特丹举行的"通向欧洲媒体文化之路:从实践到政策"学术会议上,对文化产业与就业关系提出了一系列政策建议。文化在创造就业机会方面的作用成为同年11月"欧洲特别理事会"的核心论题之一,并纳入了欧盟的"全面就业战略"之中。于1998年颁布的《有关信息社会文化工作的建议草案》指出,如果要创造新的就业机会,"新媒体领域的资格培训,对在充满竞争的全球市场造就欧洲文化产业和体制来说,具有决定性的战略意义"[1]。同年,担任欧盟轮值主席国的奥地利在林茨举办了主题为"文化力:新技术、文化与就业"的研讨会。会议的背景文件指出,"我们的政治目标是把文化因素融入欧盟的就业指导方针中去。"会议的一个重要论题是"作为非常规知识的文化:就业框架下文化的重新配置",着重考察了作为其他行业发展先驱的文化产业的就业新形式,以及艺术家、科学家或所谓"创作者"的社会地位的变迁[2]。英国提出了作为会议中心议题的,"运作中的文化:文化、创新与就业",而这次"运作文化"会议所涵盖的诸多子议题都围绕文化与就业的发展而展开,

---

[1] Council of Europe:"Council for Cultural Cooperation(CC-Cult 98-21)", September 1998, p.17.

[2] Cultural Competence:"New Technologies, Culture and Employment, Conference, Linz", 1–3 October, 1998, http://www.competence.netbase.org.

它不仅涉及文化部门在创造就业机会上的经济潜力,而且涉及20世纪末工作的新特性,尤其是其中新技术所发挥的作用。

欧洲委员会的重要文献之一《文化产业与就业》按照文化对就业的影响,把就业划分为三类:直接就业、间接就业(如旅游)与"衍生就业"。该报告还分析了私有部门,以及小型公司与大型公司是如何从各文化部门所创造的"欧洲附加值"中受益的[①]。实际上,在1999年,文化与就业的关系已成为整个欧盟的文化主题。然而,不同国家在文化与就业问题上所采取的政策各不相同。对于这一问题的研究主要集中在英、法、德和芬兰等国。文化领域和新技术正在进行一个新的联合,这种联合导致了一种新的文化和政策倾向:新的程序和支持体制的出现,而居于中心地位的则是创新潜能。

经济政策框架(马斯特里赫特标准)扩展了国家预算,同时也扩展了就业结构。这种转变在所有的社会领域内都导致了"创意性"扩展——同样在文化、艺术,当然首先是在媒介领域内。自20世纪80年代开始,文化作为一种服务(包括文化产业在内)一直是处于绝对增长的状态之中。数字革命加速了这种倾向,因为传统的文化运作——文化场所和文化机构——必须引入新技术;并且,从另一方面来讲,文化遗产的数字化也为文化工作者呈现出更大的就业潜力。

文化部门的界定随着时间的变化而呈现出不同的特征和表现形式。技术变革对当前的文化定义和文化生产过程有着极为重要的影响,同时,某些艺术形式的界定也没有将这些正在出现的新的文化表现形式纳入其中。

在英国,根据《创意产业专题报告》的统计,1998年英国文化部门就业人数约为140万,占总就业人数的5%。在加拿大,"文化就业"所包含的范围更广。1995年,文化人力资源委员会(Cultural Human Resources

---

[①] "The Cultural Industries and Employment", Commission Staff Working Paper, May 1998, p.4.

Council）在多伦多成立，它的主要任务就是要对文化人力资源问题进行研究。另外，还有很多关于文化部门就业情况的出版物、年度报告和统计数据。相关数据表明，加拿大文化部门的从业人员有 67 万人。1996 年，大约 50 万人在 45 家加拿大艺术和文化机构工作，占加拿大劳动力总量的 3.1%。在芬兰，文化企业的重要性也得到了特别强调。有 1.36 万家芬兰公司被统计在文化产业部门，占芬兰公司总数的 7.2%（1995 年），文化产业部门从业人员超过 6.6 万人。芬兰的文化公司一般都比较小——无论是从营业额还是从雇员人数来说都是如此。在 1995 年，83% 的芬兰文化产业公司雇用人数不超过 4 人。对澳大利亚来说，在 1971 年到 1991 年的 20 年时间内，文化、媒体与体育部门的就业人数增加了 93%，而总体就业人数增长率只有 19%。

在对就业问题的影响方面，文化产业部门不仅提供了更多的就业机会，而且对传统的就业模式、劳动力市场格局产生了重要影响。与传统产业相比，文化产业部门更多是兼职和短期工作。根据澳大利亚统计局的统计结果显示，在文化和休闲部门的从业人员中，有 45% 以上是短期（不超过 13 周）或兼职（每周不超过 10 小时）。对劳动力来说，物质性体力劳动的重要性降低，创新性的重要性增强。

二、当前国际文化贸易的特点

（一）国际文化市场结构存在着不平衡性

吉布森等人认为，文化经济内在地具有地理维度，即当代文化生产形式在城乡之间有着巨大的差别。在就业、投资、产业集结等方面，大都市占据主导地位，并且，首都城市远远高于非首都城市。比如，1998 年，悉尼在文化产业方面提供的就业机会占澳大利亚的 30% 以上，而悉尼文化产业的产值占澳大利亚的32.2%。① 文化经济的这种"地理维度",或者说地域分布上的不平衡性在世界上的每个国家都是如此。在美国,50%以上的文化产业从业人员集中在人口100万以上的城市里,更严格地说,主要是集中在两个中心:纽约和洛杉矶。从就业方面看,伦敦占整个英国文化产业从业人员的26.9%。② 瑞典的文化经济从业人员(占全国职位总数的9%)大多集中在斯德哥尔摩。③ 在日本,东京文化产业的就业占日本文化产业就业总数的16%。

从文化贸易方面来看,联合国教科文组织的调查报告显示,世界文化贸易主要发生在少数发达国家之间。在1998年,亚太经济合作组织(APEC)和欧盟(EU)国家的文化进口额占全年世界总量的91%,出口额占世界总量的94%,并且这种文化产品贸易主要在少数发达国家④之间进行。1990年,日本、美国、德国和英国是最大的出口国,占当年全部出口额的55%。进口也高度集中于美国、德国、英国和法国,占当年全部进口额的47%。该报告还指出,由于发展中国家在文化贸易方面基础很低,所以,其发展程度更为引人注目:从1980年到1990年,发展中国家的文化贸易额增长了十倍多。尽管如此,从贸易总量来看,发展中国家在文化贸易方面的弱势地位仍然十分明显。

在电影生产方面,当前,全世界上映的电影大约有85%是好莱坞制造

---

① Chris Gibson, Peter Murphy & Robert Freestone, "Employment and Socio-Spatial Relations in Australia's Cultural Economy", *Australian Geographer*, Vol.33, No.2, pp.173-189.

② Prat, A.C., "The Cultural Industries Production System: A Case Study of Employment Change in Britain, 1984-1991", *Environment and Planning A*, Vol.29, 1997, pp.1953-1974.

③ Power, D., "Cultural Industries in Sweden: An Assessment of their Place in the Swedish Economy", *Economic Geography*, Vol.78, 2002, pp.103-127.

④ UNESCO Institute for Statistics: International Flows of Selected Cultural Goods 1980-1998, Paris, 2000.

的。1993年,世界大影视公司有36%在美国,36%在欧盟,26%在日本。1997年,就有超过50%的大公司集中到了美国。发展中国家在文化商品贸易中所占的份额越来越少。整个非洲大陆平均每年只生产42部自己的电影,其市场上95%的电影都是进口的。①

从原因来讲,文化经济的这种布局上的不平衡性与基础经济的发展水平有关。阿伦·斯科特指出,各种各样的文化经济都受到恩格尔定律的影响和制约。所谓恩格尔定律是19世纪德国统计学家恩格尔根据统计资料,对消费结构的变化得出的一个规律,其内容是:一个家庭收入越少,家庭收入中(或总支出中)用来购买食物的支出所占的比例就越大,随着家庭收入的增加,家庭收入中(或总支出中)用来购买食物的支出则会下降。推而广之,一个国家越穷,每个国民的平均收入中(或平均支出中)用于购买食物的支出所占比例就越大,随着国家的富裕,这个比例呈下降趋势。

文化产业是一种"朝阳产业",同时也是一种高端产业。文化产业的发展、文化消费市场的形成,都需要经济发展水平作基础。根据马斯洛的"需求层次理论",人们在满足了基本的生存、安全等需求之后,就会转而寻求更高层次的精神需求。因此,在世界发达国家和地区,无论其文化产品的生产能力还是文化市场需求,都远远高于经济欠发达国家和地区,其在国际文化市场中所占的比例也比较大。

(二) 大型跨国媒介集团垄断国际市场

目前,少数跨国集团已经垄断了国际文化市场。"控制全球媒体系统的是30—40家大型跨国公司,而雄踞全球市场顶峰的是不到10家媒体公

---

① UNESCO, *Culture, Trade and Globalization: Questions and Answers*, UNESCO Publishing, 2000.

司,且其中大多数集团公司都把基地设在美国。"①

在电影、电视节目、音像制品、图书报刊等可复制的文化行业中,全球性垄断寡头已经形成。随着新的数字技术的发展及相关政策的调整,在20世纪90年代,世界范围内的文化产业结构格局迅速调整,文化产业经历了一个"国际化—重新调整—主动集中"的过程,最终导致了几个超大型综合媒体公司的出现。时代华纳、新闻集团、迪士尼集团、维亚康姆集团、贝塔斯曼集团、美国电讯公司等已经被有些分析家比作20世纪初出现的汽车业的垄断寡头。1993年,全球最大的50家影视公司的总营业额是1180亿美元,仅仅四年后,最大的七家综合性媒体公司的营业额就达到了这个数字。

美国电影产业所生产的故事片的数量不是最多的,但只有美国电影能够进入世界上的所有市场。印度和中国香港的电影业尽管相当成功,但仍很难走出地域化界线。在全世界所有主要电影市场,排在收入排行榜前列的绝大多数都是好莱坞大片,偶尔可能有一两部当地电影上榜。1987年,美国电影即占有世界电影市场1/2份额还要多。《泰坦尼克号》在全世界的毛收入为18亿美元。《世界末日》和《致命武器4》从比利时到巴西都特别受欢迎。好莱坞帝国还显示出逐年扩张的趋势。1980年,好莱坞从海外获得的收入占其总收入的30%,目前已占到了一半左右。与此同时,却很少有在美国叫座的外国新电影。外国电影在美国市场上所占的份额不到3%,在1995到1996年间,欧洲与美国的电影和电视贸易数字从48亿美元增长到了56.5亿美元。

1990年,美国最大的两个媒体娱乐公司时代华纳和迪士尼的海外收入还只占其总收入的15%,到1997年,这一比例已经达到了30%。1997年,时代华纳的销售额为240亿美元,迪士尼为220亿美元,贝塔斯曼为150

---

① [美] 爱德华·赫尔曼、罗伯特·麦克切斯尼:《全球媒体:全球资本主义的新传教士》,甄春亮等译,天津:天津人民出版社2001年版,前言。

亿美元，维亚康姆为 130 亿美元，默多克的新闻公司销售额为 110 亿美元。这几家大型媒体娱乐集团基本控制了全球的媒介文化市场。① 当今的国际文化市场已不再讲自由竞争，而是进入垄断竞争时代。跨国公司和国际性文化娱乐传媒公司在国际文化市场中占据着垄断地位，并且按照自己的运营规则来不断地开发国际文化资源，它们奉行全球本土化的原则，逐步将其文化产品的内容标准树立为国际化标准，将企业经营和管理的标准树立为国际性的文化企业标准。先入者已经制定好了游戏规则，后来者如果不以这种国际化标准来包装自己的文化资源和文化内容，就很难出现在被跨国公司和国际文化娱乐传媒垄断的国际文化市场中。国际文化经济的竞争在很大程度上将表现为文化产品的内容标准和文化企业的经营管理标准之争。由于"文化折扣"②的原因，外国特别是欧美消费者对中国目前的文化产品及文化企业标准并不了解和认同，所以在接受中国文化时感到非常困难。因此，我们必须承认这种全球化标准的存在。而且，这种全球化的标准已经成为中国文化经济走向世界的门槛。如果不充分借用这一标准，即使我们拥有丰富的文化资本，在走向世界文化市场时也会遇到重重困难。

（三）国际文化贸易主要是产业内贸易

在过去的 20 年中，文化商品的国际贸易额呈几何级数增长。但这些贸易的绝大部分是在很少一部分国家之间进行的，高度集中于少数几个国家，属于典型的产业内贸易。产业内贸易是指一个国家在出口的同时又进口某种同类产品。这里的"同类产品"是指按国际贸易标准分类至少前三位数相同的产品。产业内相互投资是与发达国家产业内贸易相伴而生的现

---

① Robert McChesney, The Nine Firms that Dominate the World, http://www.informationclearinghouse.info/article4424.htm.

② 关于"文化折扣"概念，请参阅李怀亮：《当代国际文化贸易与文化竞争》，广州：广东人民出版社 2005 年版。

象，对产业内贸易的发展有相互促进的作用。到目前为止，产业内贸易仍然主要在发达国家之间进行，并在工业化国家的制成品贸易中处于主导地位。

文化产品及服务的进出口贸易主要集中于少数几个发达国家，还与这些国家的需求偏好相似有关。偏好相似理论有两个基本观点：（1）产品出口国的可能性决定于它的国内需求；（2）两个国家的需求结构越相似，这两个国家之间的贸易量越大。根据第一个观点，只有在国内存在大规模需求的产品才会是具有最大相对优势的产品。在长期致力于满足国内需求的过程中，企业规模日益扩大，成本降低，产品就会具备国际竞争力。根据第二个观点，如果两个国家的偏好，需求结构越相似，即两个国家的需求结构中重叠部分越大；那么，这两个国家之间的贸易量也就越大。如果两个国家需求结构完全一样，一个国家所有的可供进出口的物品也就是另一个国家可供进出口的物品。

文化艺术产品的两个特点会影响其贸易模式：艺术是属于特定文化的，艺术品的消费会产生很强的滞后作用。从本质上来讲，这两个特征是艺术消费易使人上瘾所带来的结果。诺贝尔经济学奖获得者斯蒂格勒和贝克尔指出，从音乐消费中产生的边际效用依赖于消费者已经消费的总量及其欣赏音乐的能力，而欣赏音乐的能力又是以往音乐消费的函数。在消费音乐的过程中，消费者的"消费资本"会增加。已经建立起来的"消费资本"越多，消费者的"消费资本"增长也就越容易。也就是说，如果你对某类音乐制品上了瘾，欣赏能力越来越高，虽然你的收入和商品的价格没有发生变化，你的购买行为却可能增加。

根据这一原理，在文化艺术产品的国际贸易中，来自国外的陌生艺术在刚开始的时候都会遇到"文化折扣"。此时，人们还没有像对待本国艺术那样建立起对外国艺术的个人"消费资本"，由于不了解这种来自国外的艺术，社会的"消费资本"也有待发展、培育。把语言、地理等因素考虑进来，各种文化之间越接近，相关"消费资本"的差距越小，文化贸易也就越大。文化亲近是地理距离、共同语言及以往文化贸易历史等因素的一个综合函数。不同国家之间对外国文化艺术品的消费资本的积累是极不平衡、不对称的。

以中国与欧美之间的文化贸易为例，中国一百多年来向西方学习的过程客观上帮助西方特别是美国培育了其在中国的文化产品市场，曾经出现过的"全盘西化论"以及民族文化虚无主义，以两种极端的方式助长了所谓"崇洋媚外"心理，甚至造成了对西方一切文化产品的自觉认同。这一切都大大地减少了西方文化产品出口到中国市场时的"文化折扣"，而中国的文化产品在西方却遭受到"文化折扣"的重创，形成了中国文化产品在国际贸易中的劣势地位。这在客观上就给西方强势文化形象的传播带来便利，而对中国文化形象的建构带来不利因素。

根据产业内贸易和需求偏好理论，当今国际文化贸易的发展呈现文化企业经营管理和内容生产的"趋同化"倾向。在此情况下，中国文化产业要充分发挥丰富的潜在文化资本优势，提高中国文化的国际竞争力，必须在文化企业的经营管理形式和内容生产标准上与国际市场"接轨"。具体说，要做到以下几点：

首先，适应国际文化市场规则，以国际文化政策环境为参照来规范文化企业的经营管理，不断扩大开放的范围，加大开放的力度，在开放的过程中向贸易对手学习，对照国际市场来不断地修正自己，逐步学会在国际市场的深海中游泳。文化企业若要提高国际竞争力，适应国际文化市场规则，以国际文化政策环境为标准规范经营管理是必须做好的第一步，否则便会导致许多无谓的争端。

其次，应该借鉴发达国家文化产业的营销经验，重视销售市场构建及市场促销等环节。由于多年在市场经济制度下浸淫，发达国家的文化企业已能按照市场经济的规律进行文化产品的生产、销售，形成了一套与市场经济体制相适应的市场运作模式。发达国家在世界范围内建立了稳定的销售市场，并在一定程度上控制了众多的文化产品经营机构。比如，美国的影视业、图书出版业、音乐唱片业已经在全世界建立了庞大、细密的产品销售网络,美国的文化产品一经推出,就可以通过这些网络迅速扩展到全世界的文化市场,送到消费者面前。发达国家的文化产业非常重视产品促销,不是以生产为核心,而是以文化产品的消费者为核心,努力做好如何满足消费者需求的工作,有效的市场营销往往会获得有效的市场回报。

以电影产业为例,美国大片的投入可谓巨大,制作可谓精美,影响也可谓广泛,但是片商仍然要花费大量的时间、投入巨大的资本进行市场的宣传。有数字表明,美国大片的生产和推销成本一般为7800万美元,其中专门用于市场促销即高达2500万美元。而那些所谓重点推广的影片,一部影片的促销费用甚至远远超过了中国100部影片促销费用的总和。好莱坞在每部片子开拍前,都要事先找到投资者或购买者,然后根据市场需求设计影片的情节与内容,然后选择导演和演员,并向社会公布筹拍、开机、封镜等进展信息,以合适的价格和可靠的渠道将其推向市场。因此,从一定意义上说,美国电影产业的成功是市场营销策略的成功。

然而,从中国电影产业的现状来看,目前电影发行和放映机构的专业化程度、产业化规模、市场化程度都严重不足,缺乏适应市场变化的能力。长期以来,中国电影不仅一直沿用以产定销的计划经济方式,缺乏以销定产的运行模式,而且一直忽视电影的营销和宣传。绝大多数国产电影都没有资金进行宣传发行。所以,中国文化企业也应积极借鉴这些成熟的市场运作模式,在发展文化生产的同时,完善市场环节。

再次,在内容生产方面,我们也应在立足本土文化的同时,尽量做到与国际市场接轨。在内容生产上,我们应该摒弃帝王思想、封建迷信、小农意识、故步自封等束缚人们思想观念的落后意识,增强民主意识、法制观念、平等思想、以人为本等现代意识。用现代意识来观照和处理传统文化资源,沟通中西文化之间的巨大差异。以韩国为例,韩国从国土面积来说是一个小国,但从文化来说,却逐渐向一个文化大国的方向发展。韩国音乐、服饰、影视、电器、游戏、足球等混合而成的"韩流"正以强劲的势头走向世界。韩国文化何以具有如此的冲击力？其实剥开其层层炫目的外衣，不难发现其根本所在，其一是立足于本土的传统文化；其二是不断学习先进然后创新出具有现代意识的形式。具备了这两点，韩国的文化就所向披靡，无坚不摧。① 对于中国文化企业和国际文化贸易来说，立足于本土传统文化的观念已经为人们所熟知，但是，在如何以本土传统文化为基础，创造出具有现代意识的形式，降低国际文化贸易中的"文化折扣"方面，我们做得还远远不够。

中国文化产业的主导取向不应与国际文化贸易趋势相悖，而应与国际市场趋同。任何一种资源都是相对于特定的技术手段而言的，民族文化的丰富资源需要现代的诠释才能够放出异彩。我们的文化产品只有让外国人能看懂、能理解，才有可能让他们喜欢，从而产生购买行为。这个道理很简单。因此，只有在融资方式、生产制作、发行渠道以及消费方式等方面趋同，中国的文化产业才能够壮大。只有在思想观念、主题、类型、方法等方面趋同，我们的文化产品在进入国际市场时才能够减少"文化折扣"的重创，增强其在国际市场上的竞争力。

（四）WTO成为国际文化贸易的主要法律文件

世界贸易组织（WTO）是通过多边协议来处理国与国之间贸易的国际规则的永久性政府间组织。其前身为国际关税与贸易总协定（GATT）。1986—1994年的乌拉圭回合世界贸易谈判导致了WTO代替了原来的GATT。与GATT相比，WTO不局限于产品贸易，其范围扩大到了服务与知识产权领域，主要功能是监督成员国之间所签订的贸易协定的执行情况，发挥贸易谈判论坛的功能，处理贸易纠纷，监督和评议各国贸易政策。世界贸易组织正式成立后于1995年1月设立常设机构，其成员国已超

---

① 史斌：《当文化成为韩商的利器：广告所带不来的亲和力》，载《环球财经》，2005年第2期。

过 130 个。

　　WTO 的基本精神是自由贸易。简言之，即消除关税和商品进口配额。自由贸易是基于这样一种概念：市场是保证消费者以最优惠的价格得到商品并增加全球财富的最有效机制。消除关税壁垒和国家保护机制的目的就是允许市场在没有限制的情况下运行。然而，这种通向自由贸易的途径，没有考虑到这样一种现实：并非所有的贸易伙伴都是平等的，所有的产品和服务都不是平等的。因此，随着国际经济中服务贸易的增长，新的壁垒将代替传统的关税与进口配额，传统的自由贸易概念将不再起作用。在国际贸易中有三大类障碍：（1）关税壁垒，如强迫接受关税的财政措施；（2）非关税壁垒，如法律及实际操作中的保护性配额；（3）投资壁垒，如制约和限制外资的平等进入、控制公司负责人的国籍、限制资本向输出国回流。

　　在乌拉圭回合的最后一轮谈判中，一些国家曾表示，关贸总协定对于商品、服务及受版权保护产品的原则，特别是最惠国及国民待遇原则，如果仅侧重于商业方面的考虑，便会破坏这些国家的文化独特性及其独特地位。各国在行政管理方面通常总是把保护本国的文化产业放在优先位置来考虑，如果仅仅受商业利益的支配，许多地方的文化产业很快就会被跨国公司及具有垄断地位的资本所代替。这些国家认为，需要有一种机制能够使本国的文化生产保持在一定水平上并有所发展，以反映当地文化的表达形式，避免趣味和习惯的标准化及文化的同质化。经过激烈争论之后，美国表示不再坚持把关贸总协定的所有规定适用于电影及视听产品和服务。从那以后，这种默认的理解被称为"文化例外"。

　　作为一种"主张"，"文化例外"没有任何法律地位，即它未写入任何协议或条约。文化例外的主张是基于这样一种原则：文化与其他产品不同，其价值超过了商业价值。文化商品和服务传达着观念、价值和生活方式，它们反映了一个国家的多重身份及其公民创新的多样性。

　　几年之后，在斯德哥尔摩召开了关于文化发展的政府间会议。1999

年，联合国教科文组织又召集有关专家讨论"文化：一种独特的商业形式？"作为对上次会议的回应。这次研讨会取得了一个普遍共识："文化不仅仅是一个经济事件或一个经济学概念。"

"文化例外"这一概念是由法国首次提出来的，但这一原则已在美国20世纪50年代关于文化商品的多边协议即佛罗伦萨协议中有所体现。那么，它是怎样具体运用的呢？

文化例外的概念在关税与服务总协定（GATS）的谈判过程中曾使用过：欧洲成员国在文化产业的一些具体部门拒绝文化服务的自由化。限于文化产业的敏感性及特殊性，欧盟拒绝开放视听服务（如电影、广播、电视）及其他相关文化服务市场，如图书馆、档案馆和艺术馆等。虽然市场准入和国民待遇规则没有影响这些服务项目，但市场准入和国民待遇却适合于其他文化产业部门，如出版、演出和建筑服务，这些部门已经承诺开放。大多数的 WTO 成员国都采取这种办法。在 45—50 个谈判国中，只有 14 个国家作出过这一领域的具体承诺。最惠国待遇原则也有例外，仍然允许欧盟采取有助于发展其视听业的政策，如广播电视配额，经济资助和地区性合作生产协议及"电视无国界"指令。"文化例外"的主张在保留 GATT 第二部分第四条的决议中也得到了反映。这一条有关电影放映配额，允许国产影片在总放映时间中有一个具体的最低比例。GATT 还把"保护具有艺术价值、历史价值和考古学价值的民族宝库"的措施作为例外保留下来（第 XX 条第 f 款）。所有其他文化产品，除了电影和家庭录像，都适用于 GAIT 的全部条款。

联合国教科文组织一贯不遗余力地倡导世界文化的多样性，并于 1995 年发表了《我们的创造的多样性》，主张不能把文化降低到只作为经济发展的促进者这样一个次要地位，而应当为保卫各民族独特的文化身份而努力。自 20 世纪中期以来，还没有任何一个国际性机构像它对文化多样性问题予以如此程度的关注。以至于当国际贸易协定中有关文化问题的谈判发生尖锐冲突时，各国寄希望于联合国教科文组织来调停 WTO 框架内的纠纷。加拿大学者伊万·伯尼尔曾提出，应当在WTO的框架之外通过一个保护文化多样性的特殊条例，对文化产品的特殊地位作出界定，并使文化产品的特殊地位具有公认的合理性。与联合国教科文组织不同，世界贸易组织的最终目的是促进产品和服务跨国界自由流动。同时它要求各个国家根据它所制定的多边贸易协定来调整各自国内的文化政策，为文化产品和文化服务的跨国流动扫除障碍。世界贸易组织的仲裁机构首先考虑的是经济利益的动因而不是文化的动因，而且它的裁决是强制性的，任何成员国如不认真履行就会受到制裁。例如，美国曾在世界贸易组织的框架内对土耳其和加拿大提出过诉讼，强制这两个国家修改了不利于外国资本进入其文化市场的条款。法国曾在乌拉圭回合的谈判中提出过"文化例外"的主张，但这一主张没有被写进WTO的任何条款，也就是说没有任何法律地位，只是一种"学说"而已。由于WTO已经成为规范国际文化贸易的主导性文件，因而许多国家都主动接受或被迫适应WTO的要求，在WTO的框架内来调整本国的文化政策。

三、积极发展文化经济和文化贸易，改善贸易结构，提高国家整体竞争力

当今世界，文化经济在全球经济体系中占有举足轻重的地位，因此，对于一个国家来说，发展对外文化贸易具有重要的意义。文化生产和贸易具有高附加值的特点，能够加快国民财富积累、实现可持续发展，还能够向制造业、服务业、养殖业和种植业提供丰富的文化附加值，为其他产业的外贸出口开辟广阔的道路①，传播文化理念和生活方式，提升国家文化形象，提高国家的整体竞争力。

---

① 丁伟：《发展中国对外文化贸易的历史机遇》，载《光明日报》，2004年9月22日。

(一)文化产品和文化服务具有高附加值特点,发展对外文化贸易、促进文化产品出口能够带来巨大的经济效益

由美国哈佛学院著名战略学家迈克尔·波特提出的"价值链分析法",把企业内外价值增加的活动分为基本活动和支持性活动,基本活动涉及企业生产、销售、进料后勤、发货后勤、售后服务等,支持性活动涉及人事、财务、计划、研究与开发、采购等,二者共同构成企业的价值链。实际上,不同企业参与的价值活动中,并非每个环节都创造价值,只有某些特定的价值活动才真正创造价值,这些真正创造价值的经营活动,就是价值链上的"战略环节"。企业的竞争优势,实际上就是企业在价值链某些特定的战略环节上的优势。因此企业特别关注和培养在价值链的关键环节上获得重要的核心竞争力,以形成和巩固企业在行业内的竞争优势。企业的优势既可以来源于价值活动所涉及的市场范围的调整,也可来源于企业间协调或合用价值链所带来的最优化效益。

查尔斯·兰蒂将迈克尔·波特的产业链分析法引入对文化产业的解释,其过程包括五个阶段:(1)开始:这表现了创造性过程本身。从知识产权的角度看,创造性过程必然是与专利、版权和商标联系在一起的。(2)从创造性到形成产品:那些推动生产过程的角色——经理、生产商、编辑、设备供应商、电影和照片实验室、技师等。(3)流通:文化产品如何被传播——代理商、发行人及各种参与促进流通的中间人。(4)发送机构:发行的结构因素——剧院、电影院、书店、音乐厅、电视频道、博物馆、杂志。(5)观众与接受:批评家的角色、市场营销和公开行业①。

正如莫瑟所指出,在价值生产链分析法中,文化的价值要大于仅仅是税收的产生。还有培训,文化产业产生知识和可传授的技能。例如,一部电视连续剧的价值链首先由开发了电视剧本的知识产权的作者们构成。其

---

① 金迈克:《阿多诺的绝望:大众文化如何重振其创造性》,见《文化研究:第3辑》,天津:天津社会科学出版社2002年版,第175—176页。

他环节引入编辑、生产商、经理、设备供应商、后期制作师，接下来是代理商、促销人员和中间人。通过电视台的物质的基础结构（陆地的、按次计费的）以及产品的广告推销（时尚、T 恤衫、CD）和辅助发行平台（网络一站点），这些内容产生了价值。① 在价值链的生成过程中，文化产业具有高附加值、高回报的特点。

文化产品的高额利润是十分惊人的，在表 4 所列的 8 部电影中，平均收益高达 15156%，也就是说，它们获得的收入是其成本投入的 150 倍! 这种高额利润在其他产品中简直难以想象。由于认识到了文化产品高回报率、高附加值的特点，当前世界上的许多国家也十分重视文化产品的出口，并由此带来了巨额的经济效益。比如，视听产品已经成为美国仅次于航空航天的主要换汇产品，居于出口贸易的第二位。英国 2002 年文化产业出口达到 175 亿美元，2003 年已成为仅次于金融业的全国第二大产业。1993 年至 2003 年，日本商品出口总额共增长 36%，但在这 10 年内，文化产业出口额却增长近 2 倍，出口贸易额仅次于汽车工业。

表 2　8 部电影投资收益表（单位：美元）

影片	成本	收入	投资收益（%）
《月光心慌慌》	320000	75000000	23337
《西卡柯七个人的归来》	60000	2500000	4167
《本吉：营救大逃亡》	550000	45000000	8182
《活死夜》	114000	40000000	35088
《灰熊历险记》	700000	31000000	4429
《僵尸的黎明》	700000	55000000	7857
《布莱尔女巫》	5000	150000000	300000

---

① Colin Mercer, Mismatch or Convergence: Cultural Policy and the Cultural Industries, www.eurac.edu/documents/edap/2004_edap04.pdf.

(续表)

影片	成本	收入	投资收益（%）
《我的巨型希腊婚礼》	1500000	200000000	13233
平均	493625	74812500	15156

数据来源：据詹姆斯·耶戈《为什么投资电影？》一文整理。

对于文化产业来说，直接收入和效益仅仅是其利润来源的一部分，衍生的其他相关产业收入（如旅游、玩具、游戏、主题乐园等）比直接收入要高得多。例如，美国电影产业的总收益的20%来自银幕营销，80%来自后电影产品开发，即电影相关主题产品的营销。《星球大战前传》在开拍之前就已经开始赚钱，它的玩具版权由世界三家最大的玩具公司竞标，仅此一项净赚4个亿；围绕电影开发的玩具有六大系列，共200余款，据测算其相关产品收入突破50亿美元。影院票房只是电影产值的一小部分，后电影产值可能是票房收入的3—6倍。

（二）文化经济和文化贸易的"整体性效应"和"辐射效应"，使其具有非常强大的整体带动功能，在经济发展中起到"火车头"作用

美国全美州长协会（National Governors Association）的一份报告指出，在城乡地区，由于其对地区经济的直接和间接贡献，文化部门正在作为一种经济生活的推动器（driver）而出现。同时还强调，振兴文化生活具有多种好处，除了增加收入、就业和税收之外，文化活力还能提高地区的知名度，同时吸引潜在的游客、居民和投资者。[1]

文化经济具有单纯的经济战略所不具有的优势，更富有弹性，可以经受时代的变化。尽管面临全球化的潮流，但是文化仍然可以不断探索创

---

[1] National Governors Association, The Role of the Arts in Economic Development, Washington, D.C.: NGA Center for Best Practices, June 2001, p.1.

新,而且更利于创造新的空间和场所。而这都是单纯的经济战略所无法达到的。因而,文化经济表现出一种"整体效应",它"不仅仅是诸多经济功能中的一种,它还是经济的发源地、经济的框架和经济的结构"①。在产生直接经济效益的同时,它还在促进就业、增加国家和社区稳定、提升国家形象等方面具有十分重要的作用。

从生产的特点、内容和作用方式上看,文化产业远远超越了信息产业的物质领域,它以其特有的广泛性和渗透性提升着物质生产领域的文明程度,带动着科教、休闲、传媒、体育等继信息产业之后庞大的产业新群体蓬勃兴盛,推动着人类知识经济时代高级阶段的来临以及经济结构的根本性变革。②

文化生产以文化创造性活动为中心,层层扩散,形成文化产业生产体系。以流行音乐唱片的生产为例。流行乐队为了生产唱片,首先需要录音室,这里一开始就涉及相关的专业人员和高科技设备;唱片投入生产,又与制造业相联系,这需要通过科技手段和工业生产形式相结合,大量复制文化产品;同时,唱片所需要的包装,又与设计、印刷等相联系;唱片的发行过程,不仅牵涉销售业,还涉及广告业以及电影、电视和电台等的服务活动,乃至多媒体业的介入。不仅如此,当前文化产业的扩展所形成的"亚文化产业",或者说是文化产业与其他产业融合以后产生的混合型产业,既包括传统制造业、种植业、养殖业和服务业的基本形态,同时又包括具有很高文化含量的会展业、咨询业、旅游业、职业培训业等。目前,文化产业国际通用的标准产业分类,已将文化产业视作一个包含四部分的

---

① [加]阿兰·桑赛尔尼:《文化产业和发展中国家:文化与民族认同》,见《世界文化产业发展前沿报告(2003—2004)》,北京:社会科学文献出版社 2004 年版,第 148 页。

② 张曾芳、张龙平:《论文化产业及其运作规律》,载《中国社会科学》,2002 年第 2 期。

生产链：内容的创意、生产输入、再生产和交易。①

文化经济的优越性在实践中得到了广泛的认同。在欧洲城市复兴的过程中，一些城市最初是将重点放在单纯的经济战略上。大型的购物中心建设曾经是一些城市振兴衰落地区的思路。20世纪五六十年代，一些美国郊区曾因建设大型购物中心而取得了成功，一些城市规划学者因此也认为这是恢复城市活力的重要手段。但是，大型购物中心的建设思路很快就暴露出问题。首先，大型购物中心的建筑体型对旧城的地方特色与周边地区的城市脉络造成了破坏；其次，大型购物中心对周边地区带来巨大的交通压力，而且相当规模的停车场占地也会使旧城空间不堪重负；再次，大型购物中心仍然解决不了市民居住郊区化所引发的夜晚市中心"空城计"的问题。而文化经济的整体性效应却解决了大型购物中心暴露出的问题。它妥善地解决了保护旧城风貌、传承城市文脉、增强旧城经济与文化活力、应对交通与土地压力等一系列问题，尤其是文化可以促进城市的可持续发展。

韩国的例子也非常有力地说明了这一问题。1997年，韩国遭受亚洲金融危机的袭击。然而，不到五年时间，韩国经济再次崛起，其中，成长最快的是文化产业。现在，韩国是公认的文化出口大国。数字游戏被确定为韩国的国家战略产业，自1998年以来产值翻了一倍。其中最具代表性的"任天堂"游戏，不仅风靡亚洲，而且与微软和索尼等巨头游戏产品在国际上形成掎角之势。2003年，韩国向56个国家出口了164部电影，平均每部出口价格为19万美元，比2002年平均每部增加了8万美元。而由影视剧、网络游戏等韩国文化产品所带动的"韩流"更是几乎席卷整个亚洲。

---

① [英]安迪·普拉特：《文化产业：英国与日本就业的跨国比较》，见《世界文化产业发展前沿报告（2003—2004）》，北京：社会科学文献出版社2004年版。

此外，对于大力推进文化战略的韩国来说，随着对韩国文化产品消费而来的对韩国文化的熟悉、认可乃至接纳，在全球提升了韩国的形象。这一点也是文化贸易的第二层面作用：文化产品及文化服务的双重属性，使得文化贸易在带来直接经济效益的同时，提升一国的文化形象，加强其他国家对本国文化的亲近感和认同感。文化产品及文化服务具有一般商品和特殊商品的双重属性，它在具有物质性形象性的同时，更具有精神性和不可见性，能对消费者留下潜移默化的影响，从而对其承载的文化观念产生某种信任感、亲切感乃至依赖感。因此，"一个国家的对外文化贸易，不仅仅具有经济的价值，而且具有外交、外宣功能，传播了它的意识形态和价值观念"。①

由于文化的亲近感和认同感，文化贸易会形成巨大的整合效应和辐射效应，带动一国其他非文化产品的出口贸易，从而对增强一国的整体经济实力起到巨大的推动作用。这是文化贸易作用的第三个层面，也是发展对外文化贸易最为重要的意义所在。早在 20 世纪 70 年代，日本学者日下公人就指出，文化在本身能够产生高额利润的同时，还对重化学工业等其他非文化领域的贸易产生重要的影响，"有无文化亲近感、文化尊敬感"甚至"直接关系到确保资源供应的大问题"②。因此，日下公人极力主张日本在推行经济立国的同时，考虑文化立国战略，因为只有"创造文化、输出文化并使世界文明喜爱它"，"才能轻而易举地得到文化鼻祖的利益，确保资源供应和祖国安全"。美国好莱坞有所谓的"火车头理论"：电影作为火车头，它本身可以不赚钱，但它可以带动电影业的发展。在好莱坞电影中，票房收入一般只占一部电影全部收入的 1/3，此外的收入则是电视等版权和电影后续产品的收益。在我们看来，文化产品和文化贸易的"火车

---

① 丁伟：《发展中国对外文化贸易的历史机遇》，载《光明日报》，2004 年 9 月 22 日。

② [日] 日下公人：《新文化产业论》，范作申译，北京：东方出版社 1989 年版，第 19 页。

头"作用应该包括两个层面：从某一产业领域来说，文化产品本身所带动的是后期相关收入，是整个相关产业价值链的形成；从整个国家的经济和对外贸易战略角度来说，文化产品和文化贸易这一"火车头"至关重要的作用并非仅仅是对某一产业价值链的带动作用，它甚至可以带动整个国家经济和对外贸易的增长。

（三）发展文化经济和文化贸易有助于落实科学发展观，实现经济的可持续发展，改善我国的产品出口结构

当今世界，可持续发展已经成为各国的共识和重要议题。1987年世界环境与发展委员会在《我们共同的未来》报告中第一次阐述了可持续发展（Sustainable Development）的概念，得到了国际社会的广泛共识。可持续发展是指经济、社会、资源和环境保护协调发展，它们是一个密不可分的系统。而持续的经济发展需要持续的动力。在人类历史上，人口、资源、资本等都曾是推动经济增长的动力。古典经济学认为，国家财富主要与一个国家的天然资源、劳动人口、数量、利率、币值有关。然而，可资利用的天然资源极为有限。因此，能否充分利用无限的文化资源，全面发展文化经济，对于一个国家和地区的可持续发展具有十分重要的战略意义。因此，积极发展对外文化贸易，对当代中国具有尤为重要的意义。无论是就中国对外贸易的整体格局来说，还是就中国对外文化贸易本身来说，都是如此。从目前中国对外贸易的整体格局来看，据世界贸易组织（WTO）秘书处公布的2004年世界贸易统计，2004年中国货物进出口额世界排名均为第三。从量化的指标来看，中国无疑已经是世界贸易强国，但是，无可否认，中国对外贸易存在着结构上的巨大不平衡性。从中国对外贸易的产品结构来看，农产品、能源、原材料等基础产品占相当大比重，而高技术含量、高附加值的产品贸易所占比例极低。另外，从贸易方式来看，在2004年的中国贸易总额中，加工贸易占了6000多亿美元，而外来加工贸易占全部出口额的58%，这意味着，在庞大的贸易总额中，有很大一部分是发生在大型国际跨国公司内部。在这种贸易格局中,最大获利方是外国大型国际跨国公司。因此,在促进对外贸易、推动贸易总量增长的同时,改善贸易结构已经成为中国对外贸易所面临的最为重要的课题。所以,大幅度提高和增加具有高附加值、整体效应特点的文化贸易,无疑具有十分重要的战略地位。

目前,中国对外文化贸易存在严重的贸易逆差现象。包括媒体在内,中国和西方国家之间的"文化贸易"逆差十分严重。所以,无论是从文化资源的角度讲,还是从综合国力的角度讲,这种严重的文化贸易逆差都应该迅速扭转。因此,大力发展文化贸易,改变文化贸易中的严重逆差现状,进而改善中国对外贸易整体格局,已经成为摆在我们面前的迫切任务。"从体制改革和机制创新的高度,大力发展对外文化贸易,已成为我国发展文化事业、增强文化实力、提高国际竞争力的一个新的战略突破口和历史性机遇。"[①] 然而,如何发展和推动对外文化贸易,仍需要进一步深入了解当前国际文化贸易的特点和规律。

第二节 国际文化贸易的影响因素研究[②]

长期以来,国际学术界对国际文化贸易的研究,焦点都集中在探讨美国娱乐产品在国际上占支配地位的原因是什么这个问题上。代表性的学者有 Hoskins、Mirus、Waterman、Wildman Siwek 等人。这些学者已经建立起了一套经济学模型来解释为什么美国的发行商会在国际电视节目市场的竞

---

① 丁伟:《发展中国对外文化贸易的历史机遇》,载《光明日报》,2004 年 9 月 22 日。

② 本节内容最初发表于 2016 年第 12 期《国际贸易》,作者:李怀亮。

争中取胜。Michel Dupagne 和 David Waterman 合著的《西欧进口电视剧的决定因素》假设一个国家的国内生产总值（GDP）越高，或者这个国家的广播电视基础设施规模越大，这个国家从美国进口电视节目的比例就越低；相反，如果一个国家 GDP 越小，或者其广播电视基础设施规模越小，这个国家从美国进口电视节目的比例就越大。1994 年，Waterman 和 Rogers 对 9 个东亚国家的进口节目进行了统计调查，并进行了比较系统的分析，研究的结果再次证明了这一理论：一个国家的 GDP 或者该国的广播电视基础设施越大，国产节目的比例也就越大，对进口美国节目的依赖度也就越低，特别是连续剧。美国佛罗里达大学新闻与传播学院的 Sylvia M. Chan-Olmsted 则专门研究了影响美国文化产品出口的东道国因素。她参与合著的《影响美国视频传媒产品出口的东道国因素研究》一文调查了在不同国家中，影响美国视频传媒商品（包括电影、电视节目）出口情况的主要因素。研究发现，经济环境、地理距离、技术条件以及市场规模影响了一个国家购买美国录制的图片和视频的意向。此外，那些经济环境较好、知识产权保护更得力、政治权利更完善、市场更大、文化差异更迥异、语言相似度更高的国家，似乎从美国进口了更多广播类内容产品。美国北得克萨斯大学的埃尔伯兰教授等著的《全球传媒产业》一书，主要从市场结构、市场行为和市场绩效出发来考察世界各国文化传媒产业。

在国际文化市场上，一个国家的文化产品为什么能够畅销，甚至在国际市场上占据支配地位？根据以上这些学者的研究，以下几方面的影响因素对我国文化产品出口决策具有重要的参考价值。

一、国内市场规模

从历史的角度来看，电影、电视节目等视频产品的确大量地从美国流向其他国家。在 21 世纪初，几乎全世界有 1/3 的人口观看美国节目。美国电影拿走了欧洲、日本以及其他很多国家的大部分票房收入。美国电影和电视节目之所以能够在国际贸易中一直占据比较优势，是因为其高质量和相对较低的价格。如此优势显然得益于美国巨大的国内市场规模。规模经济显著地降低了产品的单位成本。高概念、大制作的美国电影，平均成本在6000万美元之上。不论是制作特效的技术人才，精致考究的布景，还是一流的演员、作家和导演，都提高了其电影的品质和对观众的吸引力。美国结合了人口众多和人均收入高这两大优势，这通常被视为美国电影和电视节目能主导国际市场的一大原因。

由于视频媒介产品具有公共商品的特性，即它的制作成本与消费它的人数没有相关性，美国传媒公司就可以以相对较低的价格出口高品质的视频产品。美国的富有和其市场的规模，让制片人单从国内市场就能收回成本甚至盈利，这使得他们能以进口方愿意支付的任何价格出口这些视频产品。20世纪80年代中期，欧洲电视台私有化之后，大量的美国节目涌入欧洲的私人电视台。当时在英国电视网上一个小时美剧的价格，也就是这部剧的最高出口价，大约只有美国电视网需要支付的1/8。

中国具有巨大规模的国内市场，为文化产业发展提供了良好的基础。21世纪以来，我国文化产业高速发展。2014年文化产业已占到国民生产总值的3.76%。这就为中国文化产业在国际市场上的竞争力提供了有力的支撑。我们要统筹国际国内两个市场、两种资源，抓住有利时机，鼓励更多的中国文化产品"走出去"，扩大中国文化的国际市场份额。

二、文化差异和文化距离

文化差异是指不同国家在价值观、信仰、思维方式、习俗习惯等文化内涵方面的不同。20世纪90年代以来，不少文献探讨文化差异性对贸易的影响，通常使用共同语言、共同边界、宗教信仰、殖民关系、区域经济合作关系等因素来衡量文化差异性，如Meliz使用语言近似度、Rose使用过去的殖民关系等。但是单维度的指标不能科学反映出文化的多维度特征，部分学者使用文化距离来反映不同国家间的文化差异，如曲如晓、韩丽丽用文化距离变量来衡量两个国家间因居民偏好、习俗、价值观、信仰和道德观念等的不同而形成的心理距离，分析了文化距离对文化商品的贸易流量的影响，Tadesse 和 White 则认为文化距离对两国间商品流动有负向的影响。

最早对国家文化差异进行测度的是霍夫斯泰德（Hofstede，1991），他通过对遍布全球 60 个国家和地区的 IBM 分支机构的员工进行问卷调查，用四个维度来区分国家之间关于价值和道德方面的差异，这涉及社会生活的方方面面，包括政治制度、宗教信仰、性别角色、家庭价值观、社会团体、民事参与、道德关注、价值观等，并代表了世界上不同国家或地区的文化特征。2010 年霍夫斯泰德的最新研究中将文化分为权力距离（PDI）、风险规避（UAI）、个人与集体主义（IDV）、男性与女性主义（MAS）、长期取向（LTO）、放纵与克制（IND）六个维度。

权力距离是指社会群体内人际间的平等或不平等程度，亦即"一个国家内机构和组织中权力较弱的成员期望和接受权力分配不平均的程度"。风险规避是指对于确定性的偏好程度，亦即"一种文化的成员感到不确定和未知的情况的威胁的程度"。个人主义即个体或集体取向的程度，范围从"个体间的联系很松散的社会"到"人从出生开始就被纳入强大的一体化的凝聚力的社会"。男性与女性主义即男性与女性的相对影响力程度，范围从"社会性别角色有明显不同的社会"到"社会性别角色有所重叠的社会"。长期取向是指某一文化中的成员对延迟其物质、情感、社会需求的满足所能接受的程度。长期取向价值更重视借鉴和毅力，短期取向价值更重视尊重传统、完成社会责任和保全"面子"。放纵意味着一个社会允许享受生活和寻找乐趣等人的基本的、自然的内在需求得到相对自由的满足；克制则意味着一个社会压抑需求的满足，用严格的社会准则来控制需求。

Kogut 和 Singh 提出基于各国文化维度离差构造的测度国家间文化差异

程度的指标——文化距离（culture distance）：

$$culdis_{ij} = \left[\sum_{k=1}^{6} (I_{ik}-I_{jk})^2/V_k \right] / 6$$

其中，I_{ik}表示 i 国在第 k 个文化维度上的得分，I_{jk}表示 j 国在第 k 个文化维度上的得分，V_k表示所有样本国家第 k 个文化维度上的方差。

运用上式计算的中国等样本国家间的文化距离（见表3）。

表3 中国等样本国家的文化维度得分以及文化距离得分

国家(地区)	PDI	IDV	MAS	UAI	LTO	IVR	文化距离
中国	80	20	66	30	87	24	0.00
美国	40	91	62	46	26	68	3.71
英国	35	89	66	35	51	69	3.05
日本	54	46	95	92	88	42	1.94
韩国	60	18	39	85	100	29	1.35
德国	35	67	66	65	83	40	1.71
法国	68	71	43	86	63	48	2.13
俄罗斯	93	39	36	95	81	20	1.70
加拿大	39	80	52	48	36	68	3.17
新加坡	74	20	48	8	72	46	0.54
澳大利亚	36	90	61	51	21	71	4.16
瑞典	31	71	5	29	53	78	4.64
荷兰	38	80	14	53	67	68	3.71
罗马尼亚	90	30	42	90	52	20	1.66
印度	77	48	56	40	51	26	0.65
南非	49	65	63	49	34	63	2.37
巴西	69	38	49	76	44	59	1.85
新西兰	22	79	58	49	33	75	4.09

数据来源：https://geert-hofstede.com/new-zealand.html。

全球领导力和组织行为有效性研究项目（Global Leadership and Organizational Behavior Effectiveness Research）借鉴了霍夫斯泰德的思想，调查了全球951家机构的17300名中层经理，用9个指标来考察一个国家的文化维度，并根据这9个指标，同时参考地理因素和气候条件，划分出10个文化圈（见表4）。

表4　全球文化圈的划分

文化圈	包含的国家
盎格鲁文化	英国、澳大利亚、南非（白人样本）、加拿大、新西兰、美国
阿拉伯文化	卡塔尔、摩洛哥、埃及、科威特、利比亚
儒家文化圈	新加坡、韩国、中国、日本
东欧	匈牙利、波兰、希腊、斯洛文尼亚、阿尔巴尼亚、俄罗斯、格鲁吉亚、哈萨克斯坦
德语系	奥地利、瑞士德语区、德国、荷兰
拉丁美洲	哥斯达黎加、委内瑞拉、厄瓜多尔、墨西哥、萨尔瓦多、哥伦比亚、危地马拉、玻利维亚、巴西、阿根廷
拉丁欧洲	意大利、葡萄牙、西班牙、法国、瑞士（法语和意大利语区）、以色列
北欧	芬兰、瑞典、丹麦
东南亚	印度、印度尼西亚、马来西亚、泰国、伊朗、菲律宾
非洲	纳米比亚、赞比亚、津巴布韦、南非（黑人样本）、尼日利亚

九种全球文化能力包括：（1）绩效取向，指的是一个组织或社会为了绩效提高和优秀而鼓励和奖励团队成员的程度。（2）自信取向，指组织或社会的个体在社会人际关系中是自信的、挑衅的和好强的程度。（3）未来取向，是组织或社会的个体从事于未来导向的行为例如规划、投资未来和延迟满足的程度。（4）人本取向，是组织或社会的个体为了公平、无私、友好、慷慨、体贴和善待他人而鼓励和奖励个人的程度。（5）机构集体主

义,反映了组织和社会制度实践鼓励和奖励集体分配资源和集体行为的程度。(6) 群体内集体行为,反映了个体在他们的组织或家庭中表达自豪、忠诚和凝聚力的程度。(7) 性别平等主义,是一个组织或一个社会减少性别角色差异和性别歧视的程度。(8) 权利差距,被定义为一个组织或社会的成员期待和同意权利应该被不平等分配的程度。(9) 不确定性规避,被定义为一个组织或社会的成员努力避免因社会规范、习俗和官僚作风造成的不确定性,以减轻未来事件的不可预见性的程度。

三、技术条件

文化产业的发展离不开技术的进步。科技发展是传媒变革的直接推动力。《中国文化产业年度发展报告2013》指出,文化与科技的融合已经成为提升文化贸易竞争力的重要突破口,以互联网技术和数字技术为主的高新技术促成的产业融合,给文化产业发展带来了新的机遇。一个国家的电信基础设施、卫星和有线电视等广播电视传输覆盖、互联网和移动互联网的发展状况,与该国文化产业的出口能力和进口需求都有着一定的联系。尼尔森市场研究公司（Nielsen Research）指出,电脑、手机以及互联网在人们生活中的渗透,与直接关系到视频产品需求的视频点播（VOD）的增长呈现出正相关的关系。发达的通信技术和成熟的通信条件,不仅能够促成更多内容消费,并且还能激发人们消费多样化的内容产品,无论本土的还是外来的。早在2002年,伊斯拉姆（Islam）就提出"技术及相关的基础条件影响着传媒发展的规模、市场竞争的程度"。沃特曼1998年提出,电视节目等视频产品进口国的电视网络越发达,对出口国提供的机会就越多。一个国家电视节目的频道越多,这个国家对电视节目的需求量就越大。如果外来节目的成本比自己制作节目的成本还要低的话,这个国家电视节目进口的需求就比较大。从本质上来说,更加成熟的通信和传媒条件会带来更多视频展览机构以及各种各样触手可及的传媒产品的信息,使得对国产片和进口片的需求量增加。

因此,世界各国也纷纷加大了对信息传播基础设施的投入。2008年,美国四大移动通信运营商进一步扩充其3G网络,并将眼光投向4G;2009年,美国政府通过了总额为7870亿美元的经济刺激计划,其中72亿美元用于改善网络宽带,特别是偏远山区的基础设施;2010年10月25日,英国政府公布了《国家基础设施规划》,总投资额超过2000亿英镑,计划在2015年建成全欧洲最好的高速宽带网;欧盟2008年发布《宽带建设情况研究报告》,提出宽带网络建设新目标,敦促各成员国重视宽带网络建设;2009年4月,澳大利亚总理宣布将投入约310亿美元建设国家超高速宽带网络,90%为光纤网络,辅以无线与卫星技术,提供全澳洲皆可使用、人人负担得起的宽带服务。

统计资料显示,2013年,全球平板电脑和手机出货量达到23.2亿部。其中,手机出货量超过18亿部,平板电脑出货量1.84亿部,同比增长分别为3.7%和42.7%。在移动终端越来越占据主流位置的今天,我国乃至全世界对于媒体的接触和使用都发生了重大变化。从我国情况来看,根据CNNIC中国互联网络发展状况调查,截至2013年6月底,我国网民规模达5.91亿,其中手机网民规模达4.64亿,较2012年年底增加4379万人,网民中使用手机上网的人群占比提升至78.5%。

当今数字化浪潮席卷全球,信息领域的数字技术向人类生活各个领域全面推进。在数字制式全面替代传统模拟制式的转变过程中,文化产品和服务的国际贸易不仅改变了传统国际文化贸易的方式,而且还开辟了新的贸易途径。在数字化时代,文化产品的表现形式日渐多样化,微电影、网络游戏、手机电视等各种新型文化产品样态不断出现。消费者也有了更多渠道接触这些文化产品和服务,如通过手机、iPad、iPod等。而随着文化产品样态和消费者接触渠道的增多,真正意义上的"注意力经济"时代已经到来。广大受众在网络、手机、iPad等文化产品消费平台中面临更多选择。在海量信息面前,受众选择越来越倾向于品牌,即品牌聚合功能在数字化时代更加明显。比如，苹果手机的 App Store 中拥有大量相关软件和游戏，即使是苹果公司网络与一般网络平台不能兼容的情况下，苹果公司也会因为其巨大的品牌聚合功能而吸引大量消费者。在一定程度上可以说，App Store 已经成为一个类似于家乐福、沃尔玛的巨型"虚拟文化产品超市"。

四、经济发展水平

经济发展水平影响一个国家消费文化传媒产品的能力。研究显示，一个国家经济增长与传媒渗透程度紧密相关。由于大众传媒是由消费者和广告商买单的，因此，必然会受到国家整体经济的影响，任何一个经济层面的变动都会引发与之平行的大众传媒消费的变化。20 世纪 90 年代末美国学者度盘和沃特曼的研究也表明，相对富裕的国家更有手段生产更多本土产品，因此对进口的视频传媒内容依赖较少，所以发达国家的文化产品和服务出口更容易顺差。而且，政府的贸易政策、货币政策赋予的自由度，经济干预以及其他市场活动、经济权利，都顺理成章地影响着对外国传媒产品的需求程度。

全球文化产业和文化贸易的实践充分印证了这些学者的研究。2004 年，经济发达的北美和欧洲的文化产品出口额占全球的 69%，占据主导地位。2013 年，北美和欧洲的占比有所下降，占到 49%，达 1044 亿美元。北美和欧洲的占比下降，主要是把其原有的份额让给了经济上崛起的南亚和东亚。由于经济的强势增长，南亚和东亚在全球文化产品出口中的地位有所上升，其出口额从 2004 年的 281 亿美元（26%）上升到 2013 年的 968 亿美元（45.4%）。经济相对缺乏活力的其他国家和地区在世界文化产品出口中的占比较小。2013 年，第三大文化产品出口区域是中亚和东欧，只占世界出口的 2.7%（57 亿美元），而在 2004 年只占 1.6%（17 亿美元）。阿拉伯国家、太平洋地区国家、非洲撒哈拉以南地区等地的文化产品出口极少,其总比例不足 1%。2013 年,加勒比地区只占 0.02%(3990 万美元),太平洋地区国家只占 0.45%(9.615 亿美元)。

从国家层面来看,高收入国家的文化出口和文化进口都占据了非常高的比例。2013 年,高收入国家和中上等收入水平国家所有产品出口的份额分别为 68% 和 25%,其文化产品出口的份额分别为 58% 和 35%。中下等收入国家所有产品出口份额为 6.1%,文化产品出口份额为 6.9%。低收入水平国家文化产品出口份额为 0.05%,所有产品出口份额为 0.3%,几乎可以忽略不计。文化产业生产的产品和提供的服务,主要满足人民的精神文化需求,是一种较高层次的消费,是社会消费结构中重要的组成部分。根据马斯诺的需求层次理论,随着人们收入水平的增加,人们的基本物质消费需求得到满足后,精神、娱乐方面的需求将会上升为主要需求。按照世界各国的普遍经验,人均 GDP 超过 3000 美元后,文化产品和服务的消费会快速增长。人均 GDP 接近或超过 5000 美元后,文化消费将会出现井喷。从 2004 年到 2013 年,高收入国家的文化产品进口占据主导地位,从 2004 年的 992 亿美元增加到 2013 年的 1433 亿美元。2013 年高收入国家文化产品进口份额占比为 85%。这说明中高收入国家对文化产品的消费能力十分强劲,我国文化产品和服务的主要目标市场应该确定为这些国家。

五、政策

国际文化贸易研究领域对政策的研究基本上集中在三个方面:自由宽松的管制更有利于文化产品内容的多样化生产;对外国文化产品的配额问题;文化产品的知识产权保护问题。

政府政策能够提升媒体渠道,于是影响到这个国家对内容商品的需求。一个国家的法规和政治环境和它的媒体发展息息相关。世界银行的报告指出,通信产业在信息流动更自由的民主社会呈现出发展更快的趋势。Rodriguez 和 Wilson 认为,想要促进信息和交流技术的提高,民主自由的环境、对财产权的保护、政府较低程度的曲解,是最基本的。一个更成熟的政治环境能够带来对更加多样化内容的需求,催生更高比例的国产内容,或者两者兼而有之。帕克(Park)通过对韩国电影生产的研究指出,朴正熙和全斗焕军事政府当权期间(1961—1987年),韩国的传媒产品受到严格管控。受限的政治自由加上严格的电影审查阻碍了韩国电影生产。而1998年亚洲金融危机之后,韩国确立了文化立国的政策,取消了电影审查。韩国的文化生产力得到解放,文化出口增强,形成了强劲的"韩流"。各个国家(地区)对外国(主要是美国)文化产品的配额问题,也引起了国际学者们的讨论。两次世界大战期间,欧洲各国忙于战乱,美国的广播电影电视产业抓住机遇得到了迅速发展,特别是美国电影风靡全球。法国为了捍卫本土电影,率先对美国电影实行配额制。第二次世界大战之后,法国为了取得美国的重建贷款,迫于美国的压力,取消了配额。20世纪80年代中期之后,欧洲各国开始了媒体的私有化历程。大量的私营电视台出现,对电视节目产生了极大的需求。这对美国电视节目出口来说是天赐良机。由于美国电视节目在国内市场已收回成本,在国际市场上可以低价倾销,所以很快占领了欧洲市场。欧洲国家的电视频道被美国节目所充斥。于是,以法国为旗帜的一些欧洲国家,为了保护国内的传媒产业以及民族文化身份,防止它们由于外国视频产品以低价大量涌入而受到侵害,对外国进口的视频产品实行配额制管理。欧盟的影音政策"电视无国界指令"(Television without Frontiers Directive),要求所有欧盟广播电视网中播出的节目至少50%要在欧洲制作,从而创造一个欧洲影音空间。亚洲国家也有出于保护动机的配额制政策。韩国的《有线电视法》把外来节目限制在30%以内。不过,一般来说,配额制还不足以阻止其他国家进口美国视频。Dupagne和Waterman的实验研究发现,配额制的存在与进口美国产品的比例并没有关系。

目前,在数字化条件下,配额的作用越来越有限。过去,世界各国都通过设置显性或隐性贸易壁垒的方式,阻挡其他国家文化产品对本国的过度入侵，如产品配额制度、关税、产业补贴、内容限制等。在互联网时代，受众有了更多的文化产品接受渠道，文化产品的消费方式也有所改变，因此，为阻挡他国文化产品而设置的贸易壁垒，其功能在很大程度上被削弱，甚至成为摆设。比如，韩国虽然实行电影配额制度，规定每年必须有 73 天以上的时间放映国产电影，但对绝大多数通过互联网消费电影产品的受众而言，他们可以通过电影网站、专业视频软件等消费大量美国电影，即使在规定的 73 天时间内，仍有大量受众可以通过网络观看美国电影。从这一意义上说，73 天的电影配额已经形同虚设。对我国的电影贸易而言，也是如此。

文化产品的知识产权保护，是文化贸易研究中的一个突出问题。国际知识产权联盟 2001 年把电影（包括电视上播的电影、供影院而非电视放映的电影以及家庭录像）、广播、电视和有线广播产业归类为核心版权产业。美国电影协会透露，仅仅是在印度，由于电影政策不完善，美国各大公司估计损失了大约 6600 万美元票房收入。许多学者认为，版权保护得力的国家一般剽窃率较低，有利于美国公司把电影出口到这些国家。

中美之间的文化贸易摩擦，除了市场准入之外，最主要的问题就是版权保护。美国电影家协会宣称中国境内的盗版每年会导致美国电影企业产生 20 亿美元以上的经济损失。美国商务部长古铁雷斯和美国贸易代表施瓦布在不同场合均表示，中国应进一步对美开放文化市场。由于通过谈判没有得到满足，2007 年美国政府向 WTO 提起两项针对中国的诉讼。2008 年 WTO 成立仲裁小组开始调查。WTO 仲裁机构已做出对美国有利的裁决。美国一直认为中国反盗版方面的法律过于宽松，并且对国内盗版行为打击不力。在 2007、2008 和 2009 年度的《特殊 301 报告》中，美国贸易代表办公室继续将中国列在知识产权保护"重点观察"国家名单内；并进一步升级，将中国列入"306 条款监督国家"。"306 条款监督国家"可视为美国实施贸易报复的"最后通牒"。一旦被列为该等级，美国即可不经过调查和谈判自行发动包括贸易制裁在内的贸易报复措施。

美国有一套比较完备的知识产权法律体系。比如对制作人在制作节目过程中可能发生的一系列版权问题，美国的法律都有较为详细的规定：如对于在节目制作过程中需要进行的拍摄许可、制片保险、音乐的使用问题、可能会涉及的隐私权问题、诽谤问题等。媒体经营管理者一不小心就会掉入法律纠纷的陷阱。我国文化企业在与美国进行文化贸易的过程中，应当熟悉这些规定，尽量避免或减少贸易摩擦发生。

第三节　数字化条件下国际文化贸易的新趋势[①]

随着数字化时代的来临，文化产品和服务的国际贸易平台逐渐发展壮大，文化产品的传播方式和贸易特点也出现了显著变化。本节分析了数字化条件下文化产品和服务国际贸易出现的新特点和新变化，总结出数字化时代国际文化贸易商业模式的变化、利润分配模式的变化以及与之相关的版权管理问题。本节结合个案分析，从政府角度、企业角度、文化产品和服务角度提出数字化条件下文化产品和服务的国际贸易应采取的策略与措施。

当今数字化浪潮席卷全球，信息领域的数字技术向人类生活各个领域全面推进，在数字制式全面替代传统模拟制式的转变过程中，文化产品和服务的国际贸易不仅改变了传统国际文化贸易的方式，而且还开辟了新的贸易途径，本部分就数字化条件下文化产品和服务的国际贸易出现的新特点和变化进行分析并提出相应对策。

[①] 本节内容最初发表于2012年第3期《中国文化研究》，作者：李怀亮、佟雪娜。

一、数字化条件下文化产品与跨国贸易的特点

(一) 文化生产和贸易主体的泛化

在数字化时代,文化创作主体不断泛化。除了传统的文化企业这一主体外,大量个体创意者、生产者在数字化网络空间中发挥着自己的创作才能,通过网络技术连接可以完成传统国际文化贸易中单个公司不能承担的市场功能,而巨大的互联网平台使中小企业甚至个人有更多的机会参与到国际文化贸易中来。

在个体生产者进行文化创作和生产的过程中,他们可资利用的文化资源来自全人类的共同文化遗产。无论是中华文化还是外国文化,全球各地的生产者都可以拿来利用,并通过各种 B2C、C2C 电子商务平台进行个性化创意及贸易。电子商务平台与社交网站平台的连接,更加带动了电子商务平台产品的销售,使很多原来并没有市场化意识的纯粹个人化产品,在一定条件下可以转化为具有市场价值的文化产品和文化服务。

(二) 文化产品表现形式多样化与品牌聚合功能同时加强

在数字化时代,文化产品的表现形式日渐多样化。微电影、网络游戏、手机电视等各种新型文化产品样态不断出现。消费者也有了更多渠道接触这些文化产品和服务,如通过手机、iPad、iPod 等。而随着文化产品样态和消费者接触渠道的增多,真正意义上的"注意力经济"时代已经到来。广大受众在网络、手机、iPad 等文化产品消费平台中面临更多选择。在海量信息面前,受众选择越来越倾向于品牌,即品牌聚合功能在数字化时代更加明显。比如,苹果手机的 App Store 中拥有大量相关软件和游戏,即使是苹果公司网络与一般网络平台不能兼容的情况下,苹果公司也会因为其巨大的品牌聚合功能而吸引大量消费者。在一定程度上可以说,App Store 已经成为一个类似于家乐福、沃尔玛的巨型"虚拟文化产品超市"。

(三) 渠道和物流成本降低，但对知识产权保护的要求增强

据美国《福布斯》的统计，数字化可以节省企业交易成本达5%—10%。数字化降低了企业的采购成本、通过互联网可以减少人为因素和信息不畅通问题。数字化贸易给企业带来的最明显的经济效应是成本节约效应，主要体现在销售成本控制效应、交易成本控制效应、信息搜寻成本控制效应和库存成本控制效应。数字化时代，文化产品不再仅仅以"实物"的形式出现，大量数字化、虚拟化产品可以在互联网平台上实现瞬间传递，节省了渠道成本和物流成本。数字化使 Glocal（global+local）的文化产品生产方式不仅仅在文化资源整合层面得以实现，而且在真正的文化产品创作生产方面完全可以通过互联网平台实现内容生产的全球化和产品生产的本地化。另外一些网络视频、图片、微电影等伴随数字化而生的文化产品和服务更是如此。

(四) 各种形式的贸易壁垒功能减弱

上文已经提到，过去，世界各国都通过设置显性或隐性贸易壁垒的方式，阻挡其他国家文化产品对本国的过度入侵，如产品配额制度、关税、产业补贴、内容限制等。在互联网时代，受众有了更多的文化产品接受渠道，文化产品的消费方式也有所改变，因此，为阻挡他国文化产品而设置的贸易壁垒，其功能在很大程度上得到削弱，甚至成为摆设。

二、数字化条件下文化产品和服务的国际贸易新变化

在传统的国际贸易方式下，国际贸易流程需要19个环节，数字化的应用使国际贸易的环节缩短为7个，国际文化贸易更加电子化、信息化、自动化和规模化，极大地提高了国际文化贸易的效率。

从宏观来分析，在数字化环境中，由于互联网本身的特点，使得全球

出现了统一的虚拟交易市场。文化商品和服务的信息在全球公开、实时地快速传递,一方面减少了买卖双方信息的不对称性,另一方面又可以促使全球资源得到优化配置。

(一) 数字化条件下国际文化贸易方式的改变

数字化时代的到来,使得服务于国际贸易的一些交易手段变得比以前快捷和便利。现代信息技术的出现,以其超强的微电子技术对世界文化产品和服务贸易影响尤为巨大,突出的表现便是国际贸易手段的电子化。

1. 交易工具——EDI[①] 代替有纸贸易

数字化下的国际文化贸易实现了物流、信息流、商流、资金流的高度统一。国际文化产品和服务贸易使用 EDI 代替以前传统的有纸贸易,将贸易往来信息(如订单、提货单、海关申报单、进出口许可证等)按照商定的协议将其格式化和标准化,通过计算机网络在贸易伙伴的网络系统之间进行数据交换,并且可以自动处理。EDI 使文件的传送速度大大提高,并大幅降低文件处理的成本和出现差错的机率,同时也使各国企业、事业单位之间进行贸易活动时减少了因各种格式不同的文件、合同以及商业单据所造成的麻烦。

2. 支付方式——电子货币代替纸质货币

传统文化产品和服务贸易使用支票、汇票等单证,具体支付方式是通过托收、开信用证等。而数字化条件下的国际文化贸易则是使用电子支付系统,由电子货币代替纸质货币。企业之间可通过网上银行系统实行电子付款。这种新型的支付方式不再局限于以前单一的分支机构作为交易渠

---

① EDI 是英文 Electronic Data Interchange(电子数据交换)的缩写。EDI 是将贸易、生产、运输、保险、金融和海关等事务文件,通过电子邮箱按各有关部门或公司企业之间的标准格式进行数据交换,并按国际统一的语法规则对报文进行处理,是一种利用计算机进行事务处理的新业务。

道,通过因特网和无线互联网进行网上转账、网上信用证结算极其方便和迅速。并且银行还可以进行定制服务,为不同的企业客户提供不同的服务套餐。如此,银行采用信息技术扩大服务渠道的成本将变得十分低廉,客户可以在任何时间任何地点很方便地用网络处理银行金融业务并开展其他服务。

3. 交付方式——在线与非在线的融合

数字化条件下文化产品和服务的国际贸易其交付方式可分为两种:一种是非在线型,即:不完全国际电子商务。这主要是指一些有形的文化产品,如美术品、文化器材等,其进行国际贸易的交付方式除文化产品实物的交付环节以外,所有环节(包括询价、合同签订、订货、保险、支付等)均可以在网上通过电子方式予以实现;另一种是在线型,即:完全国际电子商务。这种主要指数字音乐产品、软件等文化产品及服务,他们原来依靠有形载体无形产品的直接贸易方式,在数字化条件下完全转变为通过电子网络方式进行支付、交割活动以及供货方的货物运送活动。这种全新的电子化交付方式使交易双方超越地理空间障碍进行交易,充分挖掘了全球数字化文化产品和服务市场的潜力。[①]

(二)数字化条件下文化产品和服务的国际贸易效应

1. 贸易扩大效应

在数字化环境下,通过互联网可以减少人为因素和信息不畅通问题,贸易双方都可以先从网上进行文化产品和服务的价格对比,利用计算机网络将信息进行处理和整合,找到理想价位的理想产品,还可以利用集体议价或网上拍卖竞价等方式购买到满意的文化商品。这种情况下就使得各国在进行文化产品和服务的贸易时降低进口文化商品的价格,对进口文化贸

[①] 邵秀丽:《电子商务对国际贸易的影响研究》,山东大学学位论文,2006年。

易的发展和增长起到了促进作用,从而形成贸易扩大效应。

2. 贸易替代效应

数字化环境下,跨国文化企业可以实现生产布局全球化,并可在全球范围内寻求自己的合作伙伴。如此数字化的发展突破了传统市场必须以固定的地域存在为前提条件的格局,可形成以信息网络为纽带"无国界"大市场。

3. 贸易条件效应

在数字化发展较快的国家,其劳动生产率的快速增长使文化产品的生产成本降低,同时这些国家的企业信息化程度相对数字化发展落后的国家要高出很多,因此在进行文化产品和服务的国际贸易时,其原材料的询价、交易磋商、采购以及售后服务等贸易活动完全可以通过互联网快速完成。[①] 同时,由于这些国家出口产品价格相对于其他国家同类产品价格低廉,因而提高了文化产品的竞争力,这更有利于文化产品的出口,也有利于扩大文化贸易出口量。因此,数字化不利于数字化发展较慢国家文化产品出口贸易的发展,其贸易条件越来越恶化。

(三) 数字化条件下国际文化贸易营销模式的改变

数字化引起市场营销的巨变,促进国际文化贸易营销方式的创新,产生了新的市场营销形式——电子营销。在这种营销方式下,文化贸易产品与服务的市场调研、广告宣传、公关等每一个环节都可以单独或整合应用到数字化中去。与工业化大规模生产时代传统广告与人员推销的"强势营销"方式不同,在这种"软营销"方式下,主动方是客户而非企业,体现出以客户为出发点,将导致以下营销方式。

一是网络互动式营销。从传统的 BBS 营销到博客营销,再发展到 SNS

---

① 袁申国等:《电子商务贸易的经济效应及对我国的启示》,载《南华大学学报(社会科学版)》,2004 年第 3 期。

营销，网络的互动性越来越强。数字化从互联网上选择产品到下单的购物体验，再到与客户的沟通环节，都需要企业与企业之间、企业与客户之间进行充分的沟通与互动，使客户能够亲身参与到国际文化产品和服务的贸易中来，在参与互动的过程中，客户的主动性也得到了提高与加强。

二是网络定制式营销。文化产品和服务的使用者越来越希望得到他们真正需要的东西，希望其个性化能够得到充分的满足。数字化时代使这种定制化成为可能，一些大的跨国文化传播公司通过建立企业内部网络提供这一服务，使客户对技术操作的不满降到最低。同时，网络定制式营销使文化企业与客户建立了关联，通过倾听客户的意见和需求，文化企业的反应速度越来越快，能将产品质量、服务、营销有机结合，从而得到丰厚回报。

三是网络整合式营销。在数字化条件下，企业更加方便地将所有的文化产品或服务有关的信息来源加以管理，使客户或者潜在的客户接触到整合的信息，从而产生购买行为。这样企业和客户之间的关系变得越加紧密，甚至形成一对一的营销关系，网络整合式营销其决策过程是双向的。一方面可密切关注客户的需求，以客户为中心；另一方面有利于加强文化企业信息与消费者之间的长期关系，保持品牌忠诚，从而提高文化企业的利润。

试从个案看数字条件下文化贸易带来的利润分成模式变化。

以 iTunes store 的利益分成模式为例，如果苹果为应用带来一个新订户，苹果获得30%分成；如果发行商为应用带来一个新/老订户，所得全部归发行商，苹果分文不取。这种商业盈利模式下，截至2011年底苹果已经向 App Store 开发者支付40亿美元。这种新型的商业模式及利润分配模式让文化产品和服务的全球贸易更直观更迅达回报更高，也形成了一个创意—产品—回报—新产品的正反馈链条，这应该是我们未来一段时间内加以学习和应用的有利模式。根据最新的数据统计，东亚地区被认为是 APP 下载的新兴热土，其中中国的 APP 下载量增加了298%，收益增长187%，国内顶级应用程序开发公司一天的收入也超过3万美元。① 随着人民币可以被用于在App Store支付和国民版权意识和收入水准的提高，有理由期待App Store及其基于销售平台之上的文化产品和服务贸易，将会极大地改变我们的文化贸易格局。

数字化时代，即使与传统贸易方式相比，平台贸易方式产生了商业模式和利益分配格局的改变，版权问题仍是关注的焦点，并且相应出现新的操作难题。当电子图书和数字音像在iTunes store等数字化平台出版之后，如何妥善防止盗版以保护版权所有人的利益，数字技术有没有动摇版权管理和版权贸易的根基，电子图书的购买者付费之后可以下载该本电子书还是只拥有在互联网上阅读该图书的权利等，这些都是需要我们重新思考和界定的问题。如亚马逊的阅读器kindle采用先下载后阅读的模式，电子书被存储在这些实体阅读器中。而谷歌电子书则采用云计算技术来存储电子书。这意味着这些电子书存在于互联网上，而不是某一个特定设备中，用户可以在几乎所有的阅读终端上在线打开该图书，这是数字化时代对版权贸易涉及的新理念的探讨。

三、数字化条件下文化产品和服务的国际贸易应对策略

数字化的发展给各国政府如何管理国际文化贸易带来新的挑战。文化具有独特的渗透力。文化产品和文化服务传达着观念、价值和生活方式，是极具个性化的产品和服务。文化贸易是各国服务贸易政策关注的重点领域，各国在文化贸易的开放程度上都十分谨慎。为此，如何应对和发展数字化条件下文化产品和服务的国际贸易要求，应从三个方面给

---

① Eric M.Dobursin, Ronald A Krasnow, *Intellectual Property Culture: Strategies to Foster Successful Patent and Trade Secret Practices in Everyday Business*, Oxford University Press, USA, 2008.

予考虑与解答。

（一）政府角度

1. 大力发展宽带网络基础建设

数字化时代的竞争就是带宽的竞争，宽带投资成为未来经济新动力。目前世界上许多国家都已瞄准宽带网络建设，将其作为信息社会发展的重要基础设施加大战略投入。2010年，美国联邦通信委员会（FCC）向国会提交国家宽带发展计划的提案，旨在将美国宽带网络速度在现有基础上提高25倍。该提案计划在未来10年内为宽带网络提供500M/秒的带宽，在未来5年内为移动设备提供300M/秒的带宽。2010年5月19日，欧盟委员会公布了为期5年的"数字化议程"计划，将在27个成员国部署超高速宽带，到2020年，欧盟将在整个欧洲提供不低于30M/秒的网速，为至少50%的欧洲家庭提供超过100M/秒的网速。尽管韩国目前的宽带网络在平均传送速率和家庭宽带覆盖量方面均居世界首位，但韩国政府并不满足，其相关部门表示，韩国最快将于2013年建成在10秒钟内即可下载完一部DVD级电影的千兆位宽带网。[①] 对于中国而言，宽带产业不仅能够拉动GDP增长，同时还能有效促进我国经济方式的转变，从工业大国或农业大国向信息强国转变。因此，发展宽带网络基础建设是我国在数字化条件下解决国际文化贸易问题的首要工作。

2. 立足国家利益，构建和完善知识产权保护体系

自20世纪90年代以来，在经济力量和技术力量推动下的全球化浪潮中，知识产权保护已经走向国际化，形成了在世界知识产权组织协调下制定的一系列国际公约、条约、协议，以及在此基础上制定的实体法。可以说，国际知识产权保护正在向制定统一实体法的方向发展，特别是《与贸

---

① 数据来源于互联网周刊：http://www.dooland.com/magazine/article_115521.html。

易有关的知识产权协议》（TRIPS 协议）的签署，更是顺应了以美国为首的发达国家的主张，将知识产权保护纳入了关贸总协定的框架内，充分体现了发达国家以高水平、严格的知识产权保护作为贸易保护利器的战略思想。

我们应该在洞悉发达国家知识产权战略的基础上，根据本国国情，制定和实施国家宏观层面的知识产权战略，构建和完善知识产权保护的国际应对体系，其总体原则是在遵守有关国际公约最低要求的前提下，为发展我国的知识产权业积极争取一个相对宽松的国际环境。[①]

（二）企业角度

1. 积极开发版权资源，增强版权产品的创造能力

数字化时代多种媒体、多种终端巨大的内容需求空间及其市场规模是以巨大的内容版权交易为基础的，这需要大力发展内容产业的知识产权。而要开发内容版权，最重要的一项工作是加强素材资源的挖掘、整理及其版权创造。在数字时代，素材不仅构成内容原创作品的基本元素，同时自身也正在成为版权作品，特别是现在功能强大、不断升级的应用软件不仅迅速提高了制作者的创作能力，而且可以通过数据库技术对它们进行聚合与存储，不但便捷，而且复制和传递的成本低，强化了素材的多重利用价值。素材的来源和运用是丰富多样的，过去我们比较注重对生活、服务、娱乐、科技、教育等时代性素材的开发，却忽视了对历史性和民族性素材资源的挖掘，使原创资源和动力明显不足。要克服这种不足，必须充分发掘和利用民族文化的丰厚资源，在内容和形式上进行独特的、富有创意的开掘和提炼，如此才能打造出具有民族特色的广播、影视、动漫等数字化原创作品。

[①] 李婉彬、王锦贵：《国内外版权产业研究进展》，载《新世纪图书馆》，2008 年第 4 期。

其具体思路，一是进行历史题材、革命题材、少数民族题材、农村题材、民间题材等的广播影视创作，丰富影视作品市场；二是对传统文学、戏曲等艺术形式进行文化创新，加工、制作出符合现代受众审美需求的时代作品；三是对传统经典影视作品进行创意改编，赋予新的艺术形式和艺术元素；四是推进传统影视作品的数字化改造，以适应数字化、网络化传播的发展要求，传统作品数字化的过程，不仅是数字作品的倍增过程，同时也是素材资源的倍增过程。将传统经典影视作品进行创意改编，同样是一种具有可行性和可持续性的版权创造模式。

2. 提高版权运营能力，创新版权经营模式

国际知识产权联盟将版权产业划分为如下四种：第一种是"核心"版权产业，指以创造享有版权的作品作为其主要产品的产业，包括影视产业、录音产业、音乐出版业、图书、报刊出版业、软件产业、剧院、广告、无线电、电缆和电视播放业；第二种是核心类的传输机构，如书店、电影院线、音像连锁店等；第三种是核心类的配套硬件，如电视机、计算机、手机等；第四种是相关产业，主要是与核心版权产品配合使用。① 西方发达国家在版权经营方面积累了丰富经验，我们应在充分研究国情、切实提高自身原创能力的基础上对这些经验予以借鉴和发展，创新版权经营模式。

这主要须做好两个方面的工作。一是要围绕核心版权产品开发延伸版权。核心版权产品即拥有版权的内容作品。一部成功的核心版权产品可以带动开发一系列相关的延伸版权。延伸版权的另一重要方式是内容作品形象的版权注册及其经营，这种经营主要是指这些作品形象的授权经营或特许权经营。对内容作品形象进行版权注册便产生出版权形象。如果说版权场景是内容作品生产过程中派生出来的、可损耗的版权资源，那么版权形

---

① 张小争等：《版权——传媒产业的核心价值》，载《传媒》，2004年第2期。

象则是内容作品本身派生出来的、不可损耗的版权资源。重视版权形象、最大化地开发其经营性潜能，是电视内容版权产业跃上新台阶的源泉所在。迪士尼是重视版权形象、成功对其进行特许权经营的典范。延伸版权还可以采取主题公园的途径。二是要进行版权产品的多媒介营销。版权延伸是对版权的拓展，多媒介营销则是对版权营销渠道的拓展。数字网络化背景下传播媒介的融合趋势为内容版权产品的载体创新提供了越来越有利的平台。同时与国外的数字内容传输平台构建战略联盟，进行卓有成效地推广中国内容产品的合作。

（三）文化产品与服务角度

按照我国国家统计局印发的《文化及相关产业分类》有关文件，文化产品可以分为九大门类，根据它们与数字化关系的密切程度把它们分成三大类，第一类是本身就是数字化条件下诞生的文化产品与服务，典型的门类就是网络文化服务；第二类是可直接转化成数字产品的文化产品与服务，主要包括新闻服务、出版发行和版权服务以及广播、电视、电影服务这三大类，可以将其归纳为传统传媒业；第三类则是难以直接转化成数字产品的文化产品和服务，包括文化艺术服务、文化休闲娱乐服务、其他文化服务、文化用品、设备及相关文化产品的生产以及文化用品、设备及相关文化产品的销售等。①

1. 数字化条件下诞生的文化产品与服务（即，网络文化服务）的国际贸易对策

网络文化服务本身就是数字化时代的产物。互联网最了不起的地方，就在于它是一个真正无国界的媒介，可以说，网络文化服务与国际化有着

---

① 黄旭东等：《论中国文化产业发展与文化安全》，载《求索》，2009年第6期。

天然的联系。在网络文化服务领域，我们可以看到很多成功开拓国际业务的例子。世界上最大的搜索引擎 Google 在 2011 年的营收达到了 379 亿美元，其办事处遍布全球六大洲、四十多个国家。世界上最大的社交网站 Facebook 截至 2011 年 12 月 31 日拥有 8.45 亿月度活跃用户，具体分布为：

北美地区（美国和加拿大）1.79 亿，欧洲 2.29 亿，亚洲 2.12 亿，世界其他地区 2.25 亿，也就是说，本土用户只有 20%左右，80%的用户来自国外。① 雅虎作为一家全球性的互联网通讯、商贸及媒体公司，其网络每月为全球超过一亿八千万用户提供多元化的网上服务，在全球共有 24 个网站，其总部设在美国加州，在欧洲、亚太区、拉丁美洲、加拿大及美国均设有办事处。

我国网络服务企业在国际化方面做得比较好的一个典型例子是阿里巴巴。阿里巴巴旗下三大交易市场形成了一个拥有来自 240 多个国家和地区接近 7630 万名注册用户的网上社区。阿里巴巴在信息服务方面的成功，是建立在我国比较雄厚的外向型经济的基础之上的。

所以对于我国网络文化服务的国际贸易措施应先选择在文化上与中国更接近的亚洲国家，比如东南亚国家进行尝试，当积累起一定经验时，可进一步考虑西方市场。另一方面，在进行国际贸易时，还应该积极寻找当地的合作伙伴，通过当地合作伙伴了解当地的文化、市场、用户以及其他方面的问题，从而克服文化敏感性带来的障碍。

2. 可直接转化成数字产品的文化产品与服务（即：传统传媒业）的国际贸易对策

这类产品转化为数字产品的文化产品与服务有如下特征：

（1）数字技术的发展给传媒产品的升级换代提供了技术支持。例如，

---

① 数据来源于凤凰网科技版：http://tech.ifeng.com/internet/special/facebookipo/content-3/detail_2012_02/02/12243100_0.shtml。

数字出版可同时容纳多媒体内容的特点大大改善了出版物带给人们的阅读体验；高清数字电视在提升画面的视觉效果的同时还给观众提供了按自己的兴趣、时间表选择电视节目的可能性；3D数字电影更是大大提高了电影画面的逼真程度，带给人身临其境的感觉。所有这些都显示了数字技术在提升传媒产品的竞争力方面的作用，为传媒产品走向国际提供了重要的物质基础。

（2）数字技术改变了传媒产品的传播方式与范围。一方面，数字技术改变了以前媒体传播特点呈地域性的状况，传播速度快、范围广，在世界的任何一个角度都可以瞬间获得文化产品和服务的信息。另一方面，数字传播方式也大大降低了传统传媒产品的生产、流通成本。例如，数字出版可避免传统出版物在印刷、存储、物流方面的大量费用；数字电影可大大节约在摄制过程中的高额胶片成本，同时数字拷贝的成本也远远低于胶片拷贝。可以说，数字技术为传媒产品提供了以更低的成本实现国际传播的可能性。

（3）数字化条件下版权保护面临更大的挑战

数字化条件下数字产品传播的便利性同时带来了盗版猖獗的难题。2011年，美国出版商协会（American Association of Publishers）发现，在过去2年内，有10家美国出版商被检测到他们有近30万份侵权文件出现在互联网上。这也就意味着，过去两年内，美国各大出版商推出的热销图书几乎全部出现了盗版。在欧洲，盗版使20万个音乐岗位蒸发，盗版已成为唱片业的一场大灾难。从2006年以后，由于数字时代的来临，网络非法下载活动猖獗，中国唱片市场（CD）的收益已经趋近于"零"。如何克服版权保护的问题，是传统传媒企业谋求数字化转型和国际扩张时面临的重大挑战。

新闻服务、出版发行和版权服务以及广播、电视、电影服务等能直接转化成数字产品的文化产品与服务（传统传媒业），为促进其更好地进行国际贸易，首先应给予重视的是提高数字技术以便给传媒产品的升级换代提供充分的技术支持，为传媒产品走向国际提供物质基础。其次，利用我国的众多劳动力资源进行数字技术培训，以低成本的文化产品和服务进行国际贸易扩张。再次，对于可转化的文化产品和服务进行国际贸易时，注意网络管理，维护文化企业的网络信息安全。在与国外进行贸易时注意信息的可靠性和真实性，运用互联网防御系统过滤网上虚假信息对文化企业判断和决策造成的不利影响。

3. 难以直接转化成数字产品的文化产品和服务的国际贸易措施

对于文化艺术服务、文化休闲娱乐服务、其他文化服务、文化用品、设备及相关文化产品的生产以及文化用品、设备及相关文化产品的销售等门类来说，数字化时代的到来很难改变其"在场性"或"实物性"特征。但却给它们带来了通过数字化营销提高营销活动绩效的机会。以艺术演出为例。虽然艺术演出可以拍摄成视频片段在网上流传，但是观看视频片段的感觉是绝对无法和现场观看演出的感觉相提并论。事实上，前者的流传反而有助于提升消费者对观看现场演出的兴趣，由此成为一种可行的促销手段。换言之，这些企业可以以计算机信息技术为基础，通过网络实现企业营销活动的信息化、自动化与全球化。因此，对这些文化产品与服务门类来说，数字化时代带来的主要是机遇。而要想实现这部分文化产品与服务的国际化，这类企业需要思考如何利用网络的开放性和公众参与性，通过丰富多彩的内容和灵活多样的渠道，包括社交网络、微博等平台，从而吸引越来越多的国内外消费者购买上述文化产品和服务。

总之，文化产品和服务包括多个行业门类，不同的文化产品和服务之间也有着明显差别。正如我们的文化产业政策和对外文化贸易政策应实行"分类指导"一样，数字化时代的文化产品和服务贸易也不能一概而论。同样面对"数字化浪潮"的冲击，不同文化产品和服务所处的境地完全不同。大量以创意和知识产权保护为基础的"无形"文化产品在数字化时代会遭受更大冲击，其消费模式、贸易模式也较过去有重大改变，我们必须适应数字化浪潮，改变过去单一的商业盈利模式，充分利用数字化时代的渠道优势，加强宣传、展示，通过微支付模式、唛表模式、用户核心模式等方式扩大文化产品和服务的国际贸易，使之在数字化时代下带动相关文化产品出口，确立我国在国际上的文化强国地位。

第二章　文化产业发展的理论阐释及战略意义

　　文化产业发展是推动国际文化贸易的重要驱动力，也是一国经济增长重要的组成部分，文化产业高质量发展是提高国家文化软实力的战略要求。聚焦文化产业理论研究，文化产业与经济增长的关系成为关注焦点。纵观二者关系研究的历史，文化与经济发展大致存在五种不同的观点：从古典经济学家的文化观念是必要条件到马克斯·韦伯的特定文化特别是促进资本主义产生与现代经济发展的最重要因素，再到文化与经济发展无关论、文化对经济发展的影响是"中性的"以及文化意识形态是一种影响合约实施的不可缺少的变量，而合约的实施最终决定经济发展的状况，这些观点无一不证明文化在经济增长中占据的重要比重。其中，文化生产力论、文化资本论、文化产业促进了传统产业的升级、文化产业推动区域经济增长等理论观点成为主流理论。在国家文化软实力提升方面，文化产业高质量发展具有重要的战略意义，主要表现在为社会提供文化生产力、保障国家传播力以及能够提升国家影响力等维度。综合来看，促进文化产业高质量发展，需要不断激发文化产业创新创造活力。而提升文化战略定力是文化创新创造活力的基础，实现文化价值引导力是文化创新创造的首要目标，增强文化市场活力是文化创新创造的必然选择，推动构建人类命运共同体，是增强中华文化国际影响力的重要思想动能。

第一节　文化产业与经济增长关系的理论研究[①]

文化产业作为新兴的朝阳产业日益受到各国政府的重视,但各国在实施发展文化产业政策后所带来的效果却不尽相同,引发了理论界广泛的思考。纵观文化产业与经济增长理论的发展,充分体现了研究视角的多元化。

一、文化与经济增长的关系

在社会有机体中经济、文化与政治相互依赖且不可分割,纵观文化与经济二者关系研究的历史,文化与经济发展大致存在五种不同的观点。第一种观点由古典经济学家提出,认为特定的文化观念是决定人们行为乃至市场扩展、经济进步必不可少的条件之一。第二种观点主要由马克斯·韦伯提出,他认为特定文化特别是新教伦理是促进资本主义产生与现代经济发展的最重要因素。第三种观点认为文化与经济发展无关。第四种观点承认了文化对经济发展具有影响作用,认为一些文化因素具有促进作用,而另一些文化因素会阻碍经济发展,文化对经济发展的影响是"中性的"。第五种观点由诺思(1987)提出,他将文化意识形态看作是一种影响合约实施的不可缺少的变量,而合约的实施最终决定经济发展的状况。随着文化及文化产业的发展,其对经济增长的影响越来越显著,文化对经济的发展有促进作用的观点逐渐成为主流。

[①]　本节内容最初发表于 2010 年第 2 期《经济问题》,作者:李怀亮、方英、王锦慧。

马克斯·韦伯认为西方通过宗教改革而形成的新教文化孕育了一种"资本主义精神",这种精神对于近代资本主义的产生和发展起了巨大的推动作用。① 阿瑟·刘易斯在分析影响经济增长的因素时认为经济增长依赖于人们对工作、财富、节俭、生育子女、创造性、陌生人和冒险等的态度,所有这些态度都是从人的头脑深处产生的,属于文化的范畴。② 诺斯在运用文化因素来解释经济增长时认为,制度和意识形态共同决定了经济绩效,意识形态是影响经济绩效的个人选择的关键。③ 阿玛蒂亚·森认为,资本主义经济的高效运行依赖于强有力的价值观和规范系统。④ 福山认为文化因素和经济生活是密不可分的,文化直接影响甚至决定经济效率。从上述关于文化与经济关系的论述中可以看出,文化对经济增长有着重大的影响,这已成为学者的共识。⑤

虽然文化对经济增长的作用是不容置疑的,但文化的所有核心内容诸如价值信念、伦理规范、道德观念、宗教、思维方式等对技术及经济发展的影响并不永远都是正相关的,一个社会文化中所携带的一些属性经常会在文化作用技术和经济增长的过程中起到相反的作用,所以,任何一种文化都存在对技术进步和经济增长的有利和不利因素,这也就告诉我们,一种文化对经济的有效作用并不意味着需要将这种文化全盘推广到其他社会中去,文化的经济增长作用并不是"通用"的。

---

① [德]马克斯·韦伯:《新教伦理与资本主义精神》,彭强译,西安:陕西师范大学出版社2002年版。
② [英]阿瑟·刘易斯:《经济增长理论》,周师铭、沈丙杰、沈伯根译,北京:商务印书馆2005年版。
③ [美]道格拉斯·C.诺斯:《制度、制度变迁与经济绩效》,杭行译,上海:上海三联书店1999年版。
④ [印]阿玛蒂亚·森:《以自由看待发展》,任赜、于真译,北京:中国人民大学出版社2002年版。
⑤ [美]弗朗西斯·福山:《信任:社会美德与创造经济繁荣》,海口:海南出版社2001年版。

二、文化产业与经济增长的关系

国内外对文化产业与经济增长关系的研究主要分为以下四个方面:

(一) 文化生产力论

文化生产力理论认为文化就是一种生产力。文化产业对经济增长的影响是通过文化生产力来实现的。文化生产力是一种价值创造能力、自我更新能力以及知识创新和社会调控能力,它的生成物是创新的观念和知识。19世纪德国国家经济学派的代表人物李斯特提出了国家生产力概念,把国家生产力区分为物质力量和精神力量,并强调精神力量和脑力劳动者的重要性,坚决反对只把体力劳动看成生产力的传统观点,他认为生产力不是指单一的物质生产力,还包括精神生产力。

法兰克福学派的"文化工业"理论以批判的视角来研究当代文化,他们认为文化工业的最终产品是迎合大众精神消费需求的各类产品,即所谓的大众文化。文化工业所生产的文化产品丧失了文化本该具有的批判和否定精神,文化工业追求利润的最大化将无法实现艺术的超越性,使文化产品的艺术价值降低;文化工业的商品化生产是程序化或复制化和标准化的,这会丧失传统文化艺术的"韵味"。因此,法兰克福学派是反对文化工业化的,认为文化不是能够产业化的生产力。英国文化学派以1964年英国伯明翰大学的当代文化研究中心的成立为标志,他们在对英国文化保守主义和法兰克福学派批判的基础上,形成了自己对大众文化的独创性见解,从制度和权力等微观政治角度来考察分析文化产业,突出文化产业生产和消费中的能动作用,并主张用辩证的观点来看待高雅文化与通俗文化,大力提倡大众文化。英国文化学派认为文化产品是可以批量生产的,文化是可以产业化的生产力。

我国的文化产业处在发展初期,学术理论界对文化产业的研究处在探索之中,因此,对文化生产力的理解还没有形成统一的表述。目前,国内关于文化生产力的定义大致有以下几种:一是认为文化生产力是创造社会财富的能力。一些学者认为文化生产力是指具有一定智能知识的劳动者运用和掌握科学技术创造社会财富的能力。二是认为文化生产力是创造精神产品推动人类发展的能力。一些学者从狭义的文化观出发,把文化生产力局限于精神领域,认为文化生产力是指人类有目的地创造各种思想、观念、意识、文化、艺术等精神产品,并与物质手段相结合转化为现实生产力,推动人类发展的能力。三是认为文化生产力是一种创造力。有些学者认为文化就是人化,人的世界就是一个文化世界,人类在创建文化的同时创造了人自身,文化是人类特有的生存方式和掌握世界的方式。四是认为文化生产力是一种创作、制造文化产品和提供文化服务的能力。通过对文化生产的分析认为总体意义上的文化生产力是指人类全部社会生活以及人自身的生产和再生产,文化生产渗透于三大生产之中,是他们的共同内容和构成。而通常意义上的文化生产是指精神生产。文化生产渗透于社会生活的各个领域,是社会文化生产力的实现。因此,文化生产力是创作、制造文化产品以及提供文化服务的能力。

(二) 文化资本论

"资本"是经济理论的核心问题,也是经济增长的核心问题,任何可以带来收入流的财产都是资本。根据资本的定义,人类所习得与遵从的特定文化实际上也是一种最普遍最一般意义上的资本形态,因为它是人们为了换取将来的利益而在早期进行的投资活动,可以产生巨大的价值增值。法国社会学大师皮埃尔·布迪厄首次提出文化资本的概念,并将其应用到社会学和文化研究中。1998年澳大利亚经济学教授戴维·思罗斯比在西班牙巴塞罗那举行的第十次文化经济会议上明确地将"文化资本"引入经济学范畴,指出"文化资本"是以财富的形式具体表现出来的文化价值的积累,同时指出"推测'文化资本'在经济学中对经济产出和增长会起到什么作用是非常有用的"。文化资本理论主要是沿着两个方向发展：一是探讨文化资本与个人发展的关系，如教育背景、家庭背景等对个人事业的影响；二是研究文化产品和文化产业，试图在用来交换的文化类产品中发掘文化对产品价值的影响，并以文化产品及文化产业为基础，研究文化体制、文化制度对一个企业、区域、国家乃至全球经济的影响。

文化资本投资与积累的过程是一系列价值观、信念看法和思维方式等不断扩展的过程，文化产业更是将人们所习得的一系列价值观、信念、看法和思维方式以规模化、产业化的模式发展，使人们所拥有的文化资本大规模地、快速地实现价值的增值，进而影响经济的增长。文化资本对经济增长的影响途径一是文化资本的报酬递增，报酬递增的特性使得文化资本具有很强的"溢出效应"；二是文化资本制约其他生产因素的利用，无论在什么社会中，与生产活动和财富积累有关的价值观念都将是决定经济发展的程度和方向的重要因素。

（三）文化产业促进了传统产业的升级

1. 文化产业是朝阳产业

产业下游化是世界经济发展的一条重要规律。文化产业处于产业链的中后端是经济发展的趋势和重点。美国经济学家马克卢普研究发现，对经济增长起决定性作用的主导产业正在发生质的变化，他提出"知识产业"的概念，把知识产业分为教育、研究与发展、通信媒介、信息设备和信息服务五个分支，计算出1958年美国以印刷出版、摄影录音、戏剧、音乐电影、广播电视、广告等为主要代表的通信媒介业占知识产业总价值的28.1%，占国民生产总值的8%，仅次于教育产业。[①] Pratt（1997）认为文

---

① [美] 弗里茨·马克卢普：《美国的知识生产与分配》，孙耀君译，北京：中国人民大学出版社2007年版。

化产业是现代经济体系重要的增长部分。① 在文化产品的消费方面,诺贝尔经济学奖获得者斯蒂格勒和贝克尔在《偏好是无可争辩的》(1997)一文中指出,从音乐消费中产生的边际效用依赖于消费者已经消费的总量及其欣赏音乐的能力,而欣赏音乐的能力又是以往音乐消费的函数。音乐消费资本的投入和消费是相互促进的,音乐消费的边际效益会随着时间而增长。随着经济全球化、文化全球化与经济文化一体化进程的加快,特别是随着文化产业的发展,并没有出现像法兰克福学派的阿多诺与霍克海默等学者所预料的那种所谓的"资本主义系统结构性崩溃"。相反,在文化产业化进程中,大众文化产品的生产及消费应运而生,文化突破了社会阶层的局限性,精英文化逐步拉近了与大众的距离,人们对文化产业的态度发生了彻底的转变,文化不再被视为社会发展的一个辅助性行为,而是社会发展的一个重要驱动力。

2. 文化产业是文化与高科技紧密结合的产业

文化产业是高新技术与文化紧密结合的产物,是表达文化生产力自身特性和张力的一个最直接的产业。大量文化产品的高科技含量表明,高科技与文化的有机结合将为文化的创新和发展提供更为广阔的前景,文化创新则与技术创新一起,构成了未来社会经济持续高速发展的不竭动力。文化产业发展加快了工业信息化步伐,促进了传统产业的升级进步。

3. 文化渗透到工业产品中提高了产品的附加值

从文化产业与其他产业的关系上看,文化产业几乎与传统经济的所有部门都有联系,几乎所有的人类生活方式和生产方式都在不同程度上与它产生了关系。日本著名经济学家日下公人提出,"21世纪的经济学将由文化与产业两部分构成","文化必将成为经济进步的新形象,文化与经济的

---

① Pratt A. C., "The Cultural Industries Production System: A Case of Employment Change in Britain", *Environment and Planning*, 1997, Vol. 29, pp. 1984–1991.

紧密结合,首先表现为文化对经济的渗透,产品的文化内容的价值比重迅速增大,而物质形式的价值比重正相应地下降"。Lawrence 和 Phillips（2002）认为文化产业迅速发展的渠道之一就是文化产品渗透到原来的工业产品制造业中,提高工业产品的文化与设计的密集度,进而提高工业产品的竞争优势。①

4. 国内的相关研究

我国学者主要从产业集群和产业融合两方面来研究文化产业与传统产业的互动关系。张潇扬（2006）认为文化产业园能够有效促进文化产业与工业制造业的互动并带动文化产业发展。王亚川（2006）总结了文化产业集群的两种模式：由产业横向关联而形成的集群和由产业纵向关联而形成的产业集群,即产业链的聚合。另外一些学者从产业融合的途径研究文化产业与传统产业的互动关系。毛蕴诗、梁永宽（2006）通过分析行业边界模糊理论,阐述了信息产业与传统产业的融合趋势,借助信息技术等高科技产业的推动作用,拓宽文化传播途径,加快文化传播速度,促使文化产业飞跃发展。同时还提出通过文化与工业制造业的融合能够凸显工业制造业的核心价值,发挥文化对经济社会的支撑作用,提高综合竞争力。

（四）文化产业推动区域经济增长

随着经济与文化的发展,越来越多的学者认为文化产业的发展对地区经济的增长有推动作用,这一观点已成为主流。Wynne（1992a）研究了英国文化产业发展与相关城市和地区发展的关系发现,文化产业迅速增长不仅是英国的大城市经济发展的显著推动力,而且还是英格兰中北部一些旧

---

① Lawrence T. B., N. Phillips, "Understanding Cultural‐products Industries", *Journal of Management Inquiry*, 2002, No.11.

的工业城镇经济发展的显著推动力。① Gnad（2000）的研究也发现文化产业的发展是德国 Ruhr-Gebiet 地区经济发展的显著推动力。② Philo 和 Kesrns（1993）③，Graham、Ashworth 和 Tunridge（2000）④ 认为文化产业的迅速发展可以升级与重塑地区文化资源，提升各处文化资源的历史和艺术的吸引力，进而吸引更多的参观者；还可以提升地区形象，吸引高层次的投资者和高素质的劳动者，促进该地区的经济增长。

另外在文化产业与就业方面，Pratt（1997）的研究表明英国文化产业 1991 年的就业人数近百万（占总就业人数的 4.5%）。Scott（2000）的研究显示美国的文化产业在 1992 年创造了 30 万人的就业（占总就业人数的 2.4%）。⑤

我国学者认为文化产业具有发展经济与繁荣市场的功能，文化产业在整个国民经济中可以占有相当大的比重，甚至可以发展成为国民经济的重要的支柱产业。大力发展第三产业中的文化产业，将有利于产业结构的调整，有利于解决中国经济现存的诸多问题，有利于中国经济的可持续发展；文化产业的经济属性表现为它在给人们带来经济享受的同时，还能带来经济效益、创造就业岗位，在市场经济条件下，形成自我积累、自我发展的良性循环；王婧（2008）用面板数据实证分析中国文化产业经济贡献

---

① Wynne D.(ed.), *Cultural Quarters in the Culture Industry*, Aldershot, UK: Avebury, 1992a, pp.13-23.

② Gnad, Friedrich. "Regional Promotion Strategies for the Culture Industries in the Ruhr Area", *Culture Industries in Europe: Regional Development Concepts for Private-sector Cultural Production and Services*, 2000, pp.172-177.

③ Philo C., G.Kearns, "Culture, History, Capital: A Critical Introduction to the Selling of Places", in H.J.Braczyk, G.Fuchs and H.G.Wolf(ed.), *Selling Places: The City as Cultural Capital, Past and Present*, London: Routledge, 1993, pp.81-97.

④ Graham B., G. Ashworth, J. E. Tunbridge, *A Geography of Heritage: Power, Culture and Economy*, London: Arnold, 2000.

⑤ Scott A. J., *The Cultural Economy of Cities: Essays on the Geography of Image-producing Industries*, London: Sage, 2000.

的影响因素，认为人均文化娱乐消费、文化机构数目对文化产业的发展及经济的贡献有正面影响，而政府对文化产业的财政扶持对文化产业的经济贡献却有负面的影响等结论。

三、结论

随着文化产业实践的发展，一个国家文化产业的繁荣发展对其经济的可持续发展的重要性日益突显。因此，对文化产业与经济增长的相互关系的研究对一国实现经济、文化平衡发展具有重大的理论和现实意义。现有的国内外文化产业与经济增长的相关理论研究不乏真知灼见，为各国文化产业的发展提供了良好的理论指导。但纵观国外相关的研究成果，已有经济增长理论并没有明确地将文化因素纳入其研究框架之中。而且大多从实用的角度研究文化产业的经济价值，对文化因素对经济增长的作用机理并无明确结论。国内对文化产业与经济增长关系问题进行系统、深入、全面的理论研究的论著也不多见，相关的实证分析更是少之又少。随着我国文化产业的发展及其对经济贡献度不断加大，更多的文化产业与经济增长的相关问题有待理论界探讨和完善。

第二节 文化产业发展与国家文化软实力的提升[①]

文化产业对国家文化软实力建设有着十分突出的作用，这主要表现为文化产业可以为社会提供文化生产力、能够保障国家传播力以及能够提升国家影响力等几个方面。当前，随着中国经济建设取得举世瞩目的新成就

[①] 本节内容最初发表于 2011 年第 6 期《河北学刊》，作者：李怀亮、王锦慧。

以及中国传播基础设施的发展与壮大,国际文化软实力格局正面临着新一轮重构,中国应抓住这一大好机遇,加快文化产业发展和提升中国文化软实力。

国家文化软实力建设包括许多方面的内容,如制度建设、意识形态建设、国民教育、文化遗产保护、公共文化设施建设和文化产业发展等。在这诸多因素当中,发展文化产业、扩大文化出口、优化文化产品出口结构对国家文化软实力建设有着十分突出的作用。

一、文化产业发展为社会提供文化生产力

(一) 文化与经济发展

文化对经济增长有着重大影响,对国家文化软实力提升有着巨大贡献。文化生产力理论认为,文化就是一种生产力,文化产业对经济增长的影响是通过文化生产力来实现的。文化生产力是一种价值创造能力、自我更新能力,特别是知识创新和社会调控能力,它的生成物是创新的观念和知识。

文化产业对社会创造力的贡献,可以由"资本"的概念得到说明。"资本"是经济理论的核心问题,也是经济增长的核心问题,任何可以带来收入流的财产都可以称之为"资本"。由此观之,人类所习得与遵从的特定文化实际上也是一种最普遍、最一般意义上的资本形态,因为它是人们为了换取将来利益而在早期进行的投资活动,可以产生巨大的价值增值。法国社会学大师皮埃尔·布迪厄首次提出文化资本的概念,并将其应用到社会学和文化研究中。1998年,澳大利亚经济学教授戴维·思罗斯比(David Throsby)在西班牙巴塞罗那举行的第十次文化经济会议上明确将"文化资本"引入经济学范畴,并指出,"文化资本"是以财富的形式具体表现出来的文化价值的积累,而且"推测'文化资本'在经济学中对经济

产出和增长会起到什么作用是非常有用的"①。文化资本理论主要是沿着两个方向发展的：一是探讨文化资本与个人发展的关系，如教育背景、家庭背景等对个人事业的影响；二是研究文化产品和文化产业，试图在用来交换的文化类产品中发掘文化对产品价值的影响，并以文化产品及文化产业为基础，研究文化体制、文化制度对一个企业、区域、国家乃至全球经济的影响。

文化资本对经济增长的影响途径有二：一是文化资本的报酬递增。报酬递增的特性使得文化资本具有很强的"溢出效应"；二是文化资本制约其他生产因素的利用。无论在什么社会中，与生产活动和财富积累有关的价值观念都将是决定经济发展程度与方向的重要因素。文化资本投资与积累的过程，也是一系列价值观、信念看法和思维方式等不断扩展的过程，文化产业更是将人们所习得的一系列价值观、信念、看法和思维方式以规模化、产业化的模式发展，使人们所拥有的文化资本大规模地快速实现价值增值，进而影响经济增长，极大地提升社会创造力。

二、文化产业保障国家传播力

信息的传播能力影响着一国文化、价值理念与国家形象在世界范围内传播的广度、深度和效果。因此，信息的有效传播能力是国家文化软实力的重要组成部分。信息传播基础设施是人类从事信息传播活动的中介物，是信息传播得以顺利进行的必要手段；传播基础设施建设影响着信息的传播技术和信息传播发展能力，是提升国家文化软实力的重要环节。由是之故，近年来，世界各国纷纷加大了对信息传播基础设施的投入。如2008年，美国四大移动通信运营商进一步扩充其3G网络，并将眼光投向4G；

---

① ［法］皮埃尔·布迪厄：《文化资本与社会炼金术》，上海：上海人民出版社1997年版，第202页。

2009年，美国政府通过了总额为7870亿美元的经济刺激计划，其中72亿美元将用于改善网络宽带，特别是偏远山区的基础设施。2010年10月25日，英国政府公布了《国家基础设施规划》，其总投资额超过2000亿英镑，计划在2015年建成全欧洲最好的高速宽带网。欧盟2008年发布宽带建设情况研究报告，提出宽带网络建设新目标，敦促各成员国重视宽带网络建设。2009年4月，澳大利亚总理宣布将投入约310亿美元建设国家超高速宽带网络，90%为光纤网络，辅以无线与卫星技术，提供全澳洲皆可使用的人人负担得起的宽带服务。截至2008年，中国大陆移动电话用户约6.4亿户，通过手机上网的人数近1.2亿，手机用户以每年20%的增长率递增，WAP的用户增长率则达到了100%。

受限于数据的全面性及准确性，本节仅以2002年和2007年为例，对各国传播基础设施规模及传播技术发展作粗略比较，参见表5、表6。①

通过对以上两个表格的数据比较可以看出，尽管英国、加拿大、澳大利亚历年的GDP没有美国高，然而信息传播技术发展指数以及信息传播技术基础设施指数的排名却均高于美国。这说明，近年来英国、加拿大、澳大利亚等国更加重视信息传播能力及信息技术的发展，加大了对文化传播基础设施的投入。

目前中国已拥有世界规模最大的移动通信市场和通信运营商，中国互联网的用户数量在世界上首屈一指，且还在不断增加中。通过对信息传播

---

① 表5与表6中的数据系通过整理国际电信联盟的统计资料所得。信息传播技术发展指数由信息传播技术基础设施、信息传播技术使用和信息传播技术技能三项指标来衡量，三者所占权重分别为40%、20%、40%。而信息传播技术基础设施又由百人固定电话线率、百人移动电话拥有率、每个因特网用户的英特网带宽、拥有计算机的用户比例及有因特网接入口的家庭比例等五项指标构成，每项指标所占权重均为20%。信息传播技术使用由百人因特网使用者数、百人因特网固定宽带拥有人数和百人因特网移动宽带拥有人数等三项指标衡量，每项指标所占权重为33%。信息传播技术技能由成人识字率、中等教育毛入学率、高等教育毛入学率等三项指标衡量，每项指标所占权重为33%。

技术基础设施的比较可以看出,世界几大主要经济体的信息传播技术发展水平和信息传播技术基础设施规模都在不断提高。可以说,随着经济水平与信息传播技术的发展,各国和地区已迎来了发展文化产业和提升本国文化软实力的前所未有的机遇。

表5 信息传播技术发展指数(IDI)一览表

	排名	IDI	排名	IDI
	2002年	2002年	2007年	2007年
美国	11	5.25	17	6.44
英国	10	5.27	10	6.78
澳大利亚	13	5.02	14	6.58
加拿大	9	5.33	19	6.34
中国	90	1.95	73	3.11

表6 信息传播技术基础设施指数一览表

	排名	IDI	排名	IDI
	2002年	2002年	2007年	2007年
美国	35	4.30	34	6.22
英国	8	6.82	10	8.16
澳大利亚	19	5.97	19	7.24
加拿大	15	6.34	15	7.43
中国	71	1.95	64	3.87

三、文化出口提升国家影响力

文化产品内在地蕴涵着生产者的思想和观念,文化产品输出的同时也就是文化观念的传播辐射过程。文化产品出口对于拉动一国经济增长、改善国际收支等经济目标以及传播各国文化和促进国际文化交流等方面都发挥着越来越重要的作用。世界各国和地区纷纷把促进文化产品出口作为提高本国及本地区文化影响力及文化竞争力的手段。

2002—2003 年度,澳大利亚文化产品的进出口总额达到 52.5 亿澳元(约合 38.8 亿美元),比 1994—1995 年度增长 52.6%。据加拿大联邦统计局统计显示,2005 年,加拿大文化产品的进出口总额达到 113.1 亿加元(约合 101.5 亿美元),比 1996 年增长 65.2%。

2003 年,英国文化产品的出口额达到 116 亿英镑(约合 213.6 亿美元),比 2000 年增长 22.1%,年均增长 6.9%。主要国家近年来文化产品出口额比较参见表 7、8、9。

表 7 主要英语国家文化产品出口情况一览表①(单位:百万美元)

	1996 年	2000 年	2005 年
美国	17529	24656.40	25544
英国	12439	17363.14	19030
澳大利亚	2355	4395.14	4883
加拿大	9312	11186.80	11377

表 8 1997—2006 年中国文化产品总体情况一览表(单位:百万美元)

	1997	1998	1999	2000	2001	2002	2003	2004	2005	2006
文化产品出口额	22861	23425	24261	28474	28845	35022	41919	50143	61360	69983
增长速度	…	2.5%	3.6%	17.4%	1.3%	21.4%	19.7%	19.6%	22.4%	14.1%

---

① 表 7 中的数据系根据联合国贸发会资料整理而得。

(续表)

	1997	1998	1999	2000	2001	2002	2003	2004	2005	2006
文化产品进口额	2419	1974	2036	2242	2374	2460	2985	3326	3676	4129
文化产品贸易总额	25280	25399	26297	30716	31219	37482	44904	53469	65036	74113
增长速度	…	0.5%	3.5%	16.8%	1.6%	20.1%	19.8%	19.1%	21.6%	14.0%

表9 1997—2006年中国文化产品和服务出口结构一览表[①]

	1997	1998	1999	2000	2001	2002	2003	2004	2005	2006
手工艺品	11.1%	10.7%	10.4%	10.6%	10.3%	10.0%	9.9%	9.2%	9.1%	9.6%
设计	80.5%	80.1%	79.8%	78.8%	77.7%	74.2%	75.2%	76.5%	76.7%	75.1%
音乐媒介	0.0%	0.1%	0.1%	0.2%	0.4%	0.5%	0.5%	0.3%	0.2%	0.2%
新媒体	0.9%	1.1%	1.1%	1.2%	2.6%	6.7%	6.3%	5.8%	6.4%	7.4%
出版物	1.3%	1.4%	1.5%	1.5%	1.7%	1.6%	1.7%	1.8%	1.9%	2.3%
视觉艺术品	6.2%	6.6%	7.2%	7.7%	7.4%	7.0%	6.4%	6.3%	5.6%	5.5%
版权	18.2%	21.8%	24.8%	25.5%	26.5%	24.8%	17.1%	21.0%	11.5%	…
广告	78.5%	73.0%	72.9%	70.9%	66.7%	69.7%	77.6%	75.4%	78.7%	
文化娱乐	3.3%	5.2%	2.3%	3.6%	6.7%	5.5%	5.3%	3.6%	9.8%	…

通过比较表7和表8的数据可以发现，十年来中国文化贸易发展迅速，文化产品贸易额由1997年的252.8亿美元上升到2006年的741.13亿美元，并一直为文化产品出口第一大国。然而，通过表9可以看出，文化出口额的简单比较并不能说明中国已经成为文化贸易大国和文化软实力强国。因为中国文化出口额的优势主要体现在手工艺品、设计、视觉艺术品

[①] 表中的数据来源于李怀亮、方英主持的中国传媒大学"211工程"重点学科建设项目"中国文化贸易结构研究"和科研培育项目"我国文化产业经济增长效应的实证分析"的阶段性成果资料。

和新媒体这些外围的文化产品上，具有核心内容的影视媒介、音乐媒介、出版物及版权、文化休闲娱乐服务等文化出口比重低、竞争力弱。

四、中国文化软实力提升的机遇

迈克尔·杜培恩、大卫·沃特曼合撰的《西欧进口电视剧的决定因素》一文指出，假设一个国家的国内生产总值（GDP）越高，或者这个国家的广播电视基础设施规模越大，这个国家从美国进口电视节目的比例就越低；相反，如果一个国家 GDP 越小，或者其广播电视基础设施规模越小，这个国家从美国进口电视节目的比例就越大。1994 年，Waterman 和 Rogers 对九个东亚国家进口节目所进行的统计调查和系统分析再次证明了这一理论：一个国家的 GDP 或者该国的广播电视基础设施（BTEI）越大，国产节目的比例也就越大，对进口美国节目特别是连续剧的依赖度也就越低。[①]

电视节目作为传媒产品具有一定的代表性，笔者认为，迈克尔·杜培恩和大卫·沃特曼对于电视节目进出口的研究结果同样适用于其他文化产品。因此，本部分的基本理论假设为：一个国家的国内生产总值越高，或者这个国家的传播基础设施规模越大，这个国家对其他国家文化产品的依赖就越低，出口文化产品的可能性就越大，因而文化软实力就越强；相反，如果一个国家 GDP 越小，或者其传播基础设施规模越小，这个国家从外国进口文化产品的比例就越大，出口可能性变小，从而在国际软实力竞争中处于不利地位。

随着中国 GDP 的迅速增长及广播电视基础设施的不断扩大，中国文化

---

① Waterman, David, and Everett M. Rogers, "The Economics of Television Program Production and Trade in Far East Asia", *Journal of Communication*, Vol. 44, Issue. 3, 1994, pp. 89–111.

产业在GDP中的比重越来越大，中国文化产品的出口数量和出口国越来越多。加大中国文化产业发展步伐，扩大文化产品的进出口规模，不仅是当前世界经济发展的趋势，也是拉动中国经济增长、提升文化软实力的重要环节。

据国家统计局的数据显示，截至2006年，中国大陆共有文化产业单位34.6万个，从业人员996万人，文化产业从业人员占中国大陆全部从业人员（7.52亿人）的1.3%，占城镇从业人员（2.65亿人）的3.8%。文化产业总产值5123亿元，比上年增长了17.1%，超过了同期GDP及第三产业增长速度。从2004年到2007年，中国文化产业的工业增加值每年以1000亿元的速度递增，2007年已达到6300亿元，占GDP的比重为2.55%。据《中国文化产业发展战略研究》预测，到2015年，中国文化产业经济总量将达到1.6万亿元，占GDP的比重为3.98%；就业人口达3000万人，占第三产业就业人口比重的8.69%。中国文化产业占GDP比重的发展态势参见图3。①

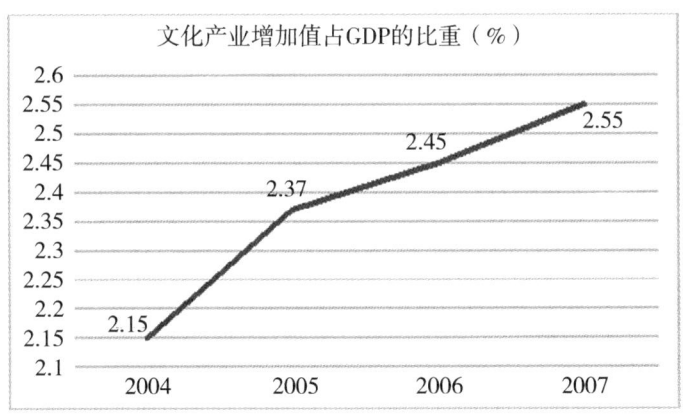

图3 2004—2007年度中国文化产业增加值占GDP的比重

因此，本节再次证实了迈克尔·杜培恩和大卫·沃特曼的理论假设：

---

① 该资料来源于文化部《2007年度全国文化文物简明统计资料》《中国期刊产业发展报告No.1》《中国传媒产业发展报告》。

"一个国家的国内生产总值越高,或者这个国家的传播基础设施规模越大,这个国家对其他国家文化产品的依赖就越低,出口文化产品的可能性就越大,因而文化软实力就越强。"由此而言,中国经济的持续快速发展、信息传播能力的不断提高,不仅为中国文化走向国际提供了一种可能,而且还为中国文化软实力的大力提升提供了机遇。

第三节 文化产业创新创造活力提升的重要渠道①

文化力量具体表现为文化战略定力、价值导向力、精神动力、文化创新力、文化市场活力和国际影响力等。全面理解中国特色社会主义文化政策体系,整合文化力量的各种要素,将有助于全面提升文化产业创新创造的活力。

提升文化战略定力是文化创新创造活力的基础。坚持马克思主义在意识形态领域指导地位的根本制度,为中国特色社会主义文化建设提供了战略定力。全面贯彻落实习近平新时代中国特色社会主义思想,健全用党的创新理论武装全党、教育人民工作体系,是当代中国文化建设的主心骨,是中华民族文化自信的首要来源。习近平新时代中国特色社会主义思想是中国共产党治国理念的集中体现。长期以来,我们党团结带领人民,不断探索实践,勇于改革创新,形成和发展党的领导以及政治、经济、文化、社会、生态文明、军事、外事等各方面制度。党的十八大以来,我们党领导人民统筹推进"五位一体"总体布局、协调推进"四个全面"战略布局,推动中国特色社会主义制度更加完善、国家治理体系和治理能力现代化水平明显提高。这一整套政治制度和治国理念,是中华民族实现伟大复

---

① 本节内容最初发表于2020年第7期《红旗文稿》,作者:李怀亮。

兴的根本保证，是中华民族文化建设的灵魂。

实现文化价值引导力是文化创新创造的首要目标。坚持以社会主义核心价值观引领文化建设制度，实现文化的价值引导力，为中国梦的实现提供了强大的精神动力，是中国文化建设的首要目标。坚定文化自信，牢牢把握社会主义先进文化前进方向，广泛凝聚人民精神力量，激发全民族文化创造活力，构筑中国精神和中国价值，形成中国力量，是当代文化建设的根本任务。中国文化产业的高质量发展，必须以提升文化产品和文化服务的价值引导力为目标。对文化产业发展质量的评价，可以从文化产品的市场竞争力、社会影响力和价值引导力三个层面展开。在市场竞争力层面，侧重于覆盖率、到达率和市场占有率等指标。在社会影响力方面，侧重对文化内容欢迎度进行测评，通过需求偏好、用户粘性等指标来测评消费者对文化产品的态度效果。在价值引导力方面，最主要是看文化产品对消费者的行为方式改变的影响。文化传播效果的测度，最终要看文化内容接受者对社会主义核心价值观、对中华优秀传统文化的认同度以及其行为方式（包括交往行为、消费行为、生活习惯等）方面的变化。在我国的出口文化产品中，缺少以内容为核心的产品，电影电视剧等视听产品和音乐类录音制品所占比例很小，反映出我国文化产业在创意性、思想性、感染力、影响力和价值引导力方面严重不足。面对新形势，应积极调整战略，促进中国对外文化贸易从注重产品贸易向注重文化服务贸易转变，从注重市场占有率向注重国际社会价值引导力转变。

增强文化市场活力是文化创新创造的必然选择。一个活力迸发的市场是文化产业健康发展的前提，也是文化创新创造的基础。建立健全把社会效益放在首位、社会效益和经济效益相统一的文化创作生产体制机制，是增强文化市场活力的必要途径。增强文化市场活力，首先要遵循社会主义先进文化发展规律、体现社会主义市场经济要求，深化文化体制改革，加快完善有利于激发文化创新创造活力的文化管理体制和生产经营机制。党的十八大以来，随着文化体制改革的不断深化，文化市场活力得到了全面释放。新一轮的改革以简政放权为特征，加快转变文化行政部门职能，使市场在资源配置中起决定性作用，更好地发挥了政府作用；鼓励各类市场主体公平竞争、优胜劣汰，促进文化资源在全国范围内流动，不断建立健全文化市场体系；不断深化文化金融合作，文化企业跨地区、跨行业、跨所有制并购重组持续升温，文化资本市场更加活跃；鼓励文化和旅游产业相结合，激发出了新的产业动能。

文化市场的活力来自市场主体。建立健全现代文化产业体系和市场体系，首先要积极培育具有创新活力的文化市场主体。激发文化市场的活力就是要激发企业的活力，要从根本上认识到企业主体在文化市场上的重要作用，把企业作为市场的主体进行培育和扶持。文化产业区别于一般产业的显著特征是中小微企业构成了产业主体，是产业的主要支撑。中小微企业是一个国家或一个地区的文化创意产业的生力军，许多大企业也都是由中小企业发展壮大和兼并重组而成的。一个健全的文化市场是大中小企业齐头并进的格局。应把对中小企业的支持放在重要地位，为它们创造良好的成长环境，通过孵化支持，助力中小企业的成长。激发文化市场的活力，需要充分利用现代信息技术，发展新型文化业态。当前，数字经济已成为推动经济和社会持续转型的重要力量，引起各国政府的高度重视。随着传统产业的数字转型，数字技术在医疗、农业和城市管理等领域正得到创新融合应用。数字革命深刻改变就业市场ICT（信息及通信技术）投资，会导致在制造业、商业服务和贸易、交通和住宿方面的劳动力需求下降，而在文化、娱乐和其他服务建设方面出现增长。

推动构建人类命运共同体，增强中华文化国际影响力。"人类命运共同体"包含相互依存的国际权力观、共同利益观、可持续发展观和全球治理观，集中体现在外交、经贸、人文等多个领域，拥有悠久的历史内涵、深切的现实关怀和坚定的未来愿景，必将对人类社会的互联互通、全球传播的新格局、文明交往的新话语注入源源不竭的思想动能。当前，人类社会前所未有地连接在一起，世界各国的相互依存度全面提高，世界的话语方式也发生了深刻的变化。走向"共同体时代",中国发展经验得到更多国家的认可,人们开始思考"世界演进方式的丰富性"。"人类命运共同体"意识作为中国智慧和人类情怀的理论结晶,为文明和文化之间的平等对话和交流打开了通路。在推动构建人类命运共同体过程中,中华文化国际影响力将日益得到提升和拓展。

第三章 国际文化贸易与文化产业发展典型案例

随着国际文化贸易的程度加剧,以美国、韩国为代表的文化大国的文化产业与文化产品以其重磅投资、精良制作和精细化的运营不断在全世界范围内崭露头角。首当其冲为电视节目的国际流动,美国的电视节目形成单边流动的突出优势,这一国际文化贸易现象引发众多学者的思考,为何美国娱乐产品在国际上占据支配地位?主要有两类代表性观点:一类是从意识形态视角出发得出的观点,这类观点所关注的问题是媒介帝国主义、美国霸权问题,所持的基本上是一种"谴责话语";另一类观点是社会科学的观点,主要关注的是经济模型和观众偏好问题。国际电视节目贸易的经济学模型大致可以归为三类:威尔德曼(Wildman)和西维克(Siwek)的模型、第二个模型是霍斯金(Hoskins)和麦若斯(Mirus)的模型以及沃特曼的模型。全球电视节目贸易市场的研究主要聚焦于国际电视节目交易会上,具有代表性的主要有 MIP-TV、NATPE 以及 MIPCOM。其次,作为美国文化全球扩张和渗透典型代表的百老汇到底是如何保持经久不衰的呢?百老汇的经济效益与社会效益如何兼顾?百老汇戏剧产业的管理机制、运营模式以及市场营销方式到底隐藏着怎样的秘密?最后,中韩自由贸易协定(FTA)的签订对中韩两国文化影视产业领域的合作产生了什么样的深刻影响?以上将是本章需要探讨的话题。

第三章 国际文化贸易与文化产业发展典型案例

第一节 多维视野下的国际电视节目市场①

从20世纪70年代开始,在国际电视节目市场上形成了美国的电视节目向其他国家的单边流动。对于这种"美国支配",西方学术界的观点可以归结为以下两大类:一类是从意识形态视角出发得出的观点,这类观点所关注的问题是媒介帝国主义、美国霸权问题,所持的基本上是一种"谴责话语";另一类观点是社会科学的观点,主要关注的是经济模型和观众偏好问题。我国学者对第一类观点较为熟悉,而对第二类研究则基本上没有关注。本节对这两派的学术观点进行了梳理,重点介绍了至今仍有广泛影响的三种分析国际电视节目贸易的经济模型。进入21世纪以来,西方学者对于国际电视节目市场的研究发生了较大的变化,由理论层面转向实际层面,更加注重对于国际电视节目市场的商业功能和文化功能的研究。西方学者的研究局限,主要在于他们基本上没有关注对于区域性电视节目市场的研究。

严重的文化贸易逆差已经构成我国参与国际文化经济竞争的一项"软肋",而在文化贸易中电影、电视节目的贸易更是我们的弱项。因此我们必须大力发展对外文化贸易,抓好文化产品的"走出去"工程。国家广电总局等部门已经设立了"走出去工程办公室"。而要做好这项工作,我们就必须对国际文化贸易的现状、问题、规律以及技术问题进行研究,从而做到知己知彼。但实际上,我们对国际文化市场的惯例和规则却知之甚少。希望本部分内容能起到抛砖引玉的作用,有更多的学者来关注国际电视节目市场的研究。

---

① 本节内容最初发表于2004年第6期《现代传播》,作者:李怀亮。

一、意识形态学派与社会科学视角

自从20世纪70年代以来,美国在国际媒介集团的角逐中长期处于领先地位的事实引起了传播学界许多学者的争论。1974年,诺登斯仲(Nordenstreng)和万瑞斯(Varis)进行的研究指出了在国际电视节目市场上,美国的电视节目发行商具有突出的优势。在电视节目贸易上,美国和世界所有其他国家的关系,构成了一种单边关系:美国的电视节目向其他国家的单边流动,是世界电视节目流动的基本模式。① 虽然也有学者指出进入20世纪90年代后国际社会对美国电视节目的依赖度在降低,但对于美国电视节目在世界电视市场上的统治地位,几乎没有人怀疑。大家所争论的焦点在于美国娱乐产品在国际上占据支配地位的原因是什么。对于这个问题,梳理所有观点,总的看来可以归结为以下这么两大类:一类是从意识形态视角出发得出的观点,这类观点所关注的问题是媒介帝国主义、美国霸权问题,所持的基本上是一种"谴责话语"②;另一类观点是社会科学的观点,主要关注的是经济模型和观众偏好问题。我国学者对第一类观点较为熟悉,而对第二类研究则基本上没有关注。因此,我们不打算在此对第一类观点进行过多介绍,而是把重点集中在对于社会科学视角研究的评述,特别是后者所经常使用的经济模型。

持批判观点的学者建立起了"文化帝国主义"的论述主题,这方面的

---

① Nordenstreng K, Varis T, "Television Traffic: A One-Way Street? A Survey and Analysis of the International Flow of Television Program Material", *Reports and Papers on Mass Communication*, No.70, 1974.

② Mahamdi Y. *Television, Globalization, and Cultural Hegemony: The Evolution and Structure of International Television*. Austin: The University of Texas at Austin, 1992.

第三章 国际文化贸易与文化产业发展典型案例

学者有博伊德·巴雷特（Boyd-Barrett）、① 汉默林克（Hamelink）、② 马特拉（Mattelart）③、麦克菲尔（McPhail）和席勒（Schiller）④，他们或者直接论述文化帝国主义主题，或者从文化帝国主义的主题引申出一个变种，但有一个共同点就是他们都质疑美国的电视节目国际发行商和美国的跨国媒介集团在把电视节目销到国际市场上去时的动机。文化帝国主义论的阵营里既有马克思主义者也有非马克思主义者，其论点不是一个论调，不是铁板一块。比如，赫伯特·席勒（Herbert Schiller）认为美国跨国公司故意消灭地方文化，灌输美国文化，为美国商品和服务促销。对于这样一种观点，有些学者就不认同，有些学者甚至完全反对。但无论如何，这派学者之间还是有许多相似之处的。而且，他们在国际文化交流的论争中作出了重要的贡献。穆罕默迪（Mahamdi）认为，这一派学者，指出了意识形态和文化支配的一些机制，并且把国际媒体交流这一问题放到世界政治的背景上来讨论，使这一问题的讨论有了一个更为开阔的视野。⑤ 然而，柔池（Roach）却认为，虽然文化帝国主义学说对今天的传播学研究已没有

---

① Boyd-Barrett O, Media Imperialism: Towards an International Framework for the Analysis of Media Systems, *Mass Communication and Society*, Vol.116, No.135, 1977, pp.297-314.

② Hamelink, C., *Cultural Autonomy in Global Communications*, New York: Longman, 1983.

③ ［法］阿芒·马特拉：《世界传播与文化霸权》，北京：中央编译出版社 2001 年版。

④ See George Gerbner, "The Cultural Ams of the Corporate Establishment: Reflection on the Work of Herb Schiller", *Journal of Broadcasting 8 Electronic Media*, Washington: Winter, 2001. And Vincent Mosco, "Living on in the number one country: The legacy of Herbert I Schiller", *Journal of Broadcasting & Electronic Media*, Washington: Winter, 2001. Gerbner G, The Cultural Arms of the Corporate Establishment: Reflections on the Work of Herb Schiller, *Journal of Broadcasting & Electronic Media*, Vol.45, No.1, pp.186-190.

⑤ Mahamdi Y, *Television, Globalization, and Cultural Hegemony: The Evolution and Structure of International Television*, Austin: The University of Texas at Austin, 1992.

多大贡献,但它也没有完全失去支持者。①

意识形态学派确实存在过于简单化的倾向,并且受到了许多传播学研究者的批评。对于美国在国际电视节目交流中的支配地位,许多传播学研究者采取了社会科学的解释方法。虽然采取社会科学研究方法的学者们都不赞成媒体帝国主义的观点,但这些学者之间也是有所区别的。我们可以把这派学者分为两类,第一类学者在经济学视野之外也同时容纳非经济学的解释因素,第二类学者采用特定的经济学观点或经济学模型来为美国在国际电视节目市场的支配地位进行辩护。第一类学者,比如普尔(Pool)认为,新的传播技术的发展会改变国际电视节目流动的不平衡性。特雷西(Tracey)② 对全球电视消费进行了研究,就消费趣味问题来讨论这一问题。约瑟夫·斯特巴尔(Straubhaar)③ 认为进口电视节目的数量会随着国与国之间相互依存但不对称的经济、政治与文化的相互关系而变化。第二类学者的典型代表有霍斯金(Hoskins)和麦若斯(Mirus)、沃特曼(Waterman)、威尔德曼(Wildman)和西维克(Siwek)等人。他们把这一问题的讨论放在经济学的框架之内,认为国际电视节目的单向流动是自由市场力量造成的。自由市场力量为经济大国提供了比较优势,使他们能够在与小国的竞争中占据有利地位。这些学者已经建立起了一套经济学模型来解释为什么美国的发行商会在国际电视节目市场的竞争中取胜。但是,这些模型都还是理论上的,没有经过实证研究的检验。

较早进行这方面实证研究的是麦克·杜佩恩(Michel Dupagne)和大

---

① Roach C, "Cultural Imperialism and Resistance in Media Theory and Literary Theory", *Media, Culture & Society*, Vol.19, No.1, pp.47-66.

② Tracey, Michael, "Popular Culture and the Economics of Global Television", *Intermedia*, Vol.16, No.2, 1988, pp.9-25.

③ Straubhaar, Joseph D, "Beyond Media Imperialism: Asymmetrical Interdependence and Cultural Proximity", *Critical Studies in Media Communication*, Vol.8, No.1, 1991, pp.39-59.

卫·沃特曼（David Waterman）。他们合著的《西欧进口电视剧的决定因素》① 假设一个国家的国民生产总值越高，或者这个国家的广播电视基础设施规模越大，这个国家从美国进口电视节目的比例就越低；相反，如果一个国家GDP越小，或者其广播电视基础设施规模越小，这个国家从美国进口电视节目的比例就越大。他们的研究证明了这一假设，另外，他们的研究还发现私营电视台的比例也是一个重要的参数。电视节目配额的存在与进口比例不相关，进口国是否英语国家也与进口美国电视节目的比例没有关系。

二、国际电视节目贸易的经济学模型

1988年西方学术界发表了三种近似的经济模型。这三种模型奠定了西方学术界关于国际文化贸易研究的基本范式，直到今天仍然具有广泛影响。

首先是威尔德曼（Wildman）和西维克（Siwek）的模型。这两个人的模型解释了国际电视节目贸易的模式和在国际媒介集团市场竞争中美国产品为什么会占据优势地位。他们最基本的理论是，在相对较大或较为富裕的国家，或者是属于共同语言圈的国家，对电影以及其他形式的音像节目生产的投资有较大的吸引力和动机。因此，较大规模的投资，会使其所生产的影视节目对观众来说具有较大的内在吸引力，也就会使其生产者在国际竞争中具有比较明显的优势。②

第二个模型是霍斯金（Hoskins）和麦若斯（Mirus）创立的。他们两

---

① Dupagne, Michel, and David Waterman, "Determinants of US Television Fiction Imports in Western Europe", *Journal of Broadcasting & Electronic Media*, Vol.42, No.2, 1998, pp.208-220.

② 参阅李怀亮：《世界文化贸易的现状、问题和对策》（《首都师范大学学报》2003年第2期）一文中对威尔德曼和西维克观点的介绍。

个所采取的角度稍有不同。他们不仅仅就国内市场的规模而且还就所谓"文化折扣"来解释美国在国际电视节目市场上的支配地位。如果一个电视节目让观众感到难以从文化上加以认同,这个节目对观众的吸引力就会减弱。

他们把文化折扣的概念运用到美国出口到国际市场上的电视节目,就美国价值观、配音问题和字幕问题等分析了美国电视节目在国外的文化折扣,指出美国电视节目在海外所遭遇的文化折扣比来自其他国家的电视节目要小得多。美国电视节目生产商依靠好莱坞的传统影响,能够生产出大量高水平的制作,去迎合最广大的观众群。因此,对于外国观众来说,与从其他国家进口的电视节目相比,美国的影视节目更具有吸引力[1]。

第三个模型是沃特曼的模型。他的模型也建立在国内市场规模之上,而且也包含了文化折扣的尺度。然而他的模型重点在于分析生产投资决策和节目出口国影视产业的国内基础设施规模,以及该国的 GDP 和人口等因素的关系上面。一个国家向影视产业投入的经济资源越多,这个国家的制片商在世界电视节目市场上的竞争优势就越明显[2]。

上面这三种关于国际电视节目贸易的经济学分析模型,都包含了这样两个假设:

第一种假设:所有其他条件都是相同的情况下,比如说,不论国外节目还是国内节目都能够满足供应,各国都有充足的资金用于电视剧的生产制作。在这种情况下,和进口电视剧相比,观众更倾向于观看国产电视剧。也就是说,观众对说他们自己母语的电视剧,对那些当地生产的电视剧,或对那些文化上有亲缘关系或较为接近的电视剧,更是情有独钟。比

---

[1] Hoskins, Colin, Rolf Mirus, and William Rozeboom, "US Television Programs in the International Market: Unfair Pricing?", *Journal of Communication*, Vol.39, No.2, 1989, pp.55-75.

[2] Waterman, David, "World Television Trade: The Economic Effects of Privatization and New Technology", *Telecommunications Policy*, Vol.12, No.2, 1988, pp.141-151.

如,讲法语的比利时人就较为喜欢看法国的电视节目,讲德语的瑞士人会更喜欢德国的电视节目。不管是翻译也好,字幕也好,配音也好,都会构成一种文化折扣,从而减弱外国节目对本土观众的吸引力。持这种观点的学者包括普尔、斯特巴尔、特雷西以及威尔德曼和西维克。然而,这一假设也受到了一些学者的指责,认为它是不能成立的。比如米尔(Mills)就指出,"总体上来说,从美国或其他国家进口的电视剧特别受欢迎,尤其在本国拍摄不出娱乐性很强或者有其他特殊价值的电视剧的情况下,就更是如此。"另外一位学者伯格(Berg),也曾经指出这样一个事实:在瑞典,当地人就宁愿看美国进口的电视剧也不愿意看瑞典本国生产的其他类型电视节目。这一情况并非只有瑞典存在,在整个欧洲,人们都宁愿看非本国生产的娱乐性节目,也不愿看本国生产的科教类节目[1]。

第二种假设:所有其他条件相同的情况下,比如说,不论进口节目是从哪个国家来的,所有投资大的制作都会比小制作更具有吸引力。一般来讲,低成本的制作在收视率和票房收入上,肯定比不过高成本的大片。如果制片人资金充足,他就可以花高价聘请一流的演员、导演和编剧,采用更好的设备,制作更好的特技效果,从而增加节目的吸引力。

到目前为止,这些经济模型的相关的系统的实证研究还不多见。1994年,沃特曼和罗杰斯(Rogers)对9个东亚国家的进口节目进行了统计调查,并进行了比较系统的分析,研究的结果再次证明了这一理论:一个国家的GDP或者该国的广播电视基础设施(BTEI)越大,国产节目的比例也就越大,对进口美国节目的依赖度也就越低,特别是连续剧。然而,这两位作者也指出,这9个国家的34个电视台进口美国节目的比例平均是

---

[1] Berg U., *Foreign Fare on Swedish Television*. Stockholm: Audience and Program Research Department of Sverige's Radio, 1978.

20%，相对来说比较低。①

从上面的综述我们可以发现，美国学者对国际文化贸易研究的视野基本上局限于"美国支配"这一问题，围绕这一问题来建立各种分析模型。这些分析模型的基本目的在于解释"美国支配"的原因。而对于其他国家之间电视节目贸易的问题和规律，则基本没有涉及。比如各欧洲国家之间的贸易关系和各亚洲国家之间的贸易关系，虽然在国际文化贸易中不占最主要的地位，但还是不可忽视的。比如日本的动画节目、韩国的电影、电视连续剧等在亚洲国家都有相当数量的贸易额。中国学者除了对全球性电视节目市场的研究，还应该重视区域性的电视节目市场研究。对于西方学者所建立的三种经济学分析模型，既要充分利用，也应当积极发展。

还有一个现象是，得克萨斯大学的约瑟夫·斯特巴尔教授、密歇根州立大学的史蒂文·威尔德曼教授、迈阿密大学的迈克·杜佩恩教授和印第安纳大学的大卫·沃特曼教授等这一领域的代表性人物，目前对于这一问题的研究明显减少。这从一个方面表明，对于国际电视节目贸易的研究需要进一步深化、具体化，研究的范围需要进一步扩大。2003年，我们看到了对国际电视节目贸易市场进行具体、细致研究的论文。当然，这种文章目前还不多见，是不是代表了国际电视节目贸易研究的一种新的转向，还不能妄下断语。但是，这毕竟是一种可喜的现象。

三、对全球性电视节目贸易市场的研究

有三种类型的国际电视节目交易会：第一种是全球性的电视节目交易会，包括所有类型的节目和来自世界各地的参加者；第二种是地区性的博

---

① Waterman, David, and Everett M. Rogers, "The Economics of Television Program Production and Trade in Far East Asia", *Journal of Communication*, Vol.44, No. 3, 1994, pp.89–111.

览会，主要是来自本地区的发行商向国际买主推介他们的产品；第三种是某一特定类型的节目交易会，参展节目集中在某一特定节目类型上，如纪录片。另外，有些国际性的电影节上也进行电影的电视节目改编权的交易。我们今天所讨论的话题集中在全球性的电视节目交易会上。

MIP-TV 每年春天举行，是全球最主要的电视节目市场。这个市场创立于 1963 年，当初主要作为美国发行商和欧洲买主进行交易的地方，现在已经成为真正意义上的全球电视界的重要事件。在过去的十几年中，每年都有来自一百多个国家和地区的电视节目公司和电视台参加 MIP-TV，充分说明了电视节的国际性。另外，在过去的十年中，参加交易的电视公司的数量增加了大约百分之二十，反映出国际电视节目贸易的增长和 MIF-TV 在国际电视节目贸易中的重要地位。对于许多发行商和卖主来说，MIP-TV 是他们唯一能够参加的国际性重要展销会，相对来说，参加 MIP-TV 的费用较低。好莱坞的大公司曾经一度从 MIP-TV 撤出，但从 20 世纪 90 年代末开始，好莱坞的制片商们又重新开始对 MIF-TV 产生兴趣。因为春天正好是美国电视台替换节目的档期。美国的电视网从一月份开始播出的电视剧一般到这个时候都要结束了，要有新的电视剧来替换。于是好莱坞的制片商们就把这些节目带到 MIP-TV，同步推向美国以外的国际节目市场。美国参展商所缴纳的参展费用对于 MIP-TV 来说是至关重要的。MIP-TV 的主办者 Reed-Midem 公司，想尽办法来吸引好莱坞的顾客。尽管该公司的总裁泽维尔·罗伊（Xavier Roy）先生曾说过"即使没有美国的大公司参加，MIP-TV 也照样会繁荣兴旺"①，这样的话，他也不得不承认"他们的需求在变化，因为市场在变化，而我们必须使我们的展销会适应这种变化。"②

---

① Brennan, Steve, "MIP-TV Fights for its Future: Riviera Mart Vows to Press on even if Hollywood Bails Out", *Hollywood Reporter*, Vol.357, No.20, 1999, p.64.

② Brennan, Steve, "MIP-TV May Fall off US A-list: Timing and Belt Tightening Reduce Studios' Interest in Cannes Market", *Hollywood Reporter*, Vol.357, 1999, p.48.

NATPE 也创立于 1963 年，不过创立之初仅仅是作为美国国内的业内同行之间的节目交易场所。然而，近年来，前来参加这一交易会的国际代表团越来越多，以至于使得有些美国国内的发行商抱怨说，这个展销会太拥挤了，已经起不到它应起的作用了。终于，2002 年，许多美国国内的重要发行商没有参加展销会，这一事件在美国电视界引起了巨大的争论。人们开始怀疑这一电视节目博览会还有没有用？特别是美国大型媒介集团和地方电视台的产权合并，更是加剧了人们的疑虑。数百家美国国内电视台每年都从十几家大型媒介集团购买大量的电视节目，自从 1996 年美国联邦电信法关于所有权的管制松动以来，大型媒介集团大量兼并地方电视台，兼并之后，电视台的数量锐减，电视节目的交易迅速集中，在几个大公司的办公室就可进行。然而，虽然国内的媒介集团大举进行产权合并，国际电视节目的生意却越来越红火，例如，在 2002 年的 NATPE 交易会上，国内发行商的国际业务部门充分发挥了威力，极为风光。2002 年 NATPE 的发展充分说明电视节目的国际贸易已经成为国际媒介集团独立的、具有巨大利润空间的部门。

最后，是 MIPCOM。MIPCOM 创办于 1985 年，每年秋天在法国的戛纳举行，人们习惯于把这个展销会看成是 MIP-TV 的小兄弟。它的参加者与 MIP-TV 基本相同。从 1992 年到 2000 年，MIPCOM 的参加者增长了 50% 多。MIPCOM 参加人数的急剧增长与近十年来国际电视节目贸易的迅速增长是一致的，说明国际电视节目贸易与节目博览会之间的鱼水关系。和 MIP-TV 相比，MIPCOM 更注重于美国和欧洲电视节目的交流，因为大制片厂有较为完整的收视率资料，他们可以用这些资料来说明他们的新节目会同样流行。另外，MIPCOM 的创立再次说明西方电视节目和西方的电视机构支配了国际电视节目贸易。虽然好莱坞八大公司的买卖主要在每年 5 月份举行的地区性的洛杉矶展映会上进行，那里有他们最主要的客户，签订了大单合同，但毕竟他们的节目不会在 5 月份洛杉矶一次交易会上全部售出，剩下的节目仍须找出口。MIPCOM 就为他们提供了这样一个场所，

第三章　国际文化贸易与文化产业发展典型案例

因为那里有大量不去出席洛杉矶交易会的中小客户。

虽然国际电视博览会在国际媒介集团的运行中起着重要的作用，但是它们还没有引起媒介研究者的重视。研究国际电视贸易的学者习惯上都把注意力放在电视的跨国界流动以及贸易经济学上。对电视节目在全球范围内流动情况的研究几乎都是在证明：来自美国的电视节目支配了世界的电视屏幕。当然，也有一些学者注意到了地区性电视节目制造商的重要性，看到对美国进口电视节目的依赖正在减弱。如迪本斯、诺登斯仲、万瑞斯、帕特森、特雷西、沃特曼等人的研究在这方面都很有代表性。[1] 虽然这些研究说明了国际电视节目贸易的整体特征，但并没有接触到国际电视节目贸易的商业实践。

同时，西方主流经济学家和马克思主义经济学家都已经对有关国际电视贸易的特征、逻辑和政策等问题分别进行了深入细致的研究。比如说阿雷恩（Alleyne）、杜佩恩、沃特曼、赫尔曼、霍斯金、马特拉、威尔德曼和西维克等人的研究[2]证明美国国内市场的规模、节目制作的数量以及从美国进口电视节目比当地生产制作成本相对低廉等优势促成了美国电视节

---

[1] See: De Bens, Els, and Hedwig De Smaele, "The Inflow of American Television Fiction on European Broadcasting Channels Revisited", *European Journal of Communication*, Vol.16, No.1, 2001, pp.51–76. Dupagne, Michel, "Factors Influencing the International Syndication Marketplace in the 1990s", *Journal of Media Economics*, Vol.5, No.3, 1992, pp.3–29. Dupagne, Michel, and David Waterman, "Determinants of US Television Fiction Imports in Western Europe", *Journal of Broadcasting & Electronic Media*, Vol.42, No.2, 1998, pp.208–220. Gopalakrishna, Srinath, et al, "Do Trade Shows Pay Off?", *Journal of Marketing*, Vol.59, No.3, 1995, pp.75–83.

[2] See: Colin Hoskins, Stuart McFadyen, Adam Finn, Global Television and Film: An Introduction to the Economics of the Business, Oxford & New York: Oxford University Press, 1997. Hoskins C, Mirus R, "Reasons for the US Dominance of the International Trade in Television Programmes", *Media, Culture & Society*, Vol.10, No.4, 1988, pp.499–515. A.Mattelart, Xavier Delcourt, *International Image Markets: In Search of an Alternative Perspective*, London: Comedia, 1984.

目在世界范围内的支配地位。同时也有一些经济学家指出，世界范围内的电视市场一边倒的倾向在逐步减弱，国与国之间的相互依赖性变得越来越重要。这些经济学家所做的工作对于电视节目的贸易研究来说，都是重要的贡献。但是，的确还没有经济学家对国际电视节目博览会进行过专门的研究分析。只有杜佩恩、辛克莱等人在他们的论文或著作中简单地提到过国际电视博览会，到目前为止只有一篇专门讨论国际电视博览会的论文，即穆罕默迪1992年发表的《电视、全球化和文化霸权：国际电视的结构与演进》一文。[①] 可以说，对于国际电视博览会的专门研究，还是一个盲区。因此，我们对国际电视贸易中具体的、实践层面的东西知之甚少。个别媒体学家对国际电视贸易中的商业实践进行过研究，但这种研究仍然是比较理论化的。比如奥尔森（Olson）曾把文化研究和管理理论结合起来，对美国电视市场的多样性进行过研究，从竞争力和地理分布的角度对美国国内电视产业进行分析，得出结论说美国的影视节目在文化上是最为"透明的"，这种"透明性"使其文化产品容易穿越国界，取得国际市场的成功。[②] 奥尔森的主要兴趣在于对美国文化透明性的符号学研究，而产业和商业层面的考虑在他的研究中并不占有突出位置。

和上述学者相比，穆罕默迪对于国际电视贸易商业层面上的研究比较深入。他探讨了国际电视节目流动的多种形式、不同形式贸易背后的商业交易的类型、购买者的趣味和选择，等等。在对 MIP-TV 的专业人士进行深入调查访问的基础上，他较为清晰地描绘出了国际电视贸易博览会的商业交易情况。但由于他主要的兴趣是在于用国际电视博览会的例子来印证主流经济学家们对于国际电视贸易中的不平等、不公正的论述，穆罕默迪

---

① Mahamdi Y, *Television, Globalization, and Cultural Hegemony: The Evolution and Structure of International Television*, Austin: The University of Texas at Austin, 1992, p.12.

② Olson S.R., *Hollywood Planet: Global Media and the Competitive Advantage of Narrative Transparency*, Mahwah. NJ: Erlbaum, 1999.

第三章　国际文化贸易与文化产业发展典型案例

没有对 MIP-TV 本身进行任何详细的论述。

各种行业贸易展有一些共同的特征。管理和市场研究者们已经对行业贸易展的共同现象进行了研究,比如探讨公司怎样通过贸易展来达到自己的目的。在商业界,不论各行各业,对贸易展的利用基本上都是相同的。由于影响购买决策的因素比较复杂,贸易展览会究竟会起到多大的作用不好用量化的指标来衡量,但大多数研究者们仍然认为贸易博览会不失为一种有效的工具。因为贸易博览会提供的各种前销售和非销售机会,可能会对买主未来的购买决策起到关键性作用,特别是对于那种较为复杂的购买决策来说更是如此。起码来说,在贸易博览会上,有四种非销售行为是非常重要的:建立和巩固与买主的关系、收集行业发展和竞争者的信息、引起人们对于自己新产品的注意、创立并保持自己公司的形象。另外,贸易博览会在文化上的作用非常大,如建立参加者的文化身份,使他们在商业文化上得到指导和锻炼,培养他们对于产业运作的共同理念,等等。

蒂莫西·海文（Timothy J. Havens）的《展示全球电视:论全球电视博览会的商业与文化功能》一文[①],对上述三个国际电视节目博览会进行了较为深入的探讨。蒂莫西指出,全球性电视节目博览会的商业和文化功能包括:（1）在国际电视节目的销售中,人际关系是十分重要的,买卖双方需要经常接触、及时沟通。全球电视节目博览会为这种及时的沟通创造了重要的平台。全球电视博览会在商业上最大的作用也许就是买卖双方经理们之间的这种关系网。（2）制造"议论"。在营造关系网之外,发行商、销售商们想方设法使人们对他们的节目产生兴趣,并让他们激动起来。方法之一就是聚谈和制造"议论"。聚谈的形式多种多样,从销售柜台前领取免费样品时三五成群的聚谈,到在郊外城堡中举行的非请莫入的高消费

---

① Havens, Timothy, "The Business and Cultural Functions of Global Television Fairs", *Handbuch Unterhaltungsproduktion: Beschaffung und Produktion von Fernsehunterhaltung*, 2010, pp.195-208.

黄昏晚宴。通过这种聚谈,生产商们把他们的竞争者排除在了外面,实际上,在这种聚谈中发行商们实现了他们的分众化促销策略。(3)全球电视节目博览会上的促销活动还有更重要的作用,那就是在国际电视界展示自己的公司品牌。下面我们要谈谈销售柜台的布置在构筑可识别的公司身份方面所起的作用,以及在国际电视界这种身份表达了怎样的文化差异。我们之所以讨论展柜的布置是因为在国际博览会上,展柜是一个公司表示自己身份与风格的最显而易见的明显标志,各个公司的促销活动会强化他们的展室和展柜所表达出的这种身份和品牌。

发行商要使他们自己从众多的竞争者中凸现出来,最重要的手段就是形成和展示自己的品牌。一个具有吸引力的品牌会使发行商的产品增加附加值。在诸如国际电视交易会这样的市场上,商家云集,产品众多,一个发行商怎样让买主从众多的竞争产品中分辨出自己的产品呢?这时候,公司品牌就起到了重要的作用,品牌就是公司效益可持续增长的来源。在国际电视界建立公司品牌标识的策略有两个:一是节目风格类型,一是民族身份。

全球电视节目交易会这一现象值得引起来自各种学科背景的媒体学者们的关注。媒体经济学家可以分析参加博览会的成本和利润,侧重经营的媒体经济学家可以对其展映活动进行研究,管理学家可以对交易会上的品牌策略进行案例研究,也可以对博览会上人际关系网的作用进行研究,媒体批评家从利用人类学的视角对博览会的商业文化进行分析。对于困扰国际电视节目交易的文化差异问题,更值得我们进行深入的探讨,比如,我们可以对销售经理们怎样理解、克服文化差异进行专题研究。

总之,对国际电视节目博览会的研究,有助于我们更好地把握国际电视产业的运行规律,理解其奥秘,从而更快更好地走进国际电视市场。

第二节　美国文化全球扩张和渗透背景下的百老汇[①]

在数字化时代，从产值或观众数量等方面看，戏剧演出已经无法与可以低成本大量复制的电影、电视、音频视频数字产品等现代大众娱乐形式相抗衡。但是，美国百老汇及其戏剧产业园却以良好的市场机制及产业化运作，获得了经济效益和社会效益的双赢。在延续美国音乐剧繁荣的同时，不断继续着全球范围内的推广和扩张；在赢得巨大商业利益的同时，在世界范围内传播美国文化、精神及价值观。当然，它也直接为纽约这座城市的旅游、文化和经济发展做出了巨大贡献。

百老汇戏剧产业园区从1880年起到现今已有135年历史，期间经历第一次和第二次世界大战。20世纪以来，由于新生代的崛起，摇滚乐新文化等的出现，广播、电影、电视、互联网等各种工程科技迅猛发展，其他各种体育娱乐活动的兴盛，都对其产生过强烈冲击，也使其发展经历了两次兴衰起伏。

与目前不少人认为音乐剧是枯燥呆板的没落艺术正好相反，百老汇音乐剧多年来一直充满了迷人魅力，并通过其演出剧目多角度映射出美国人一直引以为豪的美国精神。每年有成千上万不同阶层、种族及职业的观众从世界各地专程为观赏百老汇的音乐剧、话剧、滑稽讽刺剧、歌舞剧等演出来到纽约，在美国戏剧文化中畅游的同时为纽约这座城市创造出十多亿美元的票房和无法具体统计的巨大的"长尾经济"效益。大家耳熟能详的《歌剧魅影》《音乐之声》《妈妈咪呀》《芝加哥》等音乐剧长期占据百老汇演出排行榜前列，有的甚至连续上演二十多年，一万多场。根据统计，

[①] 本节内容最初发表于2016年第13期《红旗文稿》，作者：李怀亮、葛欣航。

百老汇音乐剧最受观众欢迎和推崇。

一、美国文化的对外扩张和渗透

1997年，美国国会文件中提到了关于文化艺术发展的目标，提出了四点明确的指导思想：(1) 帮助美国自我认同；(2) 提高生活质量，促进经济的发展；(3) 提高公民素质；(4) 改进个人生活。① 美国是聚集众多民族的移民国家，对移民国家来说，文化发展意味着城市文明和各种族凝聚力的提升，文化艺术正好能恰到好处地通过其特质使各种族移民和社会机构和谐相处、共同发展，在取得经济效益的同时实现其社会效益。所以，政府对符合文化艺术发展目标和指导思想要求的文化活动和项目都会大力支持。另一方面，美国的传播政策，虽然没有声明要重建美国的世界领导地位，但作为美国政府的目标这一点非常明确。近半个多世纪以来，美国国内的文化产业政策基本上是越来越放松管制，其理论基础是市场理论和多样化原则。虽然美国大众文化的全球性扩张在大多数情况下属于非政府部门的文化企业为巨额利润所驱动而进行的经营性活动，但在实际操作中日益受到政府的鼎力支持，尤其在对外宣传和文化贸易方面更与美国外交不可分割地联系在一起。

在美国政府支持和经济利益驱动下，美国文化产业的投资者大量向全世界投资，利用经济全球化大环境不断向别国输出带有美国标志的文化产品，在使经济全球化的红利涌向美国的同时，向世界各国传播美国的意识形态、价值观念和生活方式。正是因为文化所特有的这种潜移默化、润物无声的渗透性影响，让世界其他国家的民众在不知不觉中认同美国及其意识形态和价值观的可能性大大提高。同时，也使美国的文化产业成为全球化程度最高的产业之一。

---

① 黄发玉：《纽约文化探微》，北京：中央编译出版社2003年版，第113页。

以攫取巨大的商业利益为基础，以对其他国家进行意识形态渗透的全球对外文化战略为旨归，在其政策、外交、媒体技术等多种因素的综合作用下，美国文化既在国内取得经济效益和社会效益的双赢，又在世界众多国家大行其道，让美国文化产品风靡全球。

百老汇在每个历史时期都向全世界展示着不同的魅力，并映射出与之相对应的美国精神：20世纪30年代的《万事皆空》、40年代的《俄克拉荷马》、60年代的《芝加哥》、80年代的《猫》、90年代的《为你疯狂》和21世纪的《妈妈咪呀》等誉满全球。以这些时代标杆为代表的一系列百老汇的剧目和成功演出，带动着整个百老汇剧院区（Theater District）的戏剧、演出、旅游、消费等众多文化产业，带动着纽约相关行业发展并提供了大量就业岗位，在经济效益和美国精神及文化传播两方面屡创佳绩。可以说，美国百老汇已毫无悬念地成为当今世界商业演出的典范之一，也成为美国文化对外扩张和渗透的重要旗舰。

二、百老汇的经济效益与社会效益

以2014—2015年度演出季为例，百老汇为纽约经济贡献了125.7亿美元，其中占大头的是超过98亿美元的将百老汇作为去纽约旅游理由的游客的各种消费支出，仅剧院和演出团体制作演出的支出就为纽约提供了超过27亿美元的收入。

另外，单这一年度演出季，百老汇就为纽约提供了包括制作人、经理人员、导演、演员、舞台技工、票务、引座员、促销宣传、设计师、建筑工人以及与百老汇相关的食宿、交通、购物等相关的工作岗位九万个左右。事实上，每投入剧院表演艺术1美元，就能带来4.3倍的附加值。这4.3倍的附加值包括了游客在纽约的其他连带消费和随机消费、在纽约的食宿交通、购买纪念品及服装饰品等衍生品消费。2015年，纽约市常住人口约为850万人，游客却连续6年创新高，2015年增至约6000万人。由百老汇剧院表演艺术增加的大量就业岗位和其对纽约市的经济发展及城市的文化内涵与品质的提升，无疑已使其成为纽约乃至美国经济发展的直接贡献者。

对于一个国家来说，文化产业除了在良好的市场机制下合理运作和经营以获得盈利这一目标外，同时赋予其的更重要的职能和使命是争取社会效益和国家利益。国家利益、社会效益和经济效益是一个三维统一体。国家利益包括社会效益和经济效益，在一定条件下，社会效益和经济效益也可以相互转化。外百老汇和外外百老汇在追求社会效益的同时，间接地给社会带来经济效益；百老汇的商演直接表现为经济效益，但它始终与国家利益和社会效益相伴相随。

百老汇的存在和发展其实就是美国文化、意识形态及价值观传播、浸润和扩张的工具和载体，借助文化产业推广具有美国意识形态性质的文化产品，在全世界宣扬美国梦是美国政府的大政方针。更不用说社会效益与经济效益的并驾齐驱本来就是百老汇在美国及其市场经济中能够生存和发展的必要条件。很多时候，外百老汇和外外百老汇等非营利性质的机构票房收入并不能完全支撑其营运，表面上一直宣扬自由经济的美国市场本应该依照优胜劣汰的法则让其自生自灭。但事实是政府制定了一系列优惠政策进行扶持，许多私人企业家也慷慨解囊对其进行投资和捐款。对此，相关权威调查研究机构给出了以下分析：百老汇非营利和营利性的剧院在法律意义上有着根本区别，外百老汇和外外百老汇的机构或剧院具有公益性质，社会效益大于经济效益，其投资和资助费用一律免税，经营收益也可享受免税优惠。经营利润不允许分配，只能用于投入再生产，财务收支必须公开透明，社会公众可以通过www.guidestar.com（指南星网）直接查询所有非营利机构的收支状况。这些机构或剧院一旦破产，清算后的资产属于社会公共财产。而营利性剧院的所有投入都是商业投资，每一笔经营都需要按照规定纳税，投资人的盈利部分按股本分红。从百老汇及美国其他文化产业一直以来的运营效果看，政府制定非营利政策以强调社会效益的初衷已经实现——政府对这个领域的直接投入已经逐步降低，民间与私人的参与和投资热情不断高涨，更多圆了美国梦的成功人士向非营利性演出机构捐款已不仅仅是为了减免税，而是转为体现自身价值，提升百老汇的社会效益，努力去实现自己的精神追求。

事实上，不管是否出于本意，但积极参与市场经济，在不断追求经济效益的同时努力促成社会效益最大化，尽可能地把美国的意识形态和价值观向全球每一个角落传播和渗透，是百老汇高质量生存和快速持续发展的秘诀之一，是其能够一百多年誉满全球、几经时代大潮冲击而屹立不倒的法宝。

三、百老汇戏剧产业的管理机制

在美国戏剧行业的管理中，工会扮演着重要角色，百老汇当然也不例外。全国性的较大的美国戏剧工会包括：（1）演员工会；（2）舞台美术家工会；（3）导演和编舞家工会。

百老汇没有政府直属的管理部门。一般通过百老汇联盟、百老汇协会、百老汇艺术家联盟、演员基金、戏剧联盟等协会组织，对百老汇整条产业链上的各个环节进行切实有效的管理和保护。百老汇协会成立于1911年，是致力于发展西中城（包括百老汇剧院区）经济与文化的非营利性协会。其成员包括业主、大公司、酒店、广告商、工会、公民协会、剧院公司、开发商、银行、律师事务所、航空公司和出版商等。该协会与纽约其他人文及商业协会一同提升百老汇戏剧区的服务水平，努力营造利于该区发展的良好氛围。百老汇联盟成立于1930年，作为一个全国性的演出市场交易和对外贸易的服务协会，其宗旨就是同剧院所有者和管理者一道致力于提升戏剧的商业利益，并和戏剧工会和其他协会组织就工资、福利保障、安全措施、休息时间等进行商讨谈判。

此外，百老汇联盟还设立了百老汇粉丝俱乐部、百老汇绿色联盟及百老汇旅游等机构,旨在推动公益性事业、观众拓展以及旅游演出事宜。百老汇联盟还特别构建了百老汇相关信息的线上数据库,数据库中可以轻松查询百老汇纽约本地及海外巡演所涉及的剧目、剧院、角色、歌曲、获奖情况、政策等诸多信息。数据库还会统计百老汇每周的票房情况和上座率等。

百老汇戏剧演艺产业能够在市场化条件下坚守、生存、扩张且不断发展的一个重要前提是,法律在行业治理中发挥着举足轻重的作用。百老汇尊重法律、运用法律并且受到法律的全方位保护。美国在法规政策上给予了戏剧演艺业大力支持,一系列法规在保障和促进美国包括百老汇在内的商演及非营利艺术组织的繁荣和可持续发展方面功不可没。可以毫不夸张地说,没有相关法律与政策的支持就不会有美国演艺业与百老汇今天如此的创新、发展、扩张和繁荣。

因为版权得到法律严格的保护,业内人士也都非常注重版权保护。迄今为止,百老汇上演的剧目还没出现严重的盗版情况,版权之间的交易严格按照法律程序进行。艺术家可以心无旁骛地专心创作,不用担心自己的作品被盗版,心血付之东流。

剧目的制作人是剧目生产制作的最顶端环节,他必须与剧场、保险公司、工会、营销宣传公司、票务公司等签订有法律保障的各种契约,与编导、演员等签订演出合同。百老汇戏剧产业从业人员尽管每个人都是单独签约,但每个行业都有自己的工会,相关行业工会会代表个人与资方谈判,维护他们的利益。

四、百老汇戏剧产业的运营模式

在百老汇整条产业链的资源配置中,不仅位于演艺产业链下游的剧院分布集中,其上游的剧目策划、资金筹措和投资选择,中游的演职员培训、票房营销方式及渠道,相关衍生产品的设计、制作、销售等都按照社会化规模生产。由一大批专业化公司分工负责,产业链中每一个环节的业务都会有专业化公司中的一家或几家承接,而负责某一环节的公司又会与其产业链上游或下游的公司签订短期或长期协议进行合作。

这就使得剧院可以选择有实力的制作公司签订剧目,制作方可以签约心仪的创作班子或成员,演员可以选择制作人签演出合同,而大批专业自由人可以选择不同公司和戏剧项目组签约,形成了一个合理的金字塔结构。大大降低了演艺企业的运营成本,为百老汇取得更好的经济效益和社会效益奠定了基础。

外百老汇和外外百老汇的非营利剧及演出是美国戏剧演艺业繁荣发展的重要组成部分,百老汇戏剧产业能够发展到今天,得益于外百老汇和外外百老汇上众多非营利性剧团的蓬勃发展,大量优秀剧目和演艺人才都是在"非营利戏剧"里被发现后最终站上百老汇的商业舞台,美国在政策法规上也给予其较大力度的支持。

随着时间的推移和市场化进程的加速,百老汇中的商业剧院与非营利性剧团不再像最初那样泾渭分明,而是共同合作,开发出了符合市场要求,降低运营成本与风险的商业化与非盈利相结合的运作模式。该模式主要包括以商业剧院为主体的三种形式:设立非营利机构、联盟非营利剧院和投资非营利剧院的实验剧。

以百老汇演出市场三大寡头之一的舒伯特集团为例,舒伯特集团是美国百老汇最大的剧场集团,除了在百老汇的17家剧院外,在外百老汇,华盛顿特区、波士顿、费城都拥有剧院,并且其下属的舒伯特票务公司在美国互联网票务中位居第二。其一直致力于美国戏剧演艺业的复兴,旗下的舒伯特基金会和舒伯特档案馆一直坚持资助剧院、舞蹈表演、教育和公共事业等非营利性机构,其中舒伯特基金会对于剧院的支持和捐赠始终占据其业务的70%左右。由于舒伯特基金会每年都会投入相当资金重点扶持许多剧团和舞团并与之建立了良好的互动关系,所以能够间接地吸引大批非营利剧院的创意人才为集团服务。

另外，由于逐渐意识到同非营利剧院的合作不仅能够及时发现富有创意的题材、吸引优秀演职人员，更重要的是把非营利剧院当作一个预演的实验室，降低了演出风险和成本。商业剧院与非营利剧院的结盟并投资非营利剧院的实验剧已经成为百老汇中非常普遍的现象。

五、百老汇的市场营销方式

百老汇戏剧的宗旨是"以美国歌舞来演绎美国故事"，只要能迎合大众、吸引票房，其他的束缚都可以打破，怎样的形式都可以被接受，这是美国百老汇戏剧在百余年市场化竞争中所形成的一个重要特点。

百老汇戏剧从最开始的剧院集聚到如今建立起成功的演出品牌，与其以观众为本的多样化的营销方式密不可分。演出业作为一种传统的文化服务行业，除了演出本身的质量需要严格把控之外，其知名度和观众接受度也是该演出能否成功收获经济利益的重要因素。因此，演出的市场营销及宣传就显得尤为重要。作为商业演出的直接操作者，剧院经营者和制作人会利用各种方式促成交易，用灵活的操作手段在保证演出质量的前提下降低成本，吸引更多观众，努力让各方参与者都获利。

百老汇剧目的宣传特别注重氛围的营造和环境的布置，力求使演出的大幅广告牌在时代广场各种奢侈品牌中依旧醒目，让观众及游客在踏入百老汇的范围之后立刻感受到其繁华蓬勃的艺术气息。百老汇经典剧目的宣传营销十分密集，除了演出场地附近大厦的墙面会挂上巨幅演出广告牌、剧场面向时代广场的一侧会贴上大幅演出广告、大厦外墙的 LED 广告滚动播放剧目中的经典角色及标识、大街上会遇到装扮成剧中人物的宣传人员之外，剧场入口和通道等处还会安装带有演出标识的灯箱及剧目角色的模型，有时甚至连观众席都会被装饰成剧目相关风格。这种高密度、全方位的宣传方式的目的只有一个，就是利用观众们目之所及、耳之所闻、身之所处的每一处为观众加深对剧目的印象和期待，使观众在进入剧场观剧之前就陷入营销宣传所营造的"戏剧梦"中,增加观众感受度,提高剧目口碑。

百老汇的票务系统非常发达,各个剧目无论是全价票还是特价票都有线上线下多种方式可以购得,包括窗口售票、"打折票房"、电话售票和网上售票等。各种特价票出售网站也越来越受到观众的欢迎。另外,百老汇还会定期开展一些门票促销活动,如买一赠一的优惠活动及特价票抽奖活动,若抽中即可用相当低的票价购得剧院第一排正中的位置。这些活动几乎成了另一种聚集人气的宣传方式。其多种方式并存的票务系统和丰富有趣的营销措施也确实起到了很好的成效,使得在百老汇上演的音乐剧几乎都是满场。

第三节 FTA与中韩影视产业合作新空间[①]

2015年12月,中韩自由贸易协定(FTA)正式签订,将对中韩两国文化影视产业领域的合作产生深刻影响。在电影领域,两国更注重在技术、编剧、投资等方面的深层次合作;在电视剧领域,韩剧更注重在中国视频网站平台的内容输出;在综艺节目领域,将出现更多的中韩联合制作的电视节目。

由20世纪90年代韩国电视剧风靡中国开始,中韩之间文化产业经过了产品输出、服务输出、相互投资到商业存在设立等一系列过程。2015年以来,韩国制作人纷纷在中国开办文化公司。《花样姐姐》韩国组总导演李根昱在上海开办了"上海韩悦盛世文化传播有限公司"。该公司涉足文化媒体行业,以韩国资深电视制作人为企业代表,汇聚中韩两国电视业界

---

① 本节内容最初发表于2016年第4期《视听界》,作者:李怀亮。

精英，具备从前期研发到后期合成核心能力的国际化专业团队。韩国的媒体人罗英石、金英熙、金泰浩等，已经在"韩流"风口下不断到中国来。中韩自由贸易协定（FTA）签订以后，这样的公司还会更多。中韩 FTA 将会对两国文化产业领域的合作产生深远的影响。

一、中韩自贸协定与上海自贸区负面清单的比较

对比中韩自由贸易协定与上海自贸区负面清单中有关文化政策可以看出以下变化：

（一）水平承诺

在《附件 8-A-2 中方具体承诺减让表》最开始的水平承诺中强调"对于……许可中所列所有权、经营和活动范围的条件，将不会使之比中国加入 WTO 之日时更具限制性"，为整个政策文本奠定了限制更少、更加宽松的基调。

（二）视听服务

关于本项目，FTA《中方具体承诺减让表》中仅提到了录像的分销服务和录音制品分销服务，"允许韩国服务提供者在不损害中国审查音像制品内容的权利的情况下，与中国合资伙伴设立合作企业，从事除电影外的音像制品的分销"，同时《附件 8-C 电视剧纪录片动画片共同制作》强调了"缔约双方鼓励双方开展用于播放目的的电视剧、纪录片及动画片共同制作"。由于目前 FTA 的负面清单会在以后的贸易谈判中逐步确定，现在还不能判断中国是否会对上海自贸区负面清单中关于投资广播电视节目制作经营公司、投资设立和经营各级广播电台（站）、从事文化产品进口业务、在中国境内设立代理机构或编辑部等方面的限制有所松动。

(三) 电影制作、发行、放映

FTA《中方具体承诺减让表》此类相关的条款只涉及电影院服务方面,明确提出"允许韩国服务提供者建设和/或改造电影院",但外资份额仍然不得超过49%,与上海自贸区负面清单中"电影院的建设、经营须由中方控股"规定一致。但《附件8-B 合作拍摄电影》单独细述了FTA中关于中韩两国电影合作各方面的鼓励支持性政策,包括视为国产影片的授予权益、双方投入、入境便利、器材进口、电影发行、技术合作等,在双方投入方面,合作影片的创作投入和资金投入的比例都规定在20%~80%且计算资金投入时可将非现金投入包括在内,宽松程度和支持力度颇大。

(四) 文化娱乐

FTA《中方具体承诺减让表》"允许韩国服务供应商与中国伙伴设立合资或契约式合资的演出经纪机构或演出场所企业。韩国投资不得超过49%。中方在契约式合资企业中将有决策权"。与上海自贸区负面清单相符,未发生实质性变化。

二、电影领域:在技术、编剧、投资等领域深层次合作

2004年至2014年十年间,中国内地引进的韩国电影只有20部,平均下来每年只有1—2部。然而,中韩两国在电影领域的交流更多是通过合作拍片的方式实现的,两国的合作形式也随时间的推移和经验的增长而日趋丰富和深化。

早在2000年,由韩国导演金荣俊执导的《飞天舞》邀请了韩国女星金喜善与中国演员王亚楠共同主演,影片的剧本虽然是根据韩国漫画改编,但故事的背景却是中国元朝,此片的成功也揭开了中韩电影合作的序幕。随后中韩电影有了更频繁的合作,2001年崔岷植、张柏芝出演的《白

兰》；郑雨盛、章子怡出演的《武士》；徐克、甄子丹、金素妍出演的《七剑》；2005年金喜善、成龙合作的《神话》；2006年刘德华、安圣基、崔始源出演的《墨攻》等。不过，这个阶段的合拍方式还是以简单的演员输出模式为主，拍摄出来的影片在中韩两国的文化折扣明显，集中表现为本国导演编剧的影片在本国的票房表现更好，而在另一国则表现平平。

更深层次的合作是由2008年冯小刚导演的《集结号》开启，该片邀请了韩国《太极旗飘扬》的特效团队，加深了两国电影行业的技术合作，之后的《大明猩》（2013年）采用了韩国的CG技术，打破了好莱坞的技术垄断。此后，随着韩流在中国影响力的日趋扩大以及中国电影市场的快速增长，中韩两国电影在技术、编剧、投资等领域的深层次合作也逐步开展起来，中方负责投资和招募演员，韩方负责提供电影剧本和制作团队，这样的合作模式成为中韩两国在电影领域合作的重要形式。以2008年的电影《女人不坏》为标志，大量的韩国编剧和导演开始与中国内地影视剧公司签约合作，翻拍已获成功的韩国影片在中国内地上映。2012—2014年每年一部的《笔仙》三部曲、2013年的《分手合约》、2015年《重返20岁》均属此类范畴。

近年来，韩国电影票房总量稳步增长，但总体上国内电影市场趋于饱和；与之相对应的是，中国电影市场正处于急速扩大增容的状态，而专业人才和优秀剧本十分匮乏。因此，中韩通过合拍片进行合作既满足了中方向韩方学习先进技术、提高影片质量的需求，也令韩方有机会在世界电影票房重镇占下一席之地，扩大韩国文化在海外的影响力，是双方实现互利共赢的重要手段。

三、电视剧：从电视到网络，期待未来合作

从1993年内地首次播出的韩剧《嫉妒》，到2001年央视配音引进的83集《澡堂老板家的男人们》，从2002年纯爱的《冬季恋歌》到2005年

的历史剧《大长今》，韩剧进入中国内地已经超过20个年头。除了原版剧播映权的销售外，韩国电视台还与中国的影视公司建立了内容改编权的合作，出现了一批翻拍、改编韩剧的剧目。例如，由《蓝色生死恋》改编的《一不小心爱上你》，由《妻子的诱惑》改编的《回家的诱惑》等等。这些原版韩剧和"韩国模式剧"带来的是韩国文化对中国80后、90后一代人思想观念的深刻影响。2005年后，国家广电总局出台《境外电视节目引进、播出管理规定》（总局第42号令），限制了境外电视剧在国内电视台的播出总量（不得高于25%）和播出时间（19:00—22:00之间不得播出），再加之韩剧出现了缺乏内容创新、情节千篇一律等不足，中国的"韩流"曾一度进入低潮期。近年来网络新媒体的兴起，韩剧通过与视频网站合作的方式顺利地绕过了广电总局的"限播令"，从传统电视平台转向更能吸引年轻受众的新兴网络视频平台，反而取得了比之前更好的收视表现。以搜狐视频、爱奇艺等为代表的视频网站，专门上线了高清韩剧频道，与韩国三大电视台同步更新最新出品的韩剧资源。

2014年11月，国家广电总局出台了《关于进一步落实网上境外影视剧管理有关规定的通知》，规定从2015年起视频网站上播出的境外影视剧，必须先依法提交审核，在取得许可证后才能播出，且境外影视剧不得超过总量的30%。此项政策对于新出品韩剧的流行造成了一定的影响，但各家视频网站通过引进已播出完结的影视剧作为应对，并且也将参考电影合拍片的方式与韩国电视台开展类似的电视剧合拍工作。

四、综艺节目：深度合作引领未来

从2012年浙江卫视引进模式节目《中国好声音》开始，中国各家卫视之间的黄金时段收视比拼进入了引进国外节目模式的竞争阶段。从2013年起，以《我是歌手》《爸爸去哪儿》《奔跑吧兄弟》为代表的一系列韩国模式节目成为中国电视荧屏的收视主力。与欧美综艺节目着力展示名人嘉宾的"真性情"相比,韩国综艺节目多数走温情路线,善于展现日常生活中细节式的温暖,相对更容易被中国观众所接受。与欧美节目方单纯出售节目模式制作宝典有所不同的是,韩国节目方希望以联合制作这一更具深度的合作方式对节目质量予以最大限度的保障,并尽可能地了解中国观众的收视品味、中国电视台的运作模式,为进一步扩展中国市场做好准备。在拍摄制作《Running Man》的中国版本《奔跑吧兄弟》时,浙江卫视和SBS电视台采取了混编团队的方法进行联合制作,最终呈现的中国版并不是韩国原版的简单复制,在保留其中的精华特色的基础上,也有区别于原版的独特之处。利用微信微博新媒体终端对节目进行营销推广、拍摄贺岁档综艺电影也是除节目制作之外,我国电视从业人员亟须学习和提高的重要市场运作技能。不久的将来,单一的节目模式引进或将演变为中韩联合制作的合作方式,通过这种更接近观众的模式,韩国娱乐公司可以推广更多新人,中国电视台也可以从中获得从策划制作到营销推广等多方面的经验收益。

五、FTA为中韩文化产业合作提供了新的空间

(一) 贸易模式多样化,资本、人才等要素流动更方便

从协定范围看,其涵盖了货物贸易、服务贸易、投资和规则共17个领域,这必然使得两国间文化沟通加强,交流合作新纽带得以加固。贸易协定提升了中韩娱乐文化市场的开放程度,强化了文化娱乐产品版权保护的力度,为两国娱乐文化的长期交流与发展提供保障,也必然提升对熟悉中韩两国文化的人才需求。

以双方合作拍摄电影为例,本次中韩自贸协定附件8-B为合作拍摄电影所涉及的各方面提供了鼓励政策和贸易便利条件,并将各项单独列出,支持力度可谓空前,使得双方合拍电影中所涉及的资金资本、人才供给、文化资源、产品创意等各要素可以更加通畅地交流、应用与互补,从产业

链开端为文化生产及贸易提供了新视野和新平台,进一步发挥中韩两国间的贸易和投资潜力,促进东亚生产网络的深化。

(二)价值链延伸,贸易新平台的建立促进国际间产业间的跨界融合

中韩自由贸易协定作为一项高水平、全面的新型合作协定,不仅包括传统的货物贸易自由化条款,还包括服务贸易条款和投资条款,以及更广泛的经济政策,如竞争政策、知识产权、电子商务、环境、经济合作等。协定签署后,中韩两国产业互补机会增多,两国将在产业对接升级方面实现更大面积融合。在过渡期中,优势产业可以提前准备,做好渠道和产品,以便蓄势待发,而一些敏感行业应抓住机遇,积极调整,以应对挑战。

相对于韩国的产业发展水平,我国影视产业总体水平还处于产业链的较低端,韩国企业在资本、技术和管理经验上都占有较为明显的优势。自贸区启动后,韩国在资本技术密集型产业上的优势将对我国相关产业发展造成压力,如化妆品、电子产品、橡胶及制品、机械产品等竞争性产业,对我国企业研发具有高附加值、高技术含量的产品提出更高的要求。中韩两国之间投资规模存在较大差距,我国对韩投资处于相对弱势地位。为充分利用自贸区建立机遇开发韩国市场,我国企业必然会加大对韩投资力度,但韩国严格的市场准入条件要求我国企业的技术水平和产品标准进一步升级。中韩自贸区设立的目的是实现优势互补和产业合作融合。如何打造中韩经贸新格局,促进产业融合和转型升级,将成为地方政府面临的考验。

第四章　从市场占有到价值引领：中国对外文化贸易发展逻辑

中华文化蕴藏着丰富的美学精神，中国传统文化是审美文化。儒释道是中国传统文化的主要构成，儒家文化代表了中国传统文化中的社会规范性文化，是秩序感最强的文化；道家代表了中国传统文化中创生性文化，是最富创意的文化；而佛教则代表了中国传统文化中最具普世情怀的慈悲文化，是最具悲悯意识的文化。与这三种文化相对应的美学精神，是当代文艺发展的血脉之根，为中国文化贸易发展提供深厚的美学给养。

通过对传统文化基因的提取、商品化转化以及国际贸易往来，中国文化产品与服务得以走向世界，成为经济发展中的重要组成部分。但从国际文化贸易的总体发展情况来看，世界文化产品贸易大部分集中在高收入国家，中国文化产品和服务"走出去"还面临着质量不佳、品种较少、效益不高、渠道缺乏以及人才匮乏等诸多问题。因此在新环境下，积极探索中国特色文化内容走向世界的创新战略、打造立体化的推动中国文化艺术产品"走出国门"的整合营销传播体系、统筹国际国内两个市场，培育世界一流文化企业，加强对外文化贸易的品牌建设、加大国际化文化贸易人才培养力度，制定国际文化艺术人才培养和发展战略是中国文化对外贸易的必然选择。追求价值引领力而非市场占有率，将是中国文化对外贸易的新趋势。面对新形势，扩大文化服务出口，从市场竞争力、社会影响力和价

第四章 从市场占有到价值引领：中国对外文化贸易发展逻辑

值引导力三个维度扎实推进中国文化"走出去"是应有之义。基于此，中国对外文化贸易应实现"两个转变"：从注重文化产品出口向注重文化服务出口转变；从注重市场占有率向注重国际社会影响力和价值引导力转变。

第一节 中华传统文化与中华美学精神[①]

中华优秀传统文化是中华民族在长期发展过程中形成的，其思想内容十分丰富，涉及哲学思想、人文精神、教化思想和道德理念等方面。总体来看，中国传统文化构成中，影响最大的当属儒释道三家。

先说秩序文化，也就是规范意识和秩序感。西方文化是建立在把人理解为"欲望的生物"这个基本前提上的，所以首重法律和宗教。中国传统文化却是把人首先理解为"情感的生命"这个坚定立场上，所以倚靠道德和伦理来维系。孔子说："克己复礼为仁"，孟子说"仁者，爱人"，儒家为每一种情感关系附着一种道德纲目，如孝与慈、忠与恕、贞与信、义与和，正是希望在人的基本伦理亲情基础上，推己及人，建立起一整套的伦理体系，建立起一种由家庭推广至社会和天下的人伦秩序，正如孔子所说，"礼之用，和为贵"，以情感的力量，通过道德约束，实现和谐社会，正是儒家对社会规范的理想设计。

由此出发，对于文艺创作来说，就是要从整个社会利益出发，为社会和谐与进步而贡献正能量，而不是去一味暴露社会阴暗面，刻意渲染人性的丑恶，挑起社会矛盾，制造不和谐氛围。

再说创生性文化，其实也就是创新思维。老子说："道生一，一生二、

[①] 本节内容最初发表于 2016 年第 24 期《人民论坛》，作者：李怀亮。

二生三、三生万物",这与科技思维息息相通,但是科技思维往往致力于纷繁细节的再次裂变与细化,而道家的思维,却是向本原上溯求。

任何一种文化,从它萌生的一刻起,也如自然物一般具有自我增长的态势,如果得到了政治、经济、宗教或者其他力量的扶持,它就会迅速建立甚至膨胀泛滥为条条框框,这样就出现了如儒家的"礼教"在不同时期的束缚性。针对社会文化的各种过度建构,庄子的"齐物"思想正是一种解构性的良方,庄子继承老子,通过消解各种对立概念,比如美与丑、贵与贱、健全与残缺等,以这种方式省思既有文化,打破人们对现有秩序的迷恋和盲从,为个体生命带来鲜活的生机。

最后再说慈悲文化,也就是普世情怀和悲悯意识。儒家的荀子谈到人性时感慨道:"人情甚不美,又何问焉"。所以他希望用"礼"来约束住人的欲望,但是他的学生接受了他的立场而又抛弃了他的做法,认为只有用"法"才能控制住横流的人欲。儒家和法家对欲望的认识,都没有佛教来得宽广和彻底。

佛家的慈悲文化和大爱精神,与儒家的"仁爱"思想结合起来,在长期的历史发展过程中形成了我国高尚的历史文化价值观念,如崇高、正义、仁爱、善良、忠义等人文精神与人文传统。从这些高尚的文化价值观出发,我们就会去积极地关注民生、关注社会、关注人民的精神需求,发现现实的苦痛,发出时代的强音,而不是沉迷于那些暴力色情、低俗无聊、一味迎合低级趣味的作品。

第四章　从市场占有到价值引领：中国对外文化贸易发展逻辑

第二节　国际文化贸易格局下的中国文化出口策略①

中国经济对外贸依存度非常高，已经达到了70%以上。在当前文化产品和服务的国际贸易已经成为全球经济的重要组成部分的背景下，中国文化产品的对外贸易比重太低，贸易结构不协调问题显得尤为突出，中国文化产品如何走出国门值得关注。此部分在分析国家文化贸易现状的基础上，从质量和品种、效益、渠道、人才、文化资源五个方面对中国文化产品出口提出了建议。

经过近30年改革开放和经济建设，中国经济取得了巨大成就。目前，中国经济总量居世界第6位，制造业总量居世界第4位，中国已经成为世界的"制造大国"。全世界每人每年要穿1双中国制造的鞋、买2米中国产的布，穿的衣服中有3件来自中国。中国经济对外贸依存度已经达到了70%以上。当然，过高的外贸依存度会带来许多问题，但和传统制造业相比，中国文化产品的对外贸易在整个行业中所占的比重太低了。以图书出版行业为例，2005年全国新华书店系统、出版社自办发行单位图书总销售额为1176.71亿元人民币（其中大中专教材、业余教育及教参为101.81亿元人民币；中小学课本及教参为462.46亿元人民币）。图书出口1148110种次、517.68万册、2920.87万美元（约合2.257833亿元人民币）②。由此可看出，2005年中国内地图书出口额只占全国图书当年销售额的0.19%，除去教材及教参类图书也只占销售图书总额的0.37%。什么时候全世界每人每年能购买1本中国的图书、看2场中国的电影、看3场中国

---

① 本节内容最初发表于2008年第3期《现代经济探讨》，作者：李怀亮。
② 按2007年3月27日人民币对美元汇买/汇卖中间价来计算。

中国文化"走出去"：国际文化贸易与文化发展

的演出呢？中国文化产业发展必须走国际路线。

一、国际文化贸易的总体情况

本部分所说的文化产品主要包括商品和服务。文化商品主要指那些能够被消费并且传递思想、生活方式的物品，例如书籍、杂志、多媒体、软件、录音制品、电影、视听节目、艺术和服装设计等；而文化服务通常被认为是用来满足文化需求或者兴趣的服务，它不包括有物质属性的产品，但是促进其生产和发行。典型的文化服务包括与版权相关的服务、对一些活动的许可、视听产品的发行、对艺术品和文化活动的促进等，同时也包括对文化信息的发布、对书籍和音像制品的保存等。

目前，文化产品和服务的国际贸易已经成为全球经济的一个重要组成部分。根据 2005 年联合国贸易开发事务局（United Nations Conferenceon Tradeand Development）披露的资料，文化创意产业的全球市场总值已经达到 1.3 万亿美元，占据全球 GDP 的 7%以上（世界银行，2003）。从 2000 年开始，文化创意产业的总值每年都以 7%的速度增长，到 2008 年，全球的市场总值将达到 1.7 万亿美元。

在文化创意产业飞速发展的同时，国际文化贸易也扮演着越来越重要的角色。1994 年，全球核心文化产品的贸易总额是 393 亿美元，2002 年达到 592 亿美元。从 1994 年以来，核心文化产品的贸易量每年都占全球贸易总量的 1%以上。这仅仅是根据海关显示的资料做的统计，实际的贸易量要比这个比例大。

按照地区来说，欧盟核心文化产品的出口量为世界第一，2002 年其出口量占全球出口总额的 51.8%；排在第二的是亚洲，2002 年占全球出口额的 20.6%；北美排在第三位，2002 年占全球出口额的 16.9%。

按照国别来说，2002 年核心文化产品和文化服务出口量最大的国家是美国，出口总额为 143 亿美元（其中产品 76 亿美元、服务 67 亿美元）；英

第四章 从市场占有到价值引领:中国对外文化贸易发展逻辑

国居第二位,出口总额为 100 亿美元(其中产品 85 亿美元、服务 15 亿美元);中国列第三位,出口额为 52 亿美元(产品 52 亿美元,服务未统计)。

世界文化产品的进口大国则集中在高收入国家。这些国家占据了 90% 的市场份额。美国是世界上最大的文化产品进口国,2002 年其进口额高达 153 亿美元;英国是第二大文化产品进口国,其进口额大约是美国的一半,为 78 亿美元;德国是世界第三大文化产品进口国,其进口额为 41 亿美元。

按产品类别来划分,2002 年录音媒介为 190 亿美元,占核心文化产品贸易总量的 31%,排在第一位;印刷媒介为 182 亿美元,占核心文化产品贸易总量的 30%,排在第二位;视觉艺术为 113 亿美元,占核心文化产品贸易总量的 19.1%;视听媒介为 85 亿美元,占核心文化产品贸易总量的 14.3%,排在第四位。

二、数据和统计问题

需要说明的是,现在国际上没有一种分类方法将文化贸易单独列出来,几乎所有的分类方法都将文化贸易列为"其他"项或者"额外"项。因此对于文化贸易的统计就很难做到精确。

关于文化产品的贸易数据一般来源于海关的记录。在海关的统计中,对商品的分类主要取决于其物理性质,而不取决于其产业来源、内容的民族性或其文化价值。另外,国内的数据来源与国际标准,在解释上和应用上,都存在着根本的分歧。比如,根据全美联合贸易数据库(United Nations Comtrade Database)所提供的数据,2002 年中国的图书出口额为 4.09 亿美元,进口为 0.97 亿美元。如果按照这个口径来计算,我国的图书出口额是进口的 4 倍多,贸易是顺差。而实际上,我们的图书贸易历来都是逆差。根据我们国内的统计资料,2002 年我国图书出口额为 1363 万美元,进口为 2622 万美元。国外统计的中国图书出口数据,实际上包括了日本、美国等国家的图书公司在中国内地印刷又销往国外的图书。

上面所说的关于文化贸易的统计，主要来自联合国教科文组织的一份材料，其数据主要来源于海关记录和国际收支平衡系统，是一个非常粗略的、非常不全面的数字。

三、中国文化产品和服务"走出去"存在的问题和建议

（一）质量和品种

文化企业的特殊性质就在于它们是内容提供商。文化产品的质量高低取决于其内容。文化产品能否赢得市场，最根本的问题在于其所内含的文化价值、生活方式、思想观念、情感因素；在于文化产品是否具有思想感染力、情感的亲和力、精神的震撼力以及生活方式的凝聚力。只有赋予文化产品这几种力量，才会得到国内外消费者的认可，让他们心甘情愿地购买你的产品。我国的文化产品缺乏国际竞争力，最根本的原因在于内容。考察一下我国的几类文化产品就可以明白这一点。先说图书。我国出口的图书，内容基本上是中医、食谱、气功、武术等，知识含量较高的自然和科学技术类图书数量非常少。再说动漫。制作动画的仪器设备跟国际上相比我们并不落后，这些设备有钱就可以买到，技术要求我们也都能达到，最关键的是我们的动画制作艺术创意太弱。现在什么都可以用机器来做，唯有艺术创意必须要由人脑来完成。再说电影。去年中国电影票房突破了26个亿，有几部电影还赢得了一些国际收入。我们的电影从技术、制作、画面等方面讲都不错，但最弱的是编剧。没有好的故事，阵容很强大，但灵魂很苍白。

文化产品走出去，针对的是国际市场。并不是在国内市场上受欢迎的文化产品都能在国际市场上畅销。在国际市场上存在一个文化折扣问题。过去有一个歇后语叫"洋鬼子看戏——傻眼了"。洋鬼子看戏为什么会看傻眼呢？因为语言不通、艺术样式不熟悉，看不懂。这就叫文化折扣。国

第四章 从市场占有到价值引领：中国对外文化贸易发展逻辑

际实际上是一个很大的概念。亚洲、欧洲、北美洲、拉丁美洲和非洲的观众，其欣赏习惯和艺术品位肯定存在着很大差别。同是龙的传人，国内的消费者和在欧美生活多年的华人对传统文化的理解也有很大区别。从内容和品种上来讲，往国际市场上推什么，我们要有一个战略。举个简单的例子，日本的歌舞剧，属于日本的传统文化。在东京有一个歌舞剧表演的剧院，很多日本人从东京以外的地方赶到那里去看演出，基本上是场场爆满。日本人很喜欢歌舞剧，但他们并没有因此就要把歌舞剧推向国际文化市场。相反，他们全力往外推销的是动漫，而且取得了极大的成功。我们现在对这个问题似乎还没有足够的重视。一说文化产品走出去，就什么都想往外推。可以肯定地说，不问国外市场的接受度如何，不加选择地眉毛胡子一把抓，结果绝对是事倍功半。即使是我们所热爱的传统文化，也必须有所甄别。你把《二十四孝图》翻译成英文，搞个英文版的图书，或者把其中的故事拍成电视剧，在国际市场上肯定赔钱。所以，在走出去之前，我们一定要有深入的调查研究，针对哪个地区的市场，以哪个品种作为主打产品，都要制订出切实可行的计划。

（二）效益

文化贸易是一种经济活动，当然要注重经济效益，而且是要以最低的成本取得最大的经济效益。有几种情况不利于文化贸易效益的提高：（1）像搞公益性的对外文化交流活动那样来搞对外文化贸易，不计算经济成本。（2）拆整为零，减弱市场竞争力和盈利能力。如中国杂技没有形成自己的优势品牌，而是停留在给人家的剧团打工的层次上。（3）国内同行竞争、互相压价。这种情况在其他行业中发生过，现在，在文化产品和服务的出口中也存在以前曾出现过的问题。（4）不熟悉国际市场的定价策略。比如中国的图书出口问题。2005年中国出口图书700万册，金额3000万美元；同年进口图书册数是出口图书的2倍，但金额却是出口图书的5倍。2004年出口图书460万册，金额2000万美元，同年进口图书330万册，但金额却高达 3800 万美元。也就是说，这一年我们出口的图书多，但金额却仅为进口图书的一半。图书进出口金额与进出口数量不成正比，尤其是与进出口种数出现严重背离，这说明我国的出口图书定价存在问题。

为了提高文化产品和服务出口的经济效益，建议商务部成立文化产品出口指导小组或专家委员会，甚至成立文化产品出口协会，为出口文化企业提供信息服务和咨询指导，促进出口文化企业进行行业自律。

（三）渠道

一方面内容为王，另一方面渠道为王。国内的文化产品走出去，现在主要有两种渠道。一个渠道是通过国内国外的文化产业博览会，国内的如深圳文博会，国际的如法兰克福书展；还有一个渠道是通过外国发行公司代理。这两个渠道有一定的效果，但都有其局限性。博览会在展览季之后经常性不够。依托国外的发行公司，好处是成本低、市场风险小，不足是丰厚的发行利润让人家拿走了，生产商实际上只赚了个吆喝。再有，你通过人家去发行，就总是远离市场，永远培养不起来对于市场的敏锐感觉。

所以，我们要在国外建立自己的发行渠道。可以由文化企业自己组建专业的海外发行公司，或收购外国人现有的发行公司。政府有关部门在市场调研、资金等方面予以支持。也可以依托其他行业有实力的跨国公司已经建立起来的国际销售网络，进行增值服务。鼓励有条件的企业加盟海外中介协会。还可以在海外投资建设"中国文化城"。"中国文化城"可采用政府开道、企业投资运作的模式。在"中国文化城"中开设音像、图书、汉语教材等专门区域，设表演厅、展示厅，供顾客欣赏观看。如建设运作合理，"中国文化城"定能成为中国文化开拓世界市场的根据地，达到"星星之火，可以燎原"的目的。

还应该充分利用网络平台，开设各种语言版的"中国文化产品网上超市"，集产品展示、销售、服务为一体。目前国内很多公司都设有自己的网站,但这些网站存在规模小、功能差等各种不足,商务部等相关部门应对之进行整合,形成规模优势。

(四) 人才

文化产业的突出特点是资金密集、人才密集和智力密集。人才是文化经营最为关键的因素之一。国外企业有大批这样的专门人才,对国际文化市场的研究非常深入、细致,大到一个地区的文化产品的竞争格局,小到一个具体产品应该怎样投放,都有专门的人进行具体的研究。而国内,文化经营方面的人才稀缺,既懂外语、懂影视文化产业制作、懂营销,又熟悉国际文化市场,并且与国际发行渠道有着密切联系的国际文化贸易人才更是凤毛麟角。没有专门的人才,没有翔实的数据资料,没有细致的实证研究,没有国际市场运作方面的经验,使得国内企业对国际市场的认识受到相当大的局限。在这样的情况下,要想在文化产品的出口方面有所突破,是十分困难的。

文化贸易人才匮乏已经成为制约中国文化产品出口的重要瓶颈之一。要加快中国文化出口的步伐,就必须在文化贸易人才培养上多下功夫。

以前,一些部委为了开展国际文化贸易举办过一些专门的短训班。仅靠这种非学历教育的短训班远远不能满足我国扩大对外文化贸易的需要。对外文化贸易的快速增长,急需我们培养出大批国际文化贸易方面的人才。2006年,教育部批准中国传媒大学试办"国际文化贸易"本科专业,同时在新闻传播、艺术等专业中增设国际文化贸易、文化市场营销等课程,培养既懂文化艺术专业知识,又懂国际文化贸易的复合型人才。

为了使国际文化贸易教育与文化贸易之间紧密结合,有关部门如商务部、文化部、广电总局等相关部委和文化企业,还应该在有条件的高校设立"国际文化贸易人才培养基地",为本科生、研究生开设文化艺术与国际贸易的复合型课程,对有关部门人员进行培训。可首先选取一到两所高等院校作为试点单位,总结经验教训,将成功模式进行推广。

在文化出口优秀企业内设立"国际文化贸易人才实习基地",为优秀的应届高等学校毕业生提供更多的实习机会,为博士生、研究人员提供到企业挂职锻炼的机会,培养大批国际文化贸易的骨干和后备人才。

(五)技术

当今时代,高新科技已经成为社会生产力发展的火车头,它在文化产品生产领域包括从内容到形式、从生产方式到传播方式的广泛应用,必将极大地促进文化产品生产的发展和创新。文化与技术的融合将形成强大的经济竞争力。科技含量高是美国文化产业的一个杀手锏。尤其是在大众传播媒介领域,印刷复制、电子排版、网络传输、数字化、通信卫星等高新技术的广泛应用,使美国文化产业具备了向全世界扩展的"桥梁和利器"。技术对文化产品的作用表现在以下几个方面:

1. 为文化产品的升级提供技术支持

科技是不断进步的,而对于传统文化品牌的创意性开发来讲,科技进步的力量在于能够从内容和载体上不断创新传统文化的表现方式,使传统文化具有更生动、更形象的表现力和感染力,实现科技和文化的完美统一。

2. 延长产业链条,提高文化贸易的盈利水平

由于文化商品具有投入成本高、复制成本低的特性,在投入大量成本塑造出受到顾客欢迎的创意文化商品后,以此商品为核心,带动文化创意产业的多重应用,衍生创造出更多不同种类、形式的商品与服务,可以提高文化产业的多点盈利能力。纽约之所以被称为"世界数字之都",正是因为它具备了以"硅巷"为代表的文化创意、软件开发和风险资金共栖的良好生态。

3. 逐步改变文化贸易产品的赢利模式

一方面,技术创新促进文化产业的高速发展,宽带技术、多媒体传播、数字化与互联网的兴起，对传统文化产业产生了重大的影响：原来凭借渠道的垄断优势获取高额利润的地位已经不复存在，内容产业成为文化产业新的竞争的焦点，消费者需要什么、消费什么，成为文化产业发展的关键。另一方面技术创新导致产业之间的界限区域模糊，出现了产业融合的局面。产业融合最为突出的表现就是电信、出版和广播电视的产业链和业务边界出现了融合，产业环境的变化也就决定了原有的商业模式已经不再适应现在的环境。因此文化品牌的开发应注重对科学技术的应用，用先进的技术手段再现传统文化的精华，积极发展数字电视、数字电影、网络游戏和动漫高新文化产业；发展连锁经营、物流配送、电子商务等现代流通组织形式和经营业态，不断创新文化传播的方式，从而提升全球对中国文化的认同感。

（六）文化资源

在悠久的历史发展过程中，中华民族创造了辉煌灿烂的民族文化，为世界文明做出了巨大贡献。中华民族的优秀文化遗产，为中国文化产业的发展提供了丰富的文化资源。中国文化产业的发展，应当充分吸收传统文化的滋养。中国的文化产品应当成为传播民族文化、弘扬民族精神的有效载体，通过文化产品和服务贸易，来提升中国的国家文化形象，增强中华民族的亲和力。

与此同时，我们要开展国际文化贸易，面对国际文化市场，就应当放开眼界，充分利用人类共有的各种文化资源。

历史上，中华民族从来都是一个善于吸收其他民族优秀文化的、具有宽广文化胸怀的民族。在全球化的今天，很多优秀的文化传统已经超越国界，成为人类共有的遗产，我们不加以充分利用和市场化开发，就会被他人占尽先机。好莱坞通过对花木兰、宝莲灯等文化资源的开发，成功占领了中国电影市场；而耳熟能详乃至家喻户晓的《西游记》《三国演义》的故事却被美国人、日本人制作成动漫和游戏而大赚其钱，这不得不说是中国人的悲哀。因此在挖掘中国文化底蕴，打造民族文化品牌，加强知识产权保护的同时，充分利用世界各国的文化资源，对于增加我国文化产品和服务贸易的出口，提升我国文化的影响力具有重大而深远的意义。比如，以图书为例，可由中国出版社出版英文版《莎士比亚全集》《格林童话》等，封面采用中国传统丝绸进行包装，充分体现中国特色。再如以电影为例，可以通过将和平、统一、魔幻等国际化元素与中国功夫这一中国本土化元素的结合，借鉴和平、爱情、平等、奋斗等人类共有的元素，以此关照和处理传统文化资源，沟通中西文化的巨大差异。《英雄》《神话》在国际文化市场不俗的票房成绩给我们做出了很好的证明。以本土文化为"原点"，兼纳国际化的诸多元素，生产出既具有本土化内容又与国际化接轨的文化产品，可大大降低文化出口过程中的"文化折扣"，尽快打开国外市场。

第三节　新政策环境下我国对外文化贸易发展路径[①]

在国家的大力支持下，中国文化产业的发展势头十分迅猛，对外文化贸易逆差逐渐缩小，文化产业的国际影响力和竞争力明显提高。据联合国教科文组织统计，我国数年以前就已成为文化产品和服务第三大出口国。2010年文化创意商品出口三强分别是中国、美国和德国，中国文化创意商品出口额是美国的近3倍。商务部公布的数据显示，2013年一年我国文化产品和服务出口总额就达356.9亿美元，说明中国已经成为世界文化贸易格局中的重要力量。中国文化"走出去"的发展与进步，既与中国文化产业整体实力的增长密不可分，也得益于有关政策的大力推动。本节拟对照

---

① 本节内容最初发表于2014年第10期《国际贸易》，作者：李怀亮。

第四章 从市场占有到价值引领：中国对外文化贸易发展逻辑

我国文化贸易政策的发展过程，分析国务院《关于加快发展对外文化贸易的意见》对我国文化贸易发展的意义，并进一步指出在新的政策环境下，我国对外文化贸易的发展路径。

一、中国文化"走出去"支持政策发展脉络梳理

（一）涉外文化事项的规制阶段（2000年以前）

改革开放以来，国家一直十分关注中国文化"走出去"的问题，但在2000年以前，我国文化"走出去"大多是以"交流"的方式主动"送出去"，对以"产品"形式进行的对外文化贸易重视不足。即使有关部门的政策法规中涉及对外演出、展览、版权、合拍片等问题，其内容也基本是以"规制"为主，较少涉及政策支持与鼓励措施。

（二）对外文化贸易政策的起步阶段（2000—2005年）

我国的文化产业起步较晚，即使是在2000年国家明确提出大力发展文化产业之后的前几年里，我们的主要政策着力点仍然集中于文化产业概念梳理、统计等方面，对文化"走出去"问题的关注度和支持度都明显不足。

到2004、2005年，中国对外文化贸易逆差问题开始受到各界相关人士的重视，专门针对对外文化贸易的政策也开始出台。《关于加强文化产品进口管理的办法》（中宣发〔2005〕15号）是针对文化产品进出口问题的较早的政策法规之一。该办法从总量规模、结构以及行业分布等多个方面，对进口文化产品和服务进行了明确和细化，对文化主管部门的监管职能进行了界定，明确了网络游戏、音像制品、营业演出、境外影片等文化产品的进口管理办法，并提出实行文化产品进口经营许可证制度和年检制。

(三) 对外文化贸易政策的快速推进阶段 (2006—2013 年)

2006 年至今，是中国对外文化贸易政策的快速推进阶段，在大量相关政策开始出台的同时，政策的针对性、适用性、现实性也都明显提高。仅在 2006 年，国务院便连续颁布了包括《国家"十一五"时期文化发展规划纲要》在内的一系列政策法规，而在这些法规中，对外文化贸易所占的篇幅、表述的具体性都大有提高。2009 年 7 月，国务院常务会议审议通过了我国第一部文化产业专项规划——《文化产业振兴规划》，该规划将"文化产品和服务出口进一步扩大"作为五个主要目标之一，显示了国家对文化产品和服务出口的重视。党的十七届六中全会通过的《中共中央关于深化文化体制改革推动社会主义文化大发展大繁荣若干重大问题的决定》及十八大报告提出把我国文化产业建为国民经济支柱性产业，进一步增强我国文化产业的国际竞争力，不断提高我国文化贸易的整体实力；十八届三中全会又通过了《中共中央关于全面深化改革若干重大问题的决定》再次强调了我国文化产品、产业及国际文化贸易发展的总体目标，要求进一步提高我国文化开放水平，重点扶持和培育外向型文化企业，支持文化企业到境外开拓市场。

在这一阶段，中国文化"走出去"政策的主要特点可以被总结为"三化"即政策推进密集化、支持措施具体化和支持部门联合化。

(四) 形成全面系统的对外文化贸易政策支持体系 (2014 年 3 月以后)

在经历了上面三个阶段之后，国务院于 2014 年 3 月专门印发《关于加快发展对外文化贸易的意见》（以下简称《意见》），对我国对外文化贸易发展的总体要求、政策措施及组织领导等方面进行了特别阐述，是对我国对外文化贸易的重大利好，标志着我国已经形成全面系统的对外文化贸易政策支持体系，形成了我国对外文化贸易新的政策环境。

二、我国对外文化贸易新的政策环境

《意见》特别提出了要加快发展我国传统文化产业和新兴文化产业，加大在文化领域的对外投资，不断扩大我国文化产品和服务的出口，培育出一批具有国际竞争力和影响力的外向型中国文化企业，形成一批具有核心竞争力的文化产品，打造一批具有国际影响力的文化品牌，搭建若干具有较强辐射力的国际文化交易平台，提高对外文化贸易额在对外贸易总额中的比重，扩大国际市场中我国文化产品和服务的份额，扭转我国核心文化产品和服务贸易逆差状况，争取在宏观上显著提升我国文化整体实力和竞争力，在2020年完成我国对外文化贸易的发展目标。

《意见》强调了坚持"统筹发展、政策引导、企业主体、市场运作"四个基本原则。坚持政策引导，按照国务院的意见精神转变政府职能，不断总结这些年我国文化产业发展和对外文化贸易的经验和教训，减少对文化产业和对外文化贸易的行政干预，依法对文化产业和贸易进行监管，按照对外文化贸易发展规律推动对外文化贸易；坚持企业主体，鼓励和支持各类文化企业开展和从事国家法律法规允许经营的对外文化贸易业务，特别强调国有、民营、外资等各种所有制文化企业从事对外文化贸易业务时享有同等待遇；不断加大政府对外向型文化企业的培育和扶持力度；坚持统筹发展，将促进我国经济结构调整、产业结构优化升级和扩大内需、改善民生与发展文化产业和推动对外文化贸易相结合，不断拉动消费和投资增长，努力促进服务业发展；坚持市场运作，利用市场作用积极创新文化内容和文化"走出去"模式，不断优化文化资源配置，激发社会活力，努力打造出我国文化出口竞争新优势。

在现行政策的基础上，《意见》从四个方面全面系统地用15个分类提出了我国对外文化贸易发展的政策措施。

一是明确支持重点，鼓励各种所有制文化企业从事国家法律法规允许经营的对外文化贸易业务。要求进一步完善《文化产品和服务出口指导目录》，定期发布《国家文化出口重点企业目录》和《国家文化出口重点项目目录》，加大对入选企业和项目的扶持力度；鼓励和引导文化企业加大内容创新力度，创作开发体现中华优秀文化、展示当代中国形象、面向国际市场的文化产品和服务；支持文化企业拓展文化出口平台和渠道，鼓励各类企业创新合作方式、建设国际营销网络、积极参加境内外重要国际性文化展会、借助电子商务等新型交易模式拓展国际业务；支持文化和科技融合发展，鼓励企业开展技术创新，增加对文化出口产品和服务的研发投入，开发具有自主知识产权的关键技术和核心技术并积极利用国际先进技术，提升消化、吸收和再创新能力。

二是加大财税支持。在财政政策上，《意见》提出要充分发挥财政资金的杠杆作用，综合运用多种政策手段，对文化服务产业国际贸易的各个环节给予支持，中央和地方有关文化发展的财政专项资金和基金要加大对文化出口的支持力度；在税收政策上，明确了对国家重点鼓励的文化产品和服务出口全部实现增值税零税率或免税，这是税收政策方面的较大突破。同时，《意见》明确提出文化企业也可享受服务外包企业相关税收优惠政策。

三是强化金融服务。《意见》鼓励金融机构按照风险可控、商业可持续的原则从信贷、融资、债券、证券化产品、保险、担保、境外投资、外汇管理等诸多方面实现突破，为文化企业从事产品和服务出口、海外并购投资等业务拓展新的融资渠道，提供优质金融服务。

四是完善服务保障。《意见》将文化出口重点企业与海关企业分类管理相衔接，优先提供通关便利，对时效性较强的文化产品实行集中申报，为文化产品出口提供24小时预约通关服务；对暂时性出国（境）货物减少行政审批事项，简化文化出口手续，提高通关速度；对国有文化企业出境相关业务人员不设出国（境）指标，简化因公出国（境）审批手续，出国一次审批、全年有效。此外，《意见》要求加强开展文化知识产权价

第四章　从市场占有到价值引领：中国对外文化贸易发展逻辑

的研究和评估，为面向境外市场生产销售外语出版物的民营文化企业配置了专项出版权。支持文化企业开展涉外知识产权维权，加强知识产权保护、为文化企业开拓海外市场提供信息和公共服务；加强对外文化贸易复合型人才培养，建立健全对外中介组织，发挥其在出口促进、行业自律、国际交流等方面的作用，营造出良好的对外发展环境。

《意见》特别强调各地各部门加强组织领导，尽快制定具体实施方案，完善和细化相关政策措施，确保政策落地，取得实效。明确要求商务、宣传文化、外交、财税、金融、海关、统计等部门整合资源，统筹协调，建立健全对外文化贸易工作联系机制，推进各项政策措施的制订与落实，加强和完善对外文化贸易及文化领域对外投资统计，统一发布对外文化贸易和对外投资统计数据，结合《文化及相关产业分类（2012）》修订和完善文化产品和服务进出口统计目录。

三、加快发展对外文化贸易的设想和措施

（一）积极探索中国特色文化内容走向世界的创新战略

据《中国经营报》调查，国外观众对中国文化产品的需求首选"中国悠久的历史和传统文化"，对中国传统文化的兴趣高于现代题材，两者的比例分别为66%和34%。这样的数据表明，在我国文化产品与服务的国际贸易中，有鲜明中国特色的文化内容对于提升我国文化出口国际竞争力具有重要意义。然而，在现今越来越强调高速高效信息传播的时代背景下，中国传统文化内容含量过高也会因为国外受众对我国语言、历史等一系列客观因素的不熟悉而产生巨大的文化折扣，影响我国文化产品与服务在国际市场上的接受程度。这样的两难处境更是为我国从事国际文化贸易的企业、研究者及相关政府部门提出了极大挑战。如何在体现我国优秀差异性文化的基础上更好地为国外受众所接受，需要国际文化贸易全产业链整个实践流程的共同努力。

我们要明确在中国文化"走出去"参与国际竞争的过程中必须采取融合性策略,即以中国视角、中国立场积极介入全球普遍问题和人类共通性主题。不仅要用具有中国特色文化色彩的方式讲述国外受众易于接受的诸如爱、梦想、希望等世界人民共有的情感与主题,让国外受众在享受我国产品和服务的同时潜移默化地熟悉并接受我国特有的文化;也要注意强化我国文化话语权,开拓文化公共表达空间,在文化产品与服务生产制作的过程中注重创意的运用,在与世界其他文化贸易大国合作的过程中积极学习成功经验,尽量减少世界上已经形成影响力的中国元素(如功夫、杂技等)对我国文化产品创新带来的局限,更好地传递中国声音。

中国文化"走出去"的根本目的在于积极发出中国声音,提升中国文化软实力和中华文化国际影响力,为我国大国崛起创造更为良好的国际环境。因此,打造基于创意创造、生产制作、内容接收的完整实践流程,研究各个内容生产主体的创新理念、价值表达、类型特征、潮流趋势、方法技巧等内容,讲好中国故事,传播好中国声音,阐释好中国特色就显得尤为重要。而国际文化贸易相关领域的研究者们更需要有所突破,通过国际性、艺术性、媒介性、现代性、民族性、主体性等多个视角的研究,构建起具有中国特色、卓有成效的传播内容创作及生产的战略格局。

(二)打造立体化的推动中国文化艺术产品"走出国门"的整合营销传播体系

早在 2005 年颁布的《关于进一步加强和改进文化产品和服务出口工作的意见》(中办发〔2005〕20 号)中,我国便将"运用多种方式,加强出口渠道和国际营销网络建设"明确列为今后对外文化贸易的主要战略任务。在中国对外文化贸易逆差不断缩小的情况下,如何构建稳定的海外营销渠道,确保中国文化产品"走出去"过程不受渠道制约,更是迫在眉睫,而打造立体化的推动中国文化艺术产品"走出国门"的整合营销传播体系则是在此背景下拓宽海外营销渠道、推动我国文化产品与服务海外市

第四章　从市场占有到价值引领：中国对外文化贸易发展逻辑

场拓展的有效举措。

在市场营销中整合营销是指一种对各种营销工具和手段的系统化结合，根据环境进行即时性的动态修正，以使交换双方在交互中实现价值增值的营销理念与方法，把各个独立的营销综合成一个整体，以产生协同效应。在国际文化贸易中，中国文化艺术产品的整合营销实际上就是要借鉴国际市场经验，从产品的定位、翻译、市场策略、营销渠道、海外交易平台、海外交流活动、国际传播能力等方面均加以重视，每一环节都以产品"走出去"，增强我国文化影响力与软实力为目标，实行符合市场规律和消费者心理的营销措施。

具体来说，在产品定位上，由于文化产业是一个非常庞大而复杂的体系，不同的产品服务面向不同的顾客群体时，其营销战略和策略有着很大的不同，所以了解目标受众的消费习惯与偏好，进行科学的市场细分，根据文化消费者不同的需求特点、购买行为和购买习惯等，把一个统一的文化大市场划分为若干个文化小市场，以便针对文化小市场的不同特点进行文化产品的营销是文化产品营销时最先要考虑的重要环节。

翻译环节，对于我国文化产品与服务的国际贸易来说既是重点也是难点。不同语言之间的转换本就不仅仅是语言文字的变化，更多地涉及翻译前后两种语言存在的不同环境与历史积淀，加之汉语属于汉藏语系，与世界使用范围最广的英语分属两大不同语系，亚洲与欧美在生活习惯、历史风俗等方面又有极大的差别，因此我国文化产品在国际贸易中的翻译难度也相对更大。做好文化产品的翻译工作是使我国文化产品与服务得以走出国门，被国外受众接受的第一步。

而在市场策略方面，量体裁衣，实行市场营销战略和全方位的产品宣传，是国外抢占文化产品国际市场的成功做法。文化产品的生产者必须针对国外不同消费环境和消费对象，在文化产品、服务方面采用不同载体和表达方式并进行多渠道的全方位宣传。除少数情况外，文化产品和文化服务必须针对特定国外消费群体量体裁衣和定制定做，并且尽量考虑现代形式，比如精美的外形和包装，实现双语甚至多语的配套。同时，需要靠宣传营造出文化产品的市场需求，便于其尽快进入并占领市场，进而带来丰厚的收益。

海外交易平台的建设，同样是整合营销中的重要一环。目前，国内文化产品出口主要有前文提到的两种渠道，即国内国外的文化产业博览会和通过外国发行公司代理。这两个渠道有一定的效果，但都有其局限性。博览会在展览季之后经常性不够。依托国外的发行公司，好处是成本低、市场风险小，不足之处是丰厚的发行利润让其他国家拿走了，生产商实际上只赚了个吆喝。所以，大力增加文化产品发行网络和发行渠道，对于中国文化出口意义重大。

在国际传播能力建设方面，不仅需要我国相关政策措施对于提升我国文化软实力的大力支持，还需要文化产品与服务出口企业加大海外合作力度，加快经验借鉴的步伐，让更多有中国特色的文化产品走出国门，被海外受众所熟知并接受。海外传播不仅要注重覆盖率，还要注重到达率。

（三）统筹国际国内两个市场，培育世界一流文化企业，加强对外文化贸易的品牌建设

品牌是一种识别标志、一种价值理念和精神象征，是品质优异的核心体现，是构成产品独特市场形象的无形资产，是一个产业进入国际市场的根本保证。在国际上，众多知名企业经过长期的积累和建设，以核心视觉要素即文化符号为基础的创意文化类衍生产品的开发及其应用机制已经相当完善，同时围绕着创意文化衍生产品的多维化开发，在各类宣传和推广中积极构建和谐统一、具备强烈识别效果的文化形象，全方位地塑造和强化品牌的文化内涵和视觉感染力。

在当今信息时代和"眼球经济"迅速崛起的文化产业宏观世界里，品牌的力量和作用更是不容小觑。美国迪士尼用想象力创造一流的内容故事，基于故事，结合高科技进行电影、主题公园设计建设，创造出一个世

第四章 从市场占有到价值引领：中国对外文化贸易发展逻辑

界著名文化产业品牌。如今只要按下迪士尼品牌的一个按钮，这部庞大的文化全产业链就能从电影做到乐园、从商品做到舞台剧、从出版物做到教育等各个领域，为企业和世界创造出不菲的美国文化和经济价值。

和迪士尼不同的是，荷兰人 Florentijn Hofman 带着他 2007 年由一场海运事故的灵感设计的大黄鸭，一站站地穿行在澳大利亚、美国、新西兰、德国、中国等多个国家，在每个国家都能引起轰动，一不小心就成为知名品牌，2013 年 5 月 2 日至 6 月 9 日大黄鸭在香港维多利亚港与游客见面，除了期间举办各种活动外，同时成功推出大量包括食物、服装、饰品、玩具、电子产品等各种衍生产品，大黄鸭也从低附加值的廉价玩具变成艺术贵族，以优雅的姿态接受着无数人的朝拜。在北京展出的一个多月时间里，接待大黄鸭的北京园博园和颐和园两所公园，门票及其他收入分别过亿。来自全国各地的游客争相涌入北京与大黄鸭合影留念，为衍生品售卖、餐饮、住宿、交通等周边产业带来了总收益超过 2 亿元的巨大经济效益。大黄鸭被赋予怀旧等人类共同的情感，开始了在当今眼球经济时代"全民合影"的狂欢，举办着一场场插着大黄鸭品牌标签的不断带来巨大经济效益的商业盛宴。

由此可见，对于文化产业来说，品牌出票房、出效益、出产品，品牌的创立、发展和占有不仅仅体现在文化交易的数量增长，更是文化产业与贸易行业深度融合的绝佳契合点，它会刺激文化企业技术、信息、产品的外部延伸，助力文化产业的多元化发展，促进关联产业的深度融合，培育市场经济新增长点。

国际市场的普遍规律是 20% 的强势品牌占据着 80% 的市场。发展品牌就是建立和拓展一种新的特权。这一规律也同样适用于文化贸易和文化产业。强大的好莱坞电影品牌使得各式大片主宰着全球电影市场；品牌效应让日本的动漫占据着全世界 60% 的动漫市场；韩国《八月照相馆》《大长今》《来自星星的你》等名牌影视剧的打造，金喜善、裴勇俊、张东健、金秀贤等韩国明星阵容的强力推出使得韩国文化产业取得了世人瞩目的成功,今天的"韩流"在中国乃至世界范围内势不可挡。《韩国经济新闻》在"品牌经营"专题报道中指出:"在想到某个国家和企业时,首先浮上人们脑海的是那个国家和企业的品牌。现在,品牌具有的意义已经超越单纯的商标和标志,它不但是企业,也是一个国家竞争力的源泉。"从国际文化贸易成功经验看,企业是文化产品的制造者和推广者,是文化市场的开拓者,是文化市场的主体和跨国经营的承担者。没有名牌的企业就不可能在国际文化贸易中打开局面,更不可能形成国际文化的竞争力。统筹国际国内两个市场,创建和依靠国内一流企业让中国文化产业"走出去"并在国际文化贸易舞台上成为主角,改变中国目前在国际市场上尚无品牌性文化企业和产品的现状,打造出具有国际竞争力的品牌性文化企业和重大项目,是中国对外文化贸易的重点所在,是中国当前对外文化贸易的重要的战略任务之一。

(四)加大国际化文化贸易人才培养力度,制定国际文化艺术人才培养和发展战略

文化创意产业的突出特点是资金密集、人才密集和智力密集。人才竞争是一切竞争之本,文化贸易人才是极为重要的稀缺资源。在21世纪以人才为本的时代,人才的短缺必将成为我国国际文化贸易发展的"瓶颈"。加之国际文化市场的需求千变万化,熟悉国际文化市场特点的创作人才、营销人才和法律人才严重匮乏。谁能有效地开发和利用人才,谁就能掌握产业发展的制高点,谁就能保持旺盛的生命力和活力。

在转型期的社会状态下,思维方式单一、能力和素养"单边",要做好文化创意产业是不可能的。在这样的态势下,复合型的"全能人才"既懂经营,又会管理,既坚持正确的政治方向,又熟悉国际规则和境外文化产业运作方式,既懂得专业业务知识,又了解市场情况,他们既是策划者,又是制作者,还可以是发行营销人员,这便是复合型人才适应国际文化贸易行业需要的可贵之处。复合型人才的培养需要在人才的素质教育、

第四章　从市场占有到价值引领：中国对外文化贸易发展逻辑

专业能力、国际视野、实践经验等多方面入手，在理论知识传授的同时，辅以实践，将理论知识落到实处，思维与实践共同培养。因此，我们应该研究我国文化贸易人才市场现状，根据我国文化艺术"走出国门"战略以及文化传媒市场的需求，制定国际文化艺术人才培养和发展战略。充分发挥高校在文化人才培养方面的优势，加大国际化文化贸易人才培养力度。鼓励和支持高校加强文化贸易学科和专业建设，建立文化贸易经营人才培训基地。商务、文化等相关部门要加强合作，通过联合举办各类培训辅导班，提高对外文化工作者的综合素质和业务水平，加快培育掌握外语技能、熟悉国际文化市场运作规律的文化贸易经营管理人才和专业技术人才。

第四节　从市场占有率到价值引导力：中国对外文化贸易的新趋势[①]

当前，中国文化产品出口的高速增长已成为国际文化贸易领域的一道亮丽风景线，文化贸易、文化交流与文化传播良性互动，开创了中国文化"走出去"的新格局。但同时，文化服务出口数量少、质量低、增长慢，也是中国对外文化贸易中不可忽视的"短板"。对此，我们应扩大文化服务出口，从市场竞争力、社会影响力和价值引导力三个维度扎实推进中国文化"走出去"。

近年来，中国对外文化贸易持续高速增长，中国文化产品在国际文化市场上的份额不断扩大，竞争力显著增强。随着"一带一路"倡议的展开和数字技术的飞速发展，对外文化贸易领域出现了许多新的亮点，也面临

---

① 本节内容最初发表于2018年第15期《人民论坛》，作者：李怀亮。

着许多新的机遇和挑战。面对新形势,中国对外文化贸易应实现"两个转变":从注重文化产品出口向注重文化服务出口转变;从注重市场占有率向注重国际社会影响力和价值引导力转变。

一、中国文化产品出口的高速增长已成为国际文化贸易领域的一道亮丽风景线

根据2016年3月联合国教科文组织发布的《文化贸易全球化:文化消费的转变——2004—2013年文化产品与服务的国际流动》报告,2013年,中国文化产品出口总额已达到601亿美元,成为世界第一大文化产品出口国,高出排名第二的美国(279亿美元)一倍多。

近年来,中国对外文化贸易保持了良好的发展势头。根据商务部公布的数据,2017年,我国文化产业进出口总额达到1265亿美元,其中文化产品和文化服务总出口额为943.6亿美元,文化产品出口额为881.9亿美元,文化产品贸易顺差为792.6亿美元。

国际版权组织衡量一个国家文化产业竞争力的指标总共有三个:文化产业在GDP中所占比重、文化产业就业人口数量和文化产业出口能力。我国文化产业总出口额达到近千亿美元,这是一个很大的成就,这个数字接近于21世纪初全球文化产品出口额的总和,表明我国文化产品的国际市场占有率和国际市场竞争力已经得到了很大提升,也说明我国文化产业发展水平迈上了一个新台阶。

近十年来,欧美国家在国际文化市场结构中所占份额呈现出逐渐缩小的态势,增长速度也在放缓;金砖国家等新兴市场国家在国际文化市场中的比重逐步增加,增长速度较快;而中国文化产品在国际文化市场中的比重迅速扩大,增长速度是全球最快的。

文化贸易、文化交流与文化传播良性互动,开创了中国文化"走出去"的新格局。文化交往的过程,往往是不同文化相互冲突、相互适应、

第四章　从市场占有到价值引领：中国对外文化贸易发展逻辑

相互学习、相互促进的过程，从而克服彼此固有的不足，吸取彼此的精华，共同促进人类社会的进步。作为文化交往的重要手段，文化贸易的作用越来越突出，但文化贸易不能孤立进行，必须要与文化交流、文化传播形成良性互动。我国举办的大型文化活动，如中法文化年、中俄文化年、北京奥运会等，都对中国文化走向海外起到了重要促进作用，这些均可视为中国文化"走出去"的基础性工程。到目前为止，中国已经在三十多个国家设立了中国文化中心，中国环球电视网（CGTN）也在许多国家落地，对中国文化的国际传播发挥了重要作用。特别值得一提的是遍布全球的孔子学院，对中国文化的"走出去"起到了基础性支撑作用。孔子学院在2006年共投入0.44亿美元，到2016年，这一数字上升至3.14亿美元，相较2006年增长了615.29%，平均年增长率为61.53%；孔子学院的数量在2006年仅为122家，到2016年攀升至513家，从2006年至2016年数量增长了320.49%，平均年增长率为32.05%。同时，孔子学院的注册学生数以及参加汉语考试的人数均有显著增长，有效带动了汉语和中国文化的国际传播，也有力推动了中国对外文化贸易的发展。

数字技术带动文化出口，游戏和数字内容产业成为中国文化出口的新亮点。科技创新推动文化产业转型升级和提质增效，催生了新的文化业态，改变了文化产业的商业模式和贸易方式，带来了文化贸易新的增长点。在中国，互联网技术和数字技术成果带来的商业进展，已从蓄势待发进入群体迸发阶段。全业务流程的智能化，线上线下的融合，以及消费的场景化与个性化，使中国文化产业发生了质的飞跃。未来，大数据、物联网、区块链、人工智能等技术的运用，将会为文化产业和文化贸易插上翅膀。

近年来，游戏产业和数字内容产业异军突起，成为中国文化"走出去"阵营中的新亮点。从2008年到2017年，中国游戏产业的实际销售收入增长了约11倍，中国自主研发网络游戏海外市场销售收入同期增长了118倍，在所有文化产业门类中是增长最快的。在数字内容出口方面，数字影视内容、网络文学和数字音乐增长较快。网络文学规模从 2012 年的 26 亿元迅速增长到 2017 年的 130 亿元。中国网络小说正在成为一种蓬勃兴起的文化现象，一种正在代表中国、影响世界的新文化标签。

在网络游戏和数字内容出口方面，腾讯公司是领军企业。在网络游戏领域，腾讯从 2017 年以来开始在海外布局、进行海外投资，精准地网罗了一批海外 PC 端游戏制作公司，包括制作《过山车大亨》的 Frontier Developments、推出第一视角 VR 游戏《Coffin Dodgers-VR》和 PC 端竞技场战斗游戏《超级热血锦标赛》（Hyper Brawl Tournament）的 Milky Tea、风靡当前的网络游戏《绝地求生》的制作公司蓝洞（Bluehole）和老牌游戏制作公司育碧公司。毫无疑问，腾讯公司将因此占领国际游戏产业的制高点。在数字内容方面，面对国内网络文学竞争的白热化，腾讯已将目光转向国外，开拓新的消费市场。国外网络文学读者沉迷中国仙侠、穿越文学，我国网络文学等新兴业态的创新全球领先，其内容质量、产量和服务模式已趋于成熟。坐拥阅文集团这一巨大的国内 IP 资源，可以想见腾讯将进一步严格筛选原创 IP，将真正具备国际化思维的有潜质的 IP 递送给具备国际化制作能力的团队，从全球领域去思考 IP 的衍生和变现。

二、"一带一路"沿线国家成为中国对外文化贸易的新热点

随着中国对"一带一路"沿线国家投资、贸易的增长，这些国家的人民渴望了解中国文化的热情持续增强。这种好奇心将会带来"一带一路"沿线国家对中国图书、电影、电视节目、演艺、动漫、网络游戏、创意设计等文化产品和服务的强劲需求，中国对"一带一路"沿线国家的文化出口也将呈现爆发性增长态势。

为加强与"一带一路"沿线国家和地区的文明互鉴与民心相通，切实推动文化交流、文化传播、文化贸易创新发展，2016 年，文化部制定了

《"一带一路"文化发展行动计划（2016—2020年）》。据此，文化部积极与"一带一路"沿线国家和地区签署政府间文件，深化人文合作委员会、文化联委会等合作机制，为"一带一路"文化发展提供有效保障。目前，面向"一带一路"国际文化市场的文化产业发展格局初步形成，文化企业规模不断扩大，文化贸易渠道持续拓展，服务体系建设初见成效。

"一带一路"沿线国家作为中国文化贸易对象国的重要性显著上升。随着"一带一路"沿线国家文化市场与中国文化市场的联系更加紧密，中国强大的文化消费需求将逐步外溢到"一带一路"沿线国家。"一带一路"建设将成为经济全球化的新主角，对经济全球化产生重大影响。在这条和平之路、繁荣之路、开放之路、创新之路、文明之路上，文化贸易必将发挥其独特优势。

三、文化服务出口数量少、质量低、增长慢，是中国对外文化贸易中的"短板"

在中国文化产品出口多年以来持续高速增长的同时，中国文化服务出口却一直徘徊不前。根据2016年3月联合国教科文组织发布的《文化贸易全球化：文化消费的转变——2004—2013年文化产品与服务的国际流动》报告，2004—2013年间全球文化产品贸易增长最快的国家是中国，中国文化产品出口已稳居世界第一。然而形成强烈反差的是，这期间全球文化服务出口排名前10位的国家分别是：美国、英国、法国、加拿大、荷兰、瑞典、爱尔兰、比利时、韩国、意大利。中国文化服务出口排在二十名之外。时至今日，中国文化服务出口的状况并没有得到较大改善。2017年，我国文化服务进口为232.2亿美元，出口为61.7亿美元，不到文化产品出口额的十分之一，逆差达170.5亿美元。

中国文化服务出口数量少、质量低、增长慢，反映出中国对外文化贸易结构不合理、发展不平衡的问题。在中国文化产品出口结构中，乐器、工艺品、珠宝首饰，特别是黄金饰品占了很大比例，由于金价上涨，客观上推高了中国文化产品的出口总额。在我国出口的文化产品中，缺少以内容为核心的产品，电影、电视剧等视听产品和音乐类录音制品所占比例较小，这反映出我国文化产业在创意性、思想性、感染力、影响力和价值引导力等方面的不足。

四、从市场竞争力、社会影响力和价值引导力三个维度扎实推进中国文化"走出去"

面对文化贸易工作的新形势，我们应该对以往的工作进行认真总结和客观评估，积极调整战略，促进中国从注重产品贸易向注重文化服务贸易转变；从注重市场占有率向注重国际社会价值引导力转变。

首先，把文化服务贸易纳入国家服务贸易整体战略中，大力发展文化服务贸易。在新一轮经济全球化展开之际，服务贸易开始成为推动全球自由贸易进程的新动力。全球自由贸易进程越来越依赖于服务贸易，服务领域的市场开放程度直接影响全球投资，以及与之相关联的双边、多边自由贸易进程，服务贸易对形成全球贸易投资新规则的影响越来越大。

自加入WTO以来，我国服务贸易发展速度较快，规模不断扩大，但我国的服务贸易结构却一直以资源密集型和劳动密集型产业为主，其中运输、旅游及建筑这三大传统行业构成我国服务贸易的结构主体；而金融、保险、专利、电影电视、音乐、演出等知识、技术密集型行业则占服务贸易总额的比重较小，有待完善。

制约我国服务贸易发展的因素很多，比如我国服务业基础薄弱，发展相对滞后；人们对服务业的认识仍停留在餐饮、旅游、运输等部门，对现代服务业有认知偏差；缺乏技术和人才支持，尤其缺乏熟悉国际运输、国际金融、国际商法等业务的复合型人才，难以为我国服务业的发展提供足够的智力支撑，等等。更重要的是，我国服务贸易市场准入限制较高，整体开放不足。在通讯、金融、航空、广告影视等行业，我国均设有较高的市场准入限制和国内管制，缺乏竞争，企业转型升级动力不足。此外，知识产权保护不足也使企业缺乏创新创业动力。

文化服务贸易在所有服务贸易项目中处于高端位置，是技术密集、知识密集、文化密集、创意密集和内容密集的行业。文化服务贸易更能体现文化内涵，带动中国优秀传统文化"走出去"，能够反映当代中国人民的精神风貌和生活方式，应当放在中国对外文化贸易的优先发展地位。

其次，中国对外文化贸易，必须实现从市场占有率向国际社会价值引导力的转变。2016年召开的中央全面深化改革领导小组第二十九次会议指出，要"增强中华文化亲和力、感染力、吸引力、竞争力，向世界阐释推介更多具有中国特色、体现中国精神、蕴藏中国智慧的优秀文化，提高国家文化软实力"。我们应从中国文化国际市场竞争力、国际社会影响力和国际价值引导力三方面对中国对外文化贸易工作进行衡量。

一是中国文化国际市场竞争力，包括广度、市场占比、用户规模、参观旅游人次、覆盖率、受众构成、访问量等，是一个越多越好的概念。二是中国文化国际社会影响力，包括需求偏好、用户粘性、接触频度、深度访问率等。这两个指标体系的可量化度是比较强的，但市场竞争力（认知）和社会影响力（态度）还属于浅层效果。三是中国文化国际价值引导力（行为），这是中国文化"走出去"效果评估的最高维度，衡量的是中国文化传播意图对国际受众行为的强化程度。

中国对外文化贸易工作虽然已经取得了突出的成绩，但根据总目标的要求来判断，中国对外文化贸易的整体现状与我国的经济实力和国际地位、深厚的文化底蕴和丰富的文化资源、综合国力竞争日趋激烈的形势还有不相适应之处。我们应积极促进世界文明互鉴，从市场竞争力、社会影响力和价值引导力三个维度扎实推进中国文化"走出去"。

第五章　统筹国际国内市场：中国文化"走出去"路径

中国文化"走出去"是中国文化贸易走向国际的必由之路，也是中国形象构建的最佳载体。中国文化产业"走出去"面临的最大瓶颈就是统筹国际国内两个市场，这也是中国文化产业发展到一定阶段的必然要求和必然选择，其关键在于市场规则体系的统一，市场规则体系不同，是造成文化贸易摩擦的直接原因。由于文化传统、意识形态、贸易壁垒等原因，在市场准入、产权制度、市场机制等方面，国内文化市场与国际文化市场之间仍然存在着巨大鸿沟，直接导致我国的文化产业至今仍是内循环产业而不是外向型产业。我国文化出口还存在出口结构失衡、文化出口内容单一、出口贸易效益低下、出口区域过于集中、出口渠道狭窄等一系列问题，为促进文化走出去以及与国际市场接轨，我国进行了文化保税区的探索与实践。当然，在微观企业层面，企业需要将国际市场导向贯彻于价值创造全过程。

多年来，我国在文化"走出去"方面做了众多探索与实践，然而从文化"走出去"的效果来看，我国仍面临着严重的文化"逆接受"的困局。中国威胁论、中国崩溃论、修昔底德陷阱论等众多以美国为代表的国家言论，使中国文化活动在海外遭遇认知曲解、态度敌对和行为排斥。受众的前构性知识差异造成的无意曲解、对抗性解码以及传播方式的水土不服等

第五章 统筹国际国内市场：中国文化"走出去"路径

均是产生这一现象的底层原因。应对文化"走出去"的逆接收效果，最重要的还是建立一套被国际承认的话语体系，具体来看，建立人类命运共同体话语体系是具有合理性的，在此基础上，采取"合作+抗争"的方式来化解故意打压，建立以受众为核心优化传播方式，才能提升中国文化"走出去"的接受度和影响力。

那么在国际竞争的大背景下，文化"走出去"的效果到底如何评估？怎么样的文化"走出去"实践是好的实践？建设一套科学、客观、可量化、可操作的中国文化走出去效果评估体系已经成为一项迫切任务。这套评估体系须突破西方主导的文化评价规则，实现学术方法的创新和理论创新，并有助于澄清国际国内对中国文化走出去的一些认知偏差，树立文化自信，还须涵盖中国媒体国际传播的效果评估、国家大型文化交流与传播项目的效果评估、中国文化资本、产品和服务走出去的效果评估、中国文化海外用户消费行为模式研究以及对走出去支持政策进行绩效评估等重要范围。从中国文化国际市场竞争力、国际社会影响力和国际价值引导力三方面对中国文化走出去效果进行评估，由此，构建中国文化走出去效果评估体系，应当从认知、态度与行为三阶段传播效果入手，构建整体评估框架，为指标体系的设计奠定基础。

第一节　文化"走出去"须统筹国际国内两个市场[①]

国内市场和国际市场是一个相互依存的关系。统筹国际国内两个市场，是中国文化产业发展到一定阶段之后的必然要求和必然选择，也是中

[①] 本节内容最初发表于 2015 年第 7 期《现代传播（中国传媒大学学报）》，作者：李怀亮。

国文化产业"走出去"的最大瓶颈，是中国从文化产业大国向文化产业强国迈进的战略调整机遇。统筹国际国内市场的关键在于市场规则体系的统一，中国近年来致力于推动文化产品走向国际市场，但着力点基本上是各种政策优惠，而较少涉及市场规则体系的调整。今后应当从市场规则体系的调整入手，构筑文化强国的基础。

2014年3月国务院发布的《关于加快发展对外文化贸易的意见》提出要"统筹国际国内两个市场、两种资源……在更大范围、更广领域和更高层次上参与国际文化合作和竞争，把更多具有中国特色的优秀文化产品推向世界。"和国务院此前发布的同类文件相比，"统筹国际国内两个市场、两种资源"是一个新的提法。在文化产业全球化发展趋势日益明显的环境下，这种新的主张，对我国的文化贸易发展将会起到更加积极的指导作用。本节将对这一主张的形成进行一个历史的回顾，分析必须"统筹国际国内两个市场、两种资源"的深层原因，并从企业层面和市场规制层面进一步探索如何统筹国际国内两个市场的路径和措施。

一、"统筹国际国内两个市场"是中国文化产业发展到一定阶段的必然要求和必然选择

进入21世纪以来，中国非常重视文化产品"走出去"工程，并积极探索"走出去"的路径和措施。

近年来，国家层面有关"走出去"的主要政策文件有：（1）中共中央办公厅、国务院办公厅颁布《关于进一步加强和改进文化产品和服务出口工作的意见》（中办发〔2005〕20号）；（2）国务院办公厅转发财政部等部门《关于鼓励和支持文化产品和服务出口的若干政策》（国办发〔2006〕88号）；（3）商务部、外交部、文化部、国家广电总局、新闻出版总署、国务院新闻办公室《文化产品和服务出口指导目录》；（4）商务部、文化部、国家新闻出版广电总局、中国进出口银行《关于金融支持文化出口的

第五章 统筹国际国内市场：中国文化"走出去"路径

指导意见》；(5) 商务部等十部委《关于进一步推进国家文化出口重点企业和项目目录相关工作的指导意见》（商服贸发〔2010〕28号）；(6)《关于加快发展对外文化贸易的意见》（国发〔2014〕13号）。除了这些专项文件之外，国务院发布的《文化产业振兴规划》和《中共中央关于深化文化体制改革推动社会主义文化大发展大繁荣若干重大问题的决定》等关于文化和文化产业综合发展的文献，也对发展对外文化贸易提出了指导性意见。

通过对以上政策的文本细读，可以发现政府对中国文化"走出去"的财政、税收支持力度越来越大，对中国文化"走出去"的主体、渠道、内容、策略等问题的认识越来越深入，思路越来越清晰。特别是对于国内国际两个市场关系的把握越来越准确。

这些文件对文化贸易作用的认识有一个不断深化的过程。2007年的《意见》更多是从扩大文化外交的角度来认识的。2009年的《意见》是这样表述的："将发展文化产业、推动对外文化贸易与促进经济结构调整、产业结构优化升级相结合，与扩大国内需求、改善人民群众生活相结合，促进服务业发展、拉动消费和投资增长。"一个人均收入1000美元的国家的消费者，与一个人均收入1万美元的国家的消费者，其消费偏好和欣赏水平肯定大为不同。因此，这两个国家之间的文化折扣就可能很大。所以，只有把文化产业、文化贸易和实体经济的发展结合在一起，文化和经济相互促进，才有可能真正提高文化国际竞争力。"丝绸之路"和海上丝绸之路，为文化贸易提供了新的机遇。

在2005年中办发20号文《关于进一步加强和改进文化产品和服务出口工作的意见》中，对于什么样的文化产品适合走到国际市场，什么样的文化产品难以适合国际市场的需求，并没有做出区别，支持力度也是一样的："支持和鼓励杂技、戏曲、戏剧、曲艺、音乐、舞蹈、民间文艺赴国外开展商业演出及美术品、工艺美术品等商业展览活动。"这种所有艺术门类、所有文化产品不加区别齐步走的做法，显然没有考虑到国内市场和国际市场的消费偏好和市场需求有很大差异，是一种一厢情愿的做法。虽然这个文件也提到"注重贴近不同国家和地区的实际，尊重其宗教信仰和道德标准，贴近各国人民对中国文化的需求，贴近国外受众的欣赏习惯"，但这与"统筹两个市场"还不是一个层面的概念。

2009年发布的《文化产业振兴规划》指出要大力发展对外文化贸易，"重点扶持具有民族特色的文化艺术、展览、电影、电视剧、动画片、网络游戏、出版物、民族音乐舞蹈和杂技等产品和服务的出口，抓好国际营销网络建设。支持动漫、网络游戏、电子出版物等文化产品进入国际市场。鼓励文化企业通过独资、合资、控股、参股等多种形式，在国外兴办文化实体，建立文化产品营销网点，实现落地经营"。这里提到的"产品进入""建设营销网点"和"在国外兴办文化实体"，主要还是我国文化产品走出去的方式和方法问题。2011年《中共中央关于深化文化体制改革推动社会主义文化大发展大繁荣若干重大问题的决定》指出要"推动中华文明走向世界""开拓国际文化市场"，但文件的概括性很强，并没有具体阐述如何"开拓国际文化市场"，也没有提及国际国内两个市场的关系。

2014年3月国务院发布的《关于加快发展对外文化贸易的意见》（以下简称《意见》）提出要"统筹国际国内两个市场、两种资源……在更大范围、更广领域和更高层次上参与国际文化合作和竞争，把更多具有中国特色的优秀文化产品推向世界"。这种"统筹国际国内两个市场、两种资源"的新思想，从国际文化市场竞争总体格局出发，统揽全球化时代文化竞争的新态势，更加贴近国际文化贸易的实际，不仅对我国文化产品走向国际市场具有更强的指导意义，而且站在一个新高度，对中国文化产业参与国际市场大循环、调整中国文化产业的发展方向，都具有重要的理论意义和实践价值。

第五章　统筹国际国内市场：中国文化"走出去"路径

二、国际国内两个市场的依存关系

(一) 产品出口国的可能性决定于它的国内需求

只有在国内已经存在大规模需求的产品，在国际市场上才会是具有最大的相对优势的产品。在长期地致力于满足国内需求的过程中，企业规模日益扩大，成本降低，产品就会具备国际竞争力。

在实体经济领域，国内市场与国际市场的相互依存关系已经得到了反复证明。瑞士手表、日本相机、美国飞机，都是以国内市场为立足点，进而占领国际市场的。在文化传媒产业，比较典型的例子是美国的电影和电视剧。美国的电影和电视剧有发育良好的国内市场。美国的电影和电视剧之所以在国际市场上具有竞争力，很大程度上是因为其在国内市场已经取得成功，可以收回成本并能够获得利润。这就使其在国际市场上拥有极大的价格优势。美国的两位学者迈克·杜培（Michel Dupagne）和大卫·沃特曼（David Waterman）在他们合著的《西欧进口电视剧的决定因素》中指出，假设一个国家的国民生产总值越高，或者这个国家的广播电视基础设施规模越大，这个国家从美国进口电视节目的比例就越低；相反，如果一个国家GDP越小，或者其广播电视基础设施规模越小，这个国家从美国进口电视节目的比例就越大。[1] 这说明，国内市场空间大、做得好，更容易取得国际市场的有利地位。相反，如果一个国家国内市场规模狭小，该国家就很难在国际市场上取得这种优势，而往往被别国淹没。最典型的案例是新加坡的纪录片制作公司。由于没有国内市场作依托，这些公司只能为美国的Discovery频道代工。

---

[1] Waterman, David, and Everett M. Rogers. "The Economics of Television Program Production and Trade in Far East Asia." *Journal of Communication*, Vol.44, No.3, 1994, pp.89–111.

(二) 两个国家的需求结构越相似，这两个国家之间的贸易量越大

如果两个国家的偏好越相似，需求结构越相似，即两个国家的需求结构中重叠部分越大，那么，这两个国家之间的贸易量也就越大。如果两个国家需求结构完全一样，一个国家所有的可供进出口的物品也就是另一个国家可供进出口的物品。

统筹国际国内两个市场的基础是消费者的需求偏好。从产业内贸易的角度来看，国际国内两个市场需求偏好越接近，发生贸易的可能性越大。所谓"产业内贸易"是指一个国家在出口的同时又进口某种同类产品。这里的"同类产品"是指按国际贸易标准分类至少前三位数相同的产品。① 他们既出现在一国的进口项目中，又出现在一国的出口项目中。"到目前为止，产业内贸易仍然主要在发达国家之间进行，并在工业化国家的制成品贸易中处于主导地位"②。根据联合国教科文组织提供的资料③，印刷品、文学作品、音乐、视觉艺术、摄影、广播、电视、游戏及体育用品的贸易，绝大部分是在少部分国家之间进行的。日本、美国、德国和英国是世界上最大的出口国，占全部出口额的一半；进口也高度集中于美国、德国、英国和法国。文化产品的进口和出口高度集中于少数几个国家的现象，属于典型的产业内贸易。文化产品及服务的进出口贸易主要集中于少数几个发达国家的原因还与这些国家的需求偏好相似有关。

---

① 根据1971年联合国颁布的《全部经济活动的国际标准产业分类索引》(SITC) 的标准来划分。根据这一标准，录音制品的分类号为8983，图书及其他印刷品的分类号为8921，艺术作品的分类号为8960。

② 陈家勤主编：《当代国际贸易新理论》，北京：经济科学出版社2000年版，第27页。

③ G. A. Cano (ed.), Culture, *Trade and Globalization*: *Questions and Answers*, New York: UNESCO Publishing, 2000.

(三) 消费资本积累会影响到文化产品的贸易模式

艺术消费非常容易使人上瘾 (addictive)。诺贝尔经济学奖获得者斯蒂格勒 (Stigler) 和贝克尔 (Becker) 1977 年在他们的论文《偏好是无可争辩的》一文中指出,从音乐消费中产生的边际效用依赖于消费者已经消费的总量及其欣赏音乐的能力,而欣赏音乐的能力又是以往音乐消费的一个函数。在消费音乐的过程中,消费者的"消费资本"会增加。受教育的程度越高,已经建立起来的消费资本越多,消费者的"消费资本"(consumption capital) 增长也就越容易。在价格及收入不变的情况下,消费资本的积累可能会导致消费者对音乐商品实际需求的变化[①]。把这一原理运用到文化艺术产品的国际贸易中来,把个人的消费积累扩展到社会消费资本积累,我们就会清楚地看到来自国外的陌生的艺术,最起码在刚开始的时候,都会遇到"文化折扣":此时,人们还没有像对待本国艺术那样建立起对外国艺术的个人消费资本,由于大家都不了解这种来自国外的艺术,社会的消费资本也有待于发展、培育。把语言、地理等因素考虑进来,各种文化之间越接近,相关消费资本上的差距也就越小,因此文化贸易也就越大。文化亲近是地理距离、共同语言及以往文化贸易历史等因素的一个综合函数。不同国家之间对外国文化艺术品的消费资本的积累是极不平衡、不对称的。然而,对外国文化艺术的消费资本一旦建立起来,对外国文化艺术的疏异感和异域色彩就会越来越淡。最终,文化消费资本积累的效果得到强化,它们会变成民族文化的一部分。

综上所述,根据产业内贸易和需求偏好理论,对照我国文化产业发展的现状,我国文化产业的主导取向不应该是与国际文化贸易趋势相悖的,而应该是与国际市场趋同的。任何一种资源都是相对于特定的技术手段而

---

① Etzioni, Amitai, "The Study of Tastes Will Set Thee Free", *The Journal of Socio-economics*, Vol.27, No.4, 1998, pp.475-479.

言的，民族文化的丰富资源需要现代的诠释才能够放出异彩。我们的文化产品只有让外国人能看懂，能理解，才有可能让他们喜欢，从而产生购买行为。

三、微观层面：文化企业如何统筹国际国内两个市场

文化企业要"走出去"，不是简单地把在国内生产好的文化产品卖到国外去那么简单。"走出去"不仅仅是销售环节的问题。文化产品要"走出去"，就必须把国际市场导向贯彻于企业价值创造全过程。本部分仅从文化产品的内容标准方面提出一些建议。

文化产品的内容定位，是一个国家文化产业在国际市场上形成品牌的首要因素。从对新加坡、日本、韩国和美国的文化产品内容定位战略的对比分析中，我们可以看出中国文化产业在"走出去"过程中应当秉持的态度。

首先，看新加坡的例子。新加坡的影视企业在走向国际市场时完全融入了国际市场，却失去了自有品牌的打造，没有成功做到两个市场的统筹。新加坡为了打破新传媒集团的垄断地位，鼓励民营影视企业发展，20世纪70年代成立了许多民营制片公司。这些公司开始主要给新传媒集团旗下的电视频道提供节目。但由于国内市场狭小，为了生存，这些民营独立制片公司把目光转向了国际市场。它们主要生产纪录片，最大的客户是美国的Discovery频道。这些公司完全按照Discovery内容标准进行生产制作，在创意、题材、观念、语言、叙事方式等方面，都严格按照Discovery的要求量身打造节目，以至于这些新加坡公司生产的纪录片在该频道播出后，观众根本不会发现这些节目的制作方是谁。对于中国的文化企业来说，新加坡独立制片公司的做法显然不是最值得学习的。中国文化企业走出去，既要追求经济效益，也要为增强中国的文化软实力做出贡献。如果完全按照美国电视频道的内容标准来生产，失去中国文化的灵魂，也就失去了走

第五章　统筹国际国内市场：中国文化"走出去"路径

出去的意义。

其次，从中外国际合作制片的案例来看，有些影视产品在内容定位上，既试图照顾中国文化特色，同时也照顾合拍方国家的文化特色。这种做法的出发点是要统筹国际国内两个市场，但结果事与愿违，做出来的产品非此非彼，不中不洋，国际国内两个市场都不买账。中澳合作制片的例子很能说明这个问题。对中澳合作制片来说，最大的挑战是能够编写出既适合两国观众的欣赏习惯又能与双方政府的要求相一致的剧本。而且，制片人想同时吸引中国观众和西方观众的努力和尝试，会把事情搞得非常复杂而且难以成功。事实上，要找这样一个能吸引不同国家观众的故事，是一件非常困难的事情。中澳双方在文化上存在巨大差异，很少具有文化相似性，也缺乏共同历史背景。这就意味着中澳合拍片剧本应当更多涉及所谓"国际内容"，如科幻题材，可能更容易成功。但这样就把题材限制到了很窄的范围。而且诸如科幻这样的"国际题材"是美国大片的长项。所以，虽然中澳双方于2006年签订了合作制片的双边协议，但在这个协议下合作的几部电影，没有一部成功。[①]

在内容定位上值得中国文化企业借鉴的是韩国的做法。韩国的文化产业具有非常明确的国际市场取向。从市场规模上来说，韩国文化产业的目标是要占到国际文化市场份额的5%以上。韩国音乐、服饰、影视、电器、游戏、足球等混合而成的"韩流"正以强劲的势头走向世界。韩国文化何以具有如此的冲击力？根本原因就在于其文化产品的内容战略一方面立足于本土传统文化，而另一方面不断学习先进然后创新出具有现代意识的内容形式。从题材类型上来分析，韩剧主要分三类——家庭生活剧、青春偶像剧与历史题材剧。在整体格局中，家庭生活剧比例最大（50%左右），青春偶像剧次之（30%左右），古装历史剧最少（15%—20%）。爱情是文

[①] 参阅彭伟英：《中外合作制片与中国文化软实力建设》，澳大利亚昆士兰科技大学博士学位论文。

学影视作品永恒的主题,韩国以男女之间的爱情为主题的电视剧出口最多。对于中国文化企业来说,立足于本土传统文化的观念已经为人们所熟知,但是,在如何以本土传统文化为基础,创造出具有现代意识的内容形式、降低国际文化贸易中的"文化折扣"影响,还需要做出进一步努力。

当然,除了内容战略之外,技术、投资、渠道和品牌等产业战略也很重要,限于篇幅这里就不一一讨论了。

四、统筹国际国内两个市场的关键:市场规则体系

"判断一国国内市场和国际市场的对接和统一程度,正确的途径应该是着眼于两个市场的市场体系、市场规则是否对接和统一。国内外市场对接和统一的基础是统一的市场规则。"[①] 随着我国经济的不断开放,特别是加入 WTO 以来,我国的市场经济地位得到国际认可,国内市场与国际市场接轨的速度加快,国内市场日益融入国际市场体系,国际国内两个市场的界限变得越来越模糊。由于一方面当前国际市场体系还不完善,另一方面国内市场离现代市场经济要求还有很大距离,两个市场的摩擦也在加剧。

特别是我国的文化产业,由于文化传统、意识形态、贸易壁垒等原因,在市场准入、产权制度、市场机制等方面,国内文化市场与国际文化市场之间仍然存在着巨大鸿沟。国际国内市场之间的巨大鸿沟,直接导致我国的文化产业至今仍是自说自话的内循环产业而不是外向型产业。衡量一个国家的某个产业是否发达,一般采用三个指数:对 GDP 的贡献、就业人口比例和外贸占总行业比例。世界版权组织发表的《世界版权产业报告》就是用这三个指数来扫描全球文化产业发展现状的。根据世界版权组

---

① 洪银兴、黄繁华:《统一市场规则对接国内市场和国际市场》,载《社会科学研究》,2005 年第 4 期。

第五章 统筹国际国内市场：中国文化"走出去"路径

织的资料①，和美国相比，我国出口占行业总收入比例很小，文化出口占整体出口比例很低。此外，我国文化出口还存在出口结构失衡、文化出口内容单一、出口贸易效益低下、出口区域过于集中、出口渠道狭窄等一系列问题。

为了推动文化产品和服务"走出去"，在与国际市场接轨方面，我国也进行了积极的探索和实践。文化保税区的实践就是一个很好的例子。文化保税实践与经济发展水平有着重要联系。其原因首先在于大规模对外文化贸易一般基于较高发展水平的社会经济，其受到产业结构、消费结构等多方面的影响。同时与经济区位、交通条件等联系密切。因而，目前我国文化保税走在前列的当属北京、上海、深圳这样地处三大都市圈的一线城市。

上海是国内首个推行文化保税的城市。2007年，上海在外高桥保税区率先搭建了上海国际文化服务贸易平台，并于2011年11月成为文化部命名的全国首个国家对外文化贸易基地。一年之后，由北京歌华文化发展集团与北京天竺综合保税区共建的北京国际文化贸易服务中心，成为继上海后文化部命名的第二个国家对外文化贸易基地，并借助园中园的实现形式，使北京成为目前国内唯一依托空港建立国家级文化保税区的城市。2013年12月，深圳实践文化保税，并成为继北京、上海之后，中国第三个拥有对外文化贸易基地的城市。

有别于市场经济完善的发达文化经济体，我国文化领域的改革开放同样采取渐进推进的方式。文化保税是具有中国特色的实践探索和创新。目前，走在全国前列的是上海外高桥保税区和北京天竺综合保税区。前者不仅起步早，发展基础和平台坚实，而且已经在文化产品的保税实践

---

① WIPO. COPYRIGHT INDUSTRIES in the U. S. Economy, the 2011 REPORT. http://www.wipo.int/copyright/en/performance/countrystudies.html（访问时间：2015年1月11日）。

上取得了成绩，积累了经验。后者启动虽晚，却有后发优势，发展快速。

制度突破对于目前文化保税而言似乎有些求全责备，毕竟是新事物、新现象，有待不断探索。然而，近几年的发展状况表明，即便对于文化保税走在前列的地区来说，在国家决意进一步提升对外开放水平以及大力支持文化"走出去"的背景下，文化保税领域改革创新的力度以及速度并非尽如人意，这集中表现在，更多关注政策优惠，在制度创新方面迟迟未有深入动作，如文化保税区的管理体制，是否会有多样性的经营主体，是否能扩大对文化企业的授权；能否进一步改革文化保税区的监管制度，减少对文化企业的直接干预，提升监管效率；可否依据文化保税的特殊性，完善或制定相关的法律制度，奠定文化保税区运作的法制基础等等。这些方面显然对于我国文化保税区未来的持续健康发展具有重要意义。

第二节 新秩序背景下我国文化"走出去"的逆接受效果分析[①]

当今世界正面临百年未有之大变局，中国将如何影响后疫情时代的世界秩序成为国际社会热议的话题。西方社会，特别是美国国内一些人出于对中国的忌惮宣扬中国威胁论、中国崩溃论、修昔底德陷阱论等观点。在这一背景下，旨在沟通中国与世界的中国文化"走出去"活动遭遇到逆接受效果，即中国文化活动在海外遭遇的认知曲解、态度敌对和行为排斥；聚焦中美，主要表现为美国政客攻击性言论的频现、国家级敌视态度的发布以及敌对行为的实施；而受众前构性知识的差异、故意对抗性解码、传

---

① 本节内容最初发表于 2021 年第 2 期《中国文化研究》，作者：李怀亮、刘冰冰。

第五章 统筹国际国内市场：中国文化"走出去"路径

者传播方式的不当是引发逆接受效果的重要原因。基于此，中国应建立双元化话语体系应对无意曲解、以"合作+抗争"应对故意打压、以受众为核心优化传播方式。

近几年，中国文化"走出去"在体量、结构以及效果方面取得了显著的成果。商务部数据显示，2019 年中国文化产品出口额达到 998.9 亿美元，同比增长 7.9%，而贸易顺差达到 883.2 亿美元，同期扩大 6.8%。① 同时，以中国网络游戏、网络武侠文学以及抖音短视频为领头的新兴文化产品在国际社会上崭露头角。然而，中国文化在国际上获得广泛知名度的同时，海外逆接受问题也随之浮现。其中，2017 年 2 月美国国家民主基金会发布的报告《锐实力——日益上升的专制影响》一文对中国文化"走出去"活动进行了全方位的歪曲化解读，马克·卢比奥参议员在看到这份报告后深受触动，于 2018 年 1 月向司法部提交了请求把中国 CGTN 和新华社登记为外国代理人的信函，这一举动是诱发逆接受言论上升为国家政策层面的催化剂。之后，美国政府对新华社、CGTN、中国广播电视台、《中国日报》《人民日报》五家重量级中国媒体的海外工作展开了一系列围追堵截。这一针对中国主流媒体的公然敌视行为并非偶发性事件，折射出我国文化"走出去"遭遇逆接受的深层次问题。从近几年中美关系的大环境来看，美国对中国文化海外活动的歪曲性言论越演越烈，而近期针对我国媒体企业海外业务的限制行为标志着逆接受已经从浅层的舆论攻击上升到深层的行为对抗。对我国文化走出去的逆接受，不仅会妨碍正常的国际文化交流，而且会进一步加剧美国对华"新冷战"程度，因此很有必要对我国文化"走出去"逆接受效果进行深入研究。

---

① 根据商务部公共信息商务平台，2019 年中国文化产品进出口总额同比增 8.9%，见 http://tradeinservices.mofcom.gov.cn/article/yanjiu/hangyezk/202003/100767.html。

一、从国际学术文献中分析"逆接受"效果产生的背景

面对中国经济的迅速崛起和美国处理国际事务能力的下降,未来中国如何与世界相处的话题吸引了国际上越来越多学者的关注。许多国外学者推测,崛起的中国必定会从自身的利益出发重塑世界秩序。但是他们的依据稍有不同。Jacques Martin 从中国历史文化角度入手,认为在鸦片战争之前,中华文明的中心地位被周边国家长期承认,故"朝贡制度"是中国处理对外关系的一贯方案,所以随着中国的崛起,隐藏在中国骨子内部的文化优越感会促使朝贡制度的回归,进而会代替现有的国际秩序。① Aaron L. Friedberg 从中美大国关系角度出发,认为随着双方力量对比的变化,中美之间存在意识形态和地缘政治的分歧愈加明显,但是美国对于中国的崛起并无有效措施应对,所以最终中国会取代美国的地位。② Juan P. Cardenal 和 H. Araújo 则从经济实力出发,认为中国的经济触角已经遍布世界范围,所以中国最终会凭借经济实力统治全球。③ 而 Subramanian Arvind 则通过对以往英国、美国崛起中探寻到主导经济地位的相应指数,并用此来验证中国的经济发展状况,发现中国也具有会成为单极世界的主导者的能力。④ 从软实力角度来看,Kurlantzick Joshua 认为中国正在向东南亚以及世界范

---

① Jacques Martin, *When China Rules the World: The Rise of the Middle Kingdom and the End of the Western World*, New York: Penguin UK, 2009, p.14.

② Aaron L. Friedberg, *A Contest for Supremacy: China, America, and the Struggle for Mastery in Asia*, New York: WW Norton & Company, 2011, pp.20-22.

③ Juan Pablo Cardenal and Heriberto Araújo, *China's Silent Army: The Pioneers, Traders, Fixers and Workers Who are Remaking the World in Beijing's Image*, trans. by William Marsden, New York: Crown, 2013, p.15.

④ Subramanian Arvind, "Eclipse Living in the Shadow of China's Economic Dominance", *Journal of Economic Perspectives*, Vol.31, 2011, pp.113-130.

围内发出魅力攻势。此外,还有对"中国威胁论"的直接性论断。① 以上都是单纯从某一方面分析中国具有改变全球秩序的能力,具有一定片面性。2011年皮尤研究中心的"全球态度项目"对22个国家进行调查,有15个国家认为中国已经或者将要代替美国成为头号大国,这种微观调查更加带有主观判断。② 但是,这些观点汇集在一起,势必会让西方国家特别是美国社会各界产生一定的危机感,进而对中国的发展采取遏制。

然而,从表面来看,中国在全球范围内的曝光度虽然在增多,但是David Shambaugh 认为中国的全球影响深度仍旧欠缺,外交方面中国仍以防御性政策为主,文化方面具有全球影响力的艺术、影视等产品依然很少,甚至在最骄傲的经济领域中,中国仍旧缺少能够影响全球的大型跨国公司和国际知名品牌产品,所以中国只能被称为局部大国。③ 正如 Joseph Nye 所说:"拥有资源体量并不等于拥有影响力"。④ 虽然从表面上看这种观点可能暂时会缓解西方的紧张心态,但是他们的观点无疑暴露出软实力赤字是制约中国进一步崛起的短板。根据 Joseph Nye 对软实力的定义,文化是软实力的重要组成部分⑤,所以对中国文化"走出去"活动的抨击制裁是美国遏制中国的重要砝码。

二、文化"走出去"逆接受的内涵

我国文化"走出去"的目标是通过主动实施文化交流、文化贸易以及

---

① Kurlantzick Joshua, *Charm Offensive: How China's Soft Power is Transforming the World*, New Haven: Yale University Press, 2007, p. 20.

② Pew Global Attitudes Project, "China Seen Overtaking U. S. as Global Superpower", http://www.pewglobal.org/2011/07/13/(访问时间:2021年4月22日)。

③ David L. Shambaugh, *China Goes Global: The Partial Power*, Oxford: Oxford University Press, 2013, pp.16-18.

④ Joseph Nye, *The Future of Power*, New York: Public Affairs, 2011, p.8.

⑤ Nye J S, "Soft power", *Foreign policy*, Vol.80, 1990, pp.153-171.

文化外交等活动让海外受众熟悉和正确认识中国文化,进而理解和接纳中国文化。但是由于国际环境错综复杂,受众的接受效果并不总是能够达到预期目标。当结果出现与目标背离的情况时,即为逆接受,具体指中国文化活动在海外遭遇的认知曲解、态度敌对和行为排斥。对于国内传输端来说,逆接受的出现无疑是消极的,如果不加以有效应对,会在全社会形成关于中国文化思维模式的"路径依赖",这种结果很难扭转。

然而,为了对文化逆接受有深刻的认识,本节引入文化误读概念加以比照。文化误读一般被认为是"接受方按照自身的文化传统、思维方式和自己所熟悉的一切去解读另一种文化"① 本节的文化逆接受与以往的文化误读概念具有一定的差别。从内容上看,误读强调认知层面的扭曲,但是逆接受不但包括认知层面扭曲,更加强调态度和行为层面的对抗;从结果来看,文化误读可能会造成文化的增值、减值、等值和异值四种情况,但是逆接受只包含减值和异值两种情况;从影响来看,误读可能会在思想碰撞中产生创造性,但是逆接受对于传者方来说必定造成破坏。从产生原因上看,文化误读可能是有意的也可能是无意的,但是相对来说,更多强调的是无意曲解,而文化逆接受也来源于有意和无意两个层面,但是更多强调的是在无意基础上的故意扭曲,所以在跨国文化交流过程中,文化逆接受会易受国际关系的影响。

三、我国文化"走出去"遭遇逆接受的层级

政客、媒体以及政府等舆论领袖主体掌控着国家的话语权,他们对问题的认知、态度和行为很大程度上决定着国家的整体接受导向。随着中西力量对比发生变化,中国海外文化活动在美国舆论领袖中间遭遇的逆接受

---

① 乐黛云:《比较文学与比较文化十讲》,上海:复旦大学出版社2004年版,第32页。

不断升级。如果把文化遭受逆接受的强度设为低、中、高、极高四个等级,那么目前西方国家特别是美国对华文化"走出去"的逆接受已经达到了"极高"的位置。其表现不但涵盖语言层面的言论攻击、心理层面的态度敌视,而且已经上升到针对中国文化企业的现实性行为敌对,这将进一步加剧中美"脱钩",将中美关系引向歧路。

(一) 逆接受的初级层——政客攻击性言论的频现

西方精英借助各种媒体表达针对中国的歪曲言论由来已久,而且对中国发表攻击性言论的频率总是与国内的社会状况恶程度呈正向关系,即西方国家内部某一种重大问题凸显时,对中国的攻击性言论总会异常增多。美国国内疫情的持续恶化是最好的证明,在对头号攻击者之一美国前国务卿迈克·蓬佩奥的 Twitter 进行分析发现,在 2020 年 3 月份,对中国的攻击性言论只有 4 条,4 月份上升到 5 条,5 月份已经达到将近 18 条。① 凭借其个人影响力,这些狂轰滥炸的言论会势必引导众多民众的认知。

当然,中国文化海外传播也是其抨击的主要对象,蓬佩奥在福克斯商业频道 Lou Dobbs Tonight 中发表言论:"中国通过孔子学院派遣到美国的学生会窃取美国的知识产权,我们需要确保保护美国学者、美国知识产权、美国创新者,保护他们的财产和他们所做的工作。"② 这一耸人听闻的言论一度引起了美国众多学者们的恐慌。几乎同一时间,美国政治新闻网站发布其在 2019 年全国州长冬季会议上的讲话:"孔子学院的学生传播中国政府运营的信息,需要管理者高度警惕。"然而,其言论竟然也得到了服务于民主党派的纽约州州长科莫的认同,他表明:"这个话

---

① 资料来源:根据迈克·蓬佩奥的 Twitter 发文数量统计所得。

② Anna Gronewold, "Pompeo to Governors: China is Watching You", *Foreign Policy*, https://www.politico.com/news/2020/02/08/mike-pompeo-governors-china-112539(访问时间:2020 年 02 月 08 日)。

题很合适，中国问题是一个安全的话题，不是美国内部的政治话题。"根据《中国国家形象全球调查报告2018》显示，48%的国外民众了解中国文化渠道是国内传统媒体，33%的受调查者了解中国文化渠道是通过新媒体，超过与中国人交往、通过中国的新旧媒体等方式。所以，美国政治精英对中国文化海外活动的歪曲被媒体的频繁曝光无形中会在更大范围内深化逆接受。

（二）逆接受的中级层——国家级敌视态度的发布

在意见领袖的言论引导下，对中国文化"走出去"活动的敌视态度在西方政参两界得到蔓延。其中，《锐实力——日益上升的专制影响》这一报告是政府层面对中国文化"走出去"活动敌对性态度的浓缩，它是由对中国具有敌对态度的学者 Juan Pablo Cardenal、Jaeek Kueharezyk 等撰写，美国民主基金会发布以及美国国会支持的针对中国文化"走出去"活动的歪曲论断的系统性文件，体现了美国对中国文化"走出去"态度上的逆接受。从报告传达的总体基调来看，我国开展的国家间民间人文交流、大型文化活动、院校科研机构教育合作、媒体业务合作等多样化文化对外交流活动都被妖魔化为是对其他国家文化制度的"强势入侵"，会对所谓的"民主社会"造成腐蚀与颠覆性的损害。然而，我国的文化交流活动起步相对较晚，是在学习效仿西方的基础上发展而来的，西方国家实施的对外文化交流被定性为"软实力"的体现，而我国的这些活动却被臆断为"锐实力"的拓展，这从根本上扭曲了中国的对外文化活动的性质。针对具体文化"走出去"活动，如中国与国外当地媒体合作开展的中国文化传播项目被歪曲为意图垄断国外民众思想的举措；中国发起的来华留学项目、学术专家之间的论坛交流等活动被丑化为中国通过公关方式在国外培养自身意识形态的代理人；把中外达成的文化商业合作项目妖魔化为中国的政治与经济施压的结果。此外，中国文化"走出去"在拉美、东欧等国家获得成效的这一事实,被他们认为这些国家是中国意识形态的"受害者",要强化对抗措施。

总之,从对华文化"走出去"活动敌对态度的发生机理上看,呈现出以下几个特点:沿袭并强化冷战思维,划分阵营,选边站队,把中国和俄罗斯放在敌我对立的位置上,进行指责和批判;目的和动机臆断;制造耸人听闻的概念,例如"中国威胁论""中国崩溃论""修昔底德陷阱"等;把互利共赢的国际合作说成是中方的金钱收买;捕风捉影,把找不到事实依据的事情说成是中国"幕后操纵";把经济活动政治化,指认中国与其他国家正常的经济合作背后有政治目的;对中国在国际社会受到的欢迎醋意大发、冷嘲热讽;以宣战的方式,提出敌对的应对策略。

(三) 逆接受高级层——国家级敌对行为的实施

目前,随着中国整体实力在国际社会上的提升,我国文化活动在美国遭遇的逆接受由精英阶层的个人助推已经上升到国家级的敌对行为。美国共和党参议员马克·卢比奥将《锐实力——日益上升的专制影响》报告中应对中国文化海外活动的对抗性措施作为政策性提案交给国会,这一行为促成了国家级制裁中国媒体企业的行为的产生,两年内中国媒体企业在美国集体遭到系列性业务阻碍,这严重干扰了中国媒体企业海外正常业务的开展,如表10。然而反观其他国家媒体在美国的海外活动、中国媒体在除美国之外国家的海外活动都没有遭遇类似"劫难",其背后意图显而易见。

其次,鉴于美国清楚地意识到美国的民族文化能够在全世界扎根蔓延与其具有时代文化引领作用的迪士尼、好莱坞、可口可乐等文化巨头的贡献密不可分,所以在互联网时代,美国对中国的制裁行动已经蔓延到新兴互联网文化企业。其中,中国社交媒体平台 Tik Tok 因其在西方广受欢迎而最先受害,来自 Sensor Tower 分析公司的数据显示,2020 年前三个月,

Tik Tok 被下载次数达到 3.15 亿次，超过以往任何应用程序的季度下载量。① 然而，以存在"安全隐患"为由针对 Tik Tok 的刁难几乎就没有停止过，参议院舒默和汤姆·科顿要求美国情报界评估 Tik Tok 和其他中国所有平台的国家安全风险，之后又多次呼吁关注并敦促美国运输安全管理局停止使用该应用程序，在其推动下，美国国防部、国务院、国土安全部等部门直接禁止其员工使用 Tik Tok，而针对 Tik Tok 的审查更是频繁，如马克·卢比奥呼吁美国外国投资委员会针对 Tik Tok 收购应用软件 Musical.ly 这一事件进行审查，并最终得以政策落实。甚至如迪士尼流媒体前高管 Kevin Mayer 个人选择成为 Tik Tok 公司首席执行官这样的正常人事变动都会引发美国政界对其进行安全审查的呼声。所以，联想美国多次发布针对中国的"实体名单"，可以得出美国制裁的不是某个企业，而是对中国崛起的故意对抗。

表 10　中国媒体在海外遭遇的逆接受行为

2018 年 1 月	卢比奥参议员向美国司法部提交将中国 CGTN 和新华社登记为外国代理人的信函。
2018 年 12 月	美国司法部正式要求中国驻美机构注册为"外国代理人"。
2020 年 1 月	美国国务院将新华社、CGTN、中国广播电视台、《中国日报》《人民日报》五家媒体海外版美国发行机构列为"外国使团"，否认其新闻媒体性质。
2020 年 3 月	美国国务院直接宣布驱逐 60 余名中国记者。
2020 年 5 月	美国国土安全部规定来自中国境内的驻美记者签证停留期将不超过 90 天。

---

①　CNN News China, "TikTok is Winning over Millennials and Instagram Stars as Its Popularity Explodes", https://www.cnn.com/2020/05/05/tech/tiktok-bytedance-coronavirus-intl-hnk/index.Html(访问时间：2020 年 5 月 5 日)。

(续表)

2018年1月	卢比奥参议员向美国司法部提交将中国 CGTN 和新华社登记为外国代理人的信函。
2020年5月	美国国务院要求中国国家电视网 CGTN 的所有在美员工填写一份所谓的"国务院外国使团问卷调查表",5 页的表格内容包括个人、配偶、孩子、共同居住者的基本信息以及自己过去 5 年内的工作职务等。

四、我国文化"走出去"逆接受产生的原因

(一)受众角度——前构性知识差异下的无意曲解

中国文化"走出去"逆接受面临不断升级的现状,从受众角度来看,前构性知识差异是逆效果产生的基础。在国家关系不断博弈过程中,中国文化在海外遭遇的逆接受呈现出恶化趋势,不能否认前构性知识的差异在逆接受萌芽期发挥的作用。前构性知识一词来源于文学接受理论,该理论认为文学作品的创造是由作者与读者共同完成的,作者只是负责单纯构建包括词语、句子以及语言等符号在内的文学文本,而读者的作用在于对文本未定性内容进行具体化加工,相比而言,读者对于塑造文学作品的价值更大。因为每个读者因思想观念、审美标准、认知水平、接受水平等前构性知识不同,在对文本留白具体化的过程中,会出现相异的解读,也即威廉·莎士比亚所说的:"一千个读者有一千个哈姆雷特。"

在我国文化主动"走出去"的过程中,中华文化内容及其传播方式就相当于未定性文本,而国外受众就相当于读者,特定社会状态下形成的心理结构、价值取向等无意构成了其他国家内部集体的前构性知识。然而,由于历史发展的特殊性,我国走出了一条适合自身的中国特色社会主义道路,但是,以西方国家的思维定式来看,中国特色社会主义体系与西方建构的整套体系并不相容,中国文化"走出去"的内容和方式是处于西方话语体系之外的声音传递。所以,西方政客精英在对中国问题的理解过程

中，总是在自身话语体系的无意识驱使下进行文化过滤，以对中国文化做出认知评判。如美国国务院政策规划主任 Kiron Skinner 曾经表示："美国与苏联的对峙，是'西方大家庭'内部的争斗，现在与中国的竞争，不仅仅是经济的竞争、意识形态的竞争，更重要的是两种文明之间的竞争。"由此可见，以对立的前构性知识为思想指导，海外对中国文化"走出去"活动的解读与我国的期待视野不融合的结果是必然。所以，前构性知识是逆接受出现的基础原因。

（二）受众角度——对抗性解码下的故意打压

如果说我国文化"走出去"活动在海外遭受的浅层次逆接受受制于前构性知识的无意识作用，那么面对逆接受的不断升级恶化，故意性对抗成分则愈加明显。

斯图亚特·霍尔（Stuart Hall）在其编码和解码理论中认为，受众在解码的过程中，会出现三种情况，分别是顺应性解码、协商性解码以及对抗性解码。其中顺应性解码是受众完全按照传播者的意图对信息进行被动接受；协商性解码是受众对信息的解读过程中附加有自身的思考，这两种解码方式下符码都会获得正接受。但是对抗性解码则是基于自身的身份认同，在完全理解编码者传达符码的基础上对符码的故意对抗。

中国文化活动在"走出去"过程中，西方国家会以自身利益为出发点，对中国文化实施故意性歪曲打压。其中，国家整体利益是其故意性逆接受的首要因素，随着中国整体实力的增强，美国的国际影响力在逐渐减弱，在霸权主义思维下，美国政客一时无法接受多极化发展的态势，认为自身的霸权利益受到潜在威胁，故将中国定义为"战略竞争对手"。同时，因文化软实力决定着一个国家在国际中的存在感，所以中国文化海外活动无疑成为西方故意抨击打压的重点。其次，美国两党对执政权的激烈争夺由来已久，随着美国国内社会状况的恶化，为了转移国内民众的愤怒，中国无疑成为执政党政客为自身无能找寻的最佳"背锅侠"。此外，二战后，美国建立了"民主自由"为核心的制度体系,基于文化优越论的存在,美国一直想把更多的国家囊括到这个制度体系中来,以便以此为噱头对国际事务实施掌控。但是从美国角度来看,中国似乎离自己设置的圈套越来越远,所以违反"安全、民主自由"总是美国对中国文化"走出去"活动抨击遏制的理由。然而,正是美国的持续打压,中国文化"走出去"活动才会在挫折中不断实现优化。正如十年前 Joseph Nye 说过:"如果美国把中国当作敌人,则中国就会成为美国的敌人。"

(三) 传者角度——传播方式的水土不服

虽然受众是逆接受的主体,但是仅从受众端探寻问题并不全面,在对外文化传播中,逆接受的产生与传者端的传播方式也有一定的关系。胡晓明认为面对我国文化在海外的传播的逆境,应先将"叫座"放在首位,只有这样文化"走出去"活动才能逐渐"走进去",扎下根。[①] 然而,目前我国的文化"走出去"活动只是单纯注重"叫好",而忽视了"叫座",激起国外的逆反心理。逆反心理理论是当客观环境与主体需要不相符时,心理产生的抵触情绪。

具体来看,首先,在"叫好"的理念下,我国设置文化"走出去"活动的内容和方式仍旧是站在"我想"的角度以宣传国家的良好形象为主,这种忽视"他者"的传播思路必定与海外受众偏好相悖,从而激起海外受众态度和行为上的逆反。其次,我国文化"走出去"活动多以政府为主导,在美国的认知中,政府主导必定代表着政党的意识形态输出,所以会对这种文化输出形式产生反感甚至不安。在美国,"代表政党利益意图危害国家安全"是美国政客和政府打击中国海外文化活动一成不变的说辞。在此惯性下,中国具有国际竞争力的私营文化企业在海外的

---

① 胡晓明:《如何讲述中国故事?——"中国文化走出去"的若干理论与实践问题》,载《华东师范大学学报(哲学社会科学版)》,2013年第5期。

正常经营活动也被安上与政府关联的"罪名",进而成为美国恶意制裁的受害者。

五、应对文化走出逆接受的关键

(一)以双元化话语体系应对无意曲解

目前国际社会的话语体系被西方所谓的"民主自由"霸占,西方认为在"民主自由"话语体系之外的叙事都是所谓的"专制"。受此前构性知识的驱使,我国的文化"走出去"活动都是处于话语体系之外的自说自话。所以,针对前构性知识的问题,中国迫切需要建立一套被国际承认的话语体系——即人类命运共同体体系,只有这个话语体系得到国际社会的认可,中国文化"走出去"活动的逆接受才能逐渐好转。然而,这个体系并不是与现有的"民主自由"体系相抗衡,而是与现有的话语体系平行共存。同时,我们应该向国际社会传达出两种话语体系间应摒弃抨击、相互接纳的思想。

具体来看,建立人类命运共同体话语体系是具有合理性的。首先,它已经被写入联合国决议,所以是符合现有国际发展需要。其次,从现有话语体系的建构可以得出,世界秩序与话语体系是一脉相承的,美国凭借其制度的时代优势获得建构世界秩序的能力,进而在世界秩序的指导下,"民主自由"话语体系才得以站稳。而我国的实践证明,我国的道路、制度和模式也可以是成功的。全球化的加深一定程度上造成了全球问题的升级,仅以"民主自由"来解决国际事务已经显得力不从心,而中国提出的人类命运共同体理念可以对其补充优化。所以,从逻辑上讲,人类命运共同体话语体系一旦得以建立,中国的文化"走出去"活动的逆接受会因处于国际话语体系之内而得到好转。所以,未来世界应该是被双元话语体系共同支撑的,这也是与人类命运共同体理念一脉相承的。

第五章 统筹国际国内市场：中国文化"走出去"路径

(二) 以"合作+抗争"化解故意打压

虽然中国已经表明各个国家都有根据自身文化实际选择道路的权利，中国不会进行模式输出。但是，美国精英和政府对中国文化"走出去"活动疯狂抨击打压的背后是"美国利益优先"的霸权思维在作怪。面对美国对我国文化"走出去"活动的故意扭曲，中国不但要通过推动全球重大议题合作来展示中国智慧，而且也要进行一定程度的对抗。

在合作方面，我国需要以人类命运共同体为指导理念，从人类共同利益出发，从国际共同关心的问题入手设置文化交流议题，宣传国际合作的重要性，让国际社会了解中国在维护世界安定方面与世界具有共同的目标。同时，积极参与和推动疫情防控、反恐、毒品、全球变暖以及网络安全等全球重大问题的合作，在贡献中国方案的过程中展现中国的智慧、文化优势，以实际行动转变国际社会对我国的态度，特别是扭转美国国内部分人员的对华态度，使他们在相互对比中发现中国优势。如在疫情中，中国通过中国方案不但率先控制住了国内疫情，实现最早复产复工，而且对国际上一百多个国家进行了力所能及的物资援助和治疗方案的共享，为全球危机做出了重大贡献，这种成果获得了包括美国在内的众多人员的正面评价。在对抗方面，中国应该以更加自信的姿态参与国家舆论场的博弈，对于西方对中国海外文化活动的无理抨击打压要予以强硬的辩驳和回击，从而争取一定的国际舆论导向。因为对外表达的立场越不清晰，越会引起国外受众的好奇，进而会促使国外受众从其他方面得到扭曲化的信息，对中国产生更加不利的影响。

(三) 以受众为核心优化传播方式

针对文化"走出去"活动水土不服造成的逆接受，需要从微观层面进行调节。首先，在传播内容上，我们需要在对国外受众进行调研的基础上，找到不同地区受众对中国关心、感兴趣的问题，然后根据特定受众需要找到双方文化间的最大公约数,实现精细化传播,从微观层面消减对中国文化水土不服的对抗。如美国的《功夫熊猫》电影中的人物、语言以及叙事都带有浓厚的中国特色,这就是对中国市场精准把握的例证。其次,针对我国政府主导文化"走出去"被国际社会所诟病这一问题,需要将舆论口下沉,使社会不同的团体合力参与进来,从多方位,立体化地"传递中国声音,讲述中国故事",跨国企业、商务交流、学术交流、人际交流都应该成为对外文化传播的窗口。其中,企业经营的是产品与服务,在国际交换中具有双向对等性,而企业产品在国际上获得欢迎的同时,也是对中国文化价值观以及中国魅力的无形展现。总之,只有将"叫座"放在首位,中国文化"走出去"才会逐渐产生长远效应,即使美国对其进行政治制裁,也损坏不了内在吸引力。

第三节 中国文化"走出去"效果评估体系的构建[①]

在国际竞争的大背景下,建设一套科学、客观、可量化、可操作的中国文化走出去效果评估体系已经成为一项迫切的任务。国外学者和评估机构对中国文化走出去效果的评价存在较为明显的主观性,而国内这方面的研究也还刚刚开始。中国文化走出去效果评估的内容应当包括:国家主导的大型文化交流项目、文化对外投资和文化贸易、中国媒体的海外传播、中国传统文化和当代价值观的海外传播效果等。中国文化走出去效果评估体系的建立,应当遵循自主原则、创新原则和文化自信原则,从认知、态度与行为三阶段传播效果入手,构建整体评估框架,用

---

① 本节内容最初发表于2018年第3期《南开学报(哲学社会科学版)》,作者:李怀亮。

第五章 统筹国际国内市场：中国文化"走出去"路径

中国文化国际市场竞争力、国际社会影响力和国际价值引导力构建评估指标体系。

随着我国综合国力和国际地位的大幅提升，中国日益走近世界舞台中央。中国需要更多地了解世界，世界也需要更多地了解中国，中国文化走出去面临新的历史机遇。改革开放以来，特别是党的十八大以来，中国文化走出去步伐越来越快，呈现出多主体、多层次、多渠道、多形式的良好态势。为了更好地促进中国优秀文化走出去，中共中央、国务院2014年颁布的《关于进一步加强和改进中华文化走出去工作的指导意见》要求"以价值导向、艺术水准、受众反馈、社会影响、经营业绩等为主要指标，建立相应的文化走出去评估体系"，"为科学指导文化走出去工作提供决策参考"。文化走出去效果评估工作越来越受到政府和学术界的重视，正在成为一个热点话题。

建立文化走出去的效果评估体系，既是党和政府对文化走出去工作的要求，也是这项伟大事业的内在需要，具有重要的应用价值和社会意义。在国际文化竞争的大背景下，建设一套科学、客观、可量化、可操作的中国文化走出去效果评估体系，检验中国文化走出去的方法、渠道和效果与党中央提出的目标的匹配度和契合度，从而明确国际社会对中国文化的需求度和中国文化走出去的潜在空间，为改进和加强中国文化走出去工作提供针对性更强的政策建议，科学地评估中国文化在综合国力竞争、国际文化竞争中的作用和地位，有效地提供中国文化的国际竞争力和国际影响力，为实现"中国梦"和"中华民族伟大复兴"创造有利于我国的国际文化环境。本节试图对中国文化走出去效果评估工作的一些基础性、原则性和框架性的问题做一个系统性探讨，并提出一些初步构想，希望在这个问题上起到抛砖引玉的作用。

一、相关文献综述

(一) 国外相关研究

在西方国家,不论是对中国文化走出去的成绩还是对其未来发展,基本上持负面的评价。David Shambaugh 指出:"中国的软实力及其文化在全球的吸引力仍然非常有限","我们虽然见证了越来越多中国在国外的文化活动,但对全球文化潮流的影响很小。"① Joseph Nye 认为,中国在软实力上的投资和努力实际上鲜有回报。② Zachary Keck 甚至更进一步预测,中国的魅力攻势是注定要失败的。③ W. Sun 认为中国文化走出去是一个"不可能完成的任务"④。对我国孔子学院的效果,国外也存在着许多非议,甚至排斥心理。

皮尤、盖洛普、BBC "世界服务"、芝加哥全球事务委员会等国际调研评价机构公布的调研报告都涉及中国文化的国际影响力因素。盖洛普民意调查在美国本土及全球140多个国家和地区收集数据,用量化打分表和抽样调查方法测量和分析民众及选民的意见、态度和行为。在中国,盖洛普抽选一定数目的人群进行调研,在北京、上海、广州等地采用电话访问,而在其他中小城市和农村则采用入户面访的形式进行。这些国际民调

---

① Shambaugh, D., *China Goes Global: The Partial Power*, New York: Oxford University Press, 2013.

② Nye J., "China's Soft Power Deficit", *The Wall Street Journal*, 2012, 8: 151-160.

③ Keck, Z., "Destined to Fail: China's Soft Power Push", The Diplomat: http://thediplomat.com/2013/01/destined-to-fail-chinas-soft-power-offensive/1/(访问日期: 2017 年 12 月 21 日)。

④ Sun W., "Mission Impossible? Soft Power, Communication Capacity, and the Globalization of Chinese Media." *International Journal of Communication*, Vol.4, 2009, p.19.

公司关于中国的议题比较宏观，主要考察国际公众对中国和美国态度的差异。

（二）国内相关研究

一是我国对外传播效果评估体系的建设研究。2007年中央电视台在美国进行了一次拥有5万个样本户的调查问卷，以了解国际受众的收视意愿。柯惠新等人探讨了我国媒介对外传播效果评估体系的框架，包括对外传播的过程、对外传播效果的评估标准、评估的指标体系、评估的操作体系等。[①] 罗雪从受众认知、态度与行为三阶段传播效果入手，构建了整合传统媒体与新媒体的评估框架，并以此为基础，设计了由传播广度、深度、准确度和互动度四类量化指标构成的评估体系。[②] 总体来说，目前我国国际传播效果研究已经从受众规模、构成等基础性量化统计向受众态度、行为等质化分析延伸，但尚未形成系统性的评估体系。

二是对孔子学院中国文化国际传播的效果评估。虽然国内外对孔子学院的传播效果都存在一些认知偏差，但随着孔子学院在全球数量的增加，我国学术界也开始密切跟踪孔子学院的对外文化传播效果。吴瑛以问卷调查的形式通过对美国等5个国家16所孔子学院的调查发现：中国文化在不同文化圈层、国与国之间也存在较大差异。[③] 曲如晓和曾燕萍、谢孟军尝试利用计量经济学的相关评估模型实证检验孔子学院成立对中国核心文化

[①] 柯惠新等：《我国对外传播效果评估的指标体系及实施方法》，载《对外传播》，2009年第12期。

[②] 罗雪：《浅论我国媒体的国际传播效果评估体系构建》，载《当代电视》，2016年第10期。

[③] 吴瑛：《对孔子学院中国文化传播战略的反思》，载《学术论坛》，2009年第7期。

产品出口的影响。①

三是分行业对中国文化产业走出去的效果评估。黄会林等从2011年度就开始以调查问卷的形式对中国电影文化的国际影响力进行调研，并发布年度《中国电影文化的国际传播研究调研分析报告》，根据调研数据，对外国观众对中国电影的接触情况及偏好、外国观众对中国电影中文化符号和文化价值的认知等方面进行分析。② 何明星依据全国总书目和全球图书馆馆藏数据库，对1949年至2013年中国文化图书在世界以各种语言翻译出版的情况进行了统计分析。③

四是对中国文化产业竞争力和中国文化国际影响力的整体评估。祁述裕的《中国文化产业国际竞争力报告》首次对我国文化产业竞争力问题进行了系统研究，以生产要素、需求状况、相关辅助产业、文化企业战略、政府行为等五大要素为基本内容，建立了全面反映一个国家文化产业竞争力的综合评价指标体系。④ 北京大学受文化部外联局委托，进行了"新时期中国文化国际影响力评估"，关世杰以此课题为例，探讨了对中国国际影响力评估的指标体系。⑤ 李怀亮、方英对我国文化走出去工程实施十年的政策绩效进行了评估，提出应该建立完善的走出去政策评估体系。⑥ 方

---

① 曲如晓、曾燕萍：《孔子学院对中国文化产品出口的影响》，载《经济与管理研究》，2016年第9期；谢孟军：《文化"走出去"的投资效应研究：全球1326所孔子学院的数据》，载《国际贸易问题》，2017年第1期。

② 黄会林等：《2012年度中国电影文化的国际传播研究调研分析报告》（上），载《现代传播》，2013年第1期。

③ 何明星：《中国文化翻译出版与国际传播调研报告（1949—2014）》，北京：新华出版社2016年版。

④ 祁述裕：《中国文化产业国际竞争力报告》，北京：社会科学文献出版社2004年版。

⑤ 关世杰：《中华文化国际影响力评估体系初探》，载《对外传播》，2015年第1期。

⑥ 李怀亮、方英：《实施文化"走出去"工程政策体系研究》，北京：经济科学出版社2013年版。

英、李怀亮基于文化产品和服务进出口数据,对中国文化贸易结构、国际市场占有率、贸易竞争力指数、显示性比较优势指数的分析表明,尽管中国是文化产品出口第一大国,但文化贸易结构不合理,文化产业总体国际竞争力较弱且发展不平衡。[①]

(三) 国内外已有研究的不足及可以进一步探讨、发展的空间

上述研究为中国文化走出去效果评估体系建设打下了良好的基础,但从总体上看,还存在以下几方面问题:第一,西方国家学术界对中国文化走出去的目标和效果认知都存在严重偏差,甚至是成见,国际民调机构对中国问题的议程设置也是从自己的需要出发的,存在主观性因素,同时也过于宏观,缺乏对中国文化走出去的针对性;第二,缺乏深入的基础研究和学理性探讨,指标体系的设定不够科学、严谨,存在一定的随意性;第三,对国外成熟的评估系统缺乏深入的研究、比较和借鉴,目前更难以超越;第四,评估框架与研究范式没有很好地结合,缺乏共性研究、差异性研究和外围研究的支撑,没有体现研究的逻辑路线;第五,数据来源单一,多数研究和评估仅依据某一种数据库提供的资料进行,有些根据国外机构的调研数据进行分析,没有突破西方的话语体系。因此,如何进行评估体系的顶层设计,包括评估目标、评估框架构建、评估范式、评估指标体系以及评估的实施等都还有待于进一步探索。

二、评估中国文化走出去效果应遵循的原则

(一) 应当突破西方主导的文化评价规则

西方主导的文化评价体系极不利于中国文化及核心价值观的国际传

---

① 方英、李怀亮:《中国文化贸易结构和贸易竞争力分析》,载《商业研究》,2012 年第 1 期。

播，西方文化霸权格局下的国际社会广泛认可基于西方价值观念的话语规则。一些西方国家的意见领袖和学者，出于意识形态的考虑，对中国文化走出去持怀疑态度，甚至给予负面评价。西方国家早在20世纪30年代就开始建立评估机构，从50年代开始，美国的盖洛普（Gallup）、皮尤（Pew）、哈里斯（Harris），英国的BBC"世界服务"以及法国的伊弗普（IFOP）等民调机构开始发布涉及中国的数据。1975年芝加哥全球事务委员会发表了第一份国际民调报告。此后，越来越多的民调机构在不同国家调查公众对重大国际事务的态度。西方著名民意调查国际机构采用量化计分表和问卷调查方式得出来的结论，表面上看比较客观，但其测评指标体系和问卷设计都有较强的主观性。在经济全球化遇到阻力的国际环境中，这样的话语规则和评价体系会导致国际社会严重低估中国文化以及核心价值观对于当今世界的意义。中国文化及核心价值观在这样的评价体系中会被边缘化，极不利于形成有利于中华民族伟大复兴的国际舆论环境。

在经济全球化和全球政治多元化的大背景下，政治、经济、文化的国际竞争日益激烈。中国作为负责任的大国，应当有自己的调查发言权。从这个意义上说，建立一套评估体系，不仅能对中国文化走出去的效果进行评估，同时也能衡量世界各国的文化影响力，从而发挥中国在国际文化领域的话语权。

（二）应当是一次学术创新

西方国家的民意调查机构不仅在议程设置上具有主观性，其主要方法手段如量化计分表、电话采访和入户访问等，也比较单一、陈旧。国内关于中国文化国际影响力、中国媒体国际传播效果、分行业对图书和电影等走出去的评估实践和学术探讨，积累了宝贵的经验，但仍然没有解决下面这些基本问题：中国文化历史悠久，评估对象如何选择？对不同的文化内容、文化项目和文化行业，需要使用不同的评价方式和评价指标，这些不同的指标该如何整合？仅凭单一数据来源的评估办法已经成为历史，面对我们已经发现的上百种公开数据来源和将来获取的第一手数据，该如何整合分析这些数据？要克服这些难题，必须实现学术方法的创新和理论创新。

（三）应当有助于澄清国际国内对中国文化走出去的一些认知偏差，树立文化自信

中国领导人顺应世界多极化、经济全球化、文化多样化、社会信息化的大潮流，提出开放包容的新理念和以合作共赢打造人类命运共同体的伟大思想。促进不同文明交流互鉴，打造开放、包容、共享的国际文化环境，需要中国文化的积极参与。国内外对中国对外宣传、孔子学院存在一些疑虑、批评甚至错误认识，因此我们急需建立一套科学的中国文化走出去评估体系，来验证中国文化国际传播的积极效果，树立文化自信。

三、中国文化走出去效果测评的范围

（一）中国媒体国际传播的效果评估

我国重要传统媒体和新媒体的国际传播，是中国文化走出去工程的重要组成部分。

我国非常重视中央电视台、新华社、《人民日报》《中国日报》等重要传统媒体在文化走出去过程中的作用。这些传统媒体是既往中国文化对外传播成熟的重要载体，在有效地提升中国文化软实力和在世界舆论格局中争夺话语权方面一直发挥着重要作用，其传播形式、传播渠道、传播覆盖、传播理念、传播话语等都有着鲜明特色，在中国文化走出去战略格局中占有较大的传播份额，在文本效果测评及受众反馈直播等方面对其传播效果进行精准评估将会直观了解中国文化海外传播的基础状态，将其同半岛电视台、RT等非西方国际媒体相比进行研究，可以了解我国媒体在国际市场竞争力、社会影响力和价值导向力方面的效果如何。

互联网群体传播时代，媒介成为社会交往的重要组成部分，成为稀缺资源注意力的载体。关于中国重要社交媒体对中国文化海外传播效果评估应当包括以下三方面内容：一是中国重要传统媒体在微博、微信等社交媒体上的中国文化传播；二是中国其他重要机构在微博、微信等社交媒体上的中国文化传播；三是重要意见领袖在微博、微信等社交媒体上的中国文化传播。

（二）国家大型文化交流与传播项目的效果评估

这些项目包括孔子学院、海外中国文化中心、文化外援项目、中外文化年、奥运会、世博会等大型活动，我们要研究其数量的增加和规格的不断提升是否能够让我国文化更加有效地传播海外、被更多更广的受众所接受；如何评价其在海外的传播效果；什么样的活动和项目能够在全球经济大潮和我国文化有效传播中起到举足轻重的作用，并带来足够的影响。应当梳理已实施的我国大型文化交流与传播项目的发展状况，确定其在中国文化走出去战略中的路线图和发展瓶颈。研究这些项目目标受众群体的特点，确立评估项目在海外实施效果的实时数据采集和分析方法，构建分析的数学模型。对其中较成功的有国家财政支持的项目和活动进行经验总结及发展优势效果评估，以向更多国家进一步展示强大、和谐及蒸蒸日上的中国国家形象，确定中国传统文化和中国形象向海外传播的策略。

对各省市举办的文博会、旅博会、艺术品拍卖、高峰论坛等在国内开展的大型文化交流活动与项目的开展情况和效果进行深入调研，研究和评估这种"立足本地，走向世界；请进来，带出去"的成本低、效果好的大型文化交流活动与项目对于推动中国走出去的实际效果，并构建更为合理的营运系统及合作机制，以达到把国外文化企业、机构和受众请进来，以较低的运营成本将中国文化送出去的目的。

(三) 中国文化资本、产品和服务走出去的效果评估

当代国际文化市场上西方国家仍然是主要角色，大型跨国传媒集团在文化贸易和交流领域中都起主导作用，新兴技术引起了文化和传媒市场的巨大变革。在此背景下研究中国文化企业走向海外市场的模式，以及海外投资的方式、区位分布、经营状况，中国文化产品和服务走出去的现状、特点、主要格局分布、在海外市场的国际市场竞争力，评估中国文化资本走出去的海外市场效应及影响力，实证研究影响中国文化资本、产品和服务走出去的因素，评估其效率及潜力，为进一步提升中国文化走出去的效果提出有针对性的措施和建议。

结合"一带一路"倡议的区域布局，从全球文化贸易视角出发，将海外文化市场大致分为成熟文化市场、新兴文化市场、潜力文化市场以及华人文化市场，运用国际市场占有率、贸易竞争力指数、显示性比较优势指数、赫芬达尔指数等指标，分区域研究中国文化产品和服务在目标市场的竞争力状况，并提出有效拓展海外文化市场的贸易路径。

在对中国文化资本、产品和服务走出去效果的评估和研究中，可以将随机前沿方法引入到传统的引力模型中，构建随机前沿投资引力模型，研究中国对于目标市场国的文化投资潜力、效率及影响因素；构建随机前沿贸易引力模型，研究中国对于目标市场国文化产品出口潜力、效率及影响因素。根据实证分析结果，探讨阻碍中国文化资本、产品和服务走出去的因素，并根据中国文化企业在海外市场的投资潜力、文化产品和服务出口潜力，有针对性地提出进一步扩大中国文化企业、产品和服务走向海外市场的措施。

(四) 中国文化海外用户消费行为模式研究

中国文化产品、服务走出去必须要面对和适应海外目标市场和国外消费者。文化消费模式包括文化消费者的购买决策过程和消费者的行动。经

济因素（收入水平、分配及结构、消费观念及习惯）、产业因素（文化产业发展、文化资本、文化产品的种类、价格及供给水平）、文化因素（消费者价值观、文化素养/教育水平、宗教信仰等）都是影响一个地区文化产品消费行为的因素。从消费者认知（消费信息来源、品牌识别度、市场占有率、收听率/点击率等）、态度（文化认同、消费偏好、用户粘性等）和行为（品牌忠诚度、购买行为等）三个维度，深入分析各地区消费者对不同文化产品和服务的消费特点，进而构建文化产品消费行为模型，可以掌握海外消费者的消费偏好、消费习惯和消费行为模式。所谓知己知彼，百战不殆，中国文化企业只有掌握了海外文化用户的消费习惯，才可以有的放矢，创作出既符合海外消费者消费偏好，又反映中国优秀文化的产品，从而开创经济效益和社会效益双赢的局面。

中国文化产品走出去必然要跨文化交流和营销，面临文化冲突的挑战。对中国文化海外用户消费行为模式的研究，可以围绕收入水平、分配及结构，消费观念及习惯，文化产品种类、价格及供给水平，文化素养及对外来文化的认同/文化开放程度，知识产权保护程度等方面展开，探讨这些因素对不同文化冲突的影响力，让中国企业能够充分地了解跨文化输出文化产品或服务面临的复杂环境，更好地选择与其文化产品或服务相适合的目标市场。

在对世界各国移动互联、社交媒体普及条件下文化消费新变化进行研究的基础上，结合各国消费者消费中国文化产品或服务现有模式的问题，从文化消费行为的主体、状态、客体、趋势四个方面提出移动互联网条件下中国文化产品或服务消费应该转变的新特征、新形态、新方向。

（五）对走出去支持政策进行绩效评估

为了更好地促进中国优秀文化走出去，我国出台了多项支持政策，因此应该进行"中国文化走出去政策绩效评估"专题研究，探讨中国文化走出去政策绩效评估的影响因素、类型。在此基础上构建中国文化走出去政策绩效评估体系，并对目前已有的政策绩效进行实证评估应用，进而发现现有政策取得的成绩和存在的问题，最终提出完善的建议。

四、中国文化走出去效果评估的目标、框架和指标体系

（一）评估目标

中国文化走出去虽然已经取得了显著成绩，但我们也必须看到，其整体现状既与我国经济实力和国际地位不相适应，也与我国深厚的文化底蕴和丰富的文化资源不相适应，特别是与综合国力竞争日趋激烈的严峻形势不相适应。根据《关于深化文化体制改革推动社会主义文化大发展大繁荣若干重大问题的决定》和《关于进一步加强和改进中华文化走出去工作的指导意见》，明确中国文化走出去的目标是"增强中华文化的亲和力、感染力、吸引力、竞争力，向世界阐释推介更多具有中国特色、体现中国精神、蕴藏中国智慧的优秀文化，提高国家文化软实力"。我们应当以此为指导，大力推进具有中国特色、中国气派、中国作风的优秀文化走出去，促进世界文明的互鉴，为实现"两个一百年"奋斗目标和中华民族伟大复兴的中国梦创造有利的国际文化环境，扎实推进中国文化走出去的伟大事业，并在此总目标下从中国文化国际市场竞争力、国际社会影响力和国际价值引导力三方面对中国文化走出去效果进行评估。

中国文化走出去总体目标从管理学的角度是战略目标、长期愿景。要想达到这个长期目标，我们必须落实、细化构建相应的中期和短期目标。在此基础上，结合管理学战略管理理论、跨文化传播理论、文化消费理论、消费者行为理论以及国内外有关的实证研究，确立"过程目标"概念，并分析过程目标选择的标准，从而构建中国文化走出去的效果评估目标。

(二) 评估框架

本节认为，构建中国文化走出去效果评估体系，应当从认知、态度与行为三阶段传播效果入手，构建整体评估框架，为指标体系的设计奠定基础。认知是影响力的初步阶段，态度是影响力的中级阶段，行为是影响力的高级阶段。传播学所说的"到达率"和经济学所讲的"市场占有率"可以反映认知阶段的效果和影响力，用户粘性、消费偏好和互动性等可以反映出用户态度，而品牌忠诚度则可能导致用户行为的变化。而且，从认知、态度与行为三阶段传播效果出发，可以涵盖《关于进一步加强和改进中华文化走出去工作的指导意见》所要求的评估应包含的价值导向、艺术水准、受众反馈、社会影响、经营业绩等主要方面。

对应认知、态度和行为三种传播效果的研究，可以从中国文化的国际市场竞争力、国际社会影响力和国际价值引导力三个层面展开（参见图4）。在国际市场竞争力层面，可以对中国文化产品、服务在国际市场上的占有率、国家大型文化活动、中国媒体的国际发展及中国资本对国际文化市场的投资效果进行评估，侧重于覆盖率、到达率和市场占有率等指标。在国际社会影响力方面，需要侧重对中国文化内容在国际市场上的占有度和受欢迎度进行测评，通过需求偏好、用户粘性等指标来测评国际社会对中国文化的态度效果。对中国文化的国际价值引导力，显在层面可以从标准和议程设置等方面进行观测，比如具有风向标性质的国际重大奖项评比标准和重要国际论坛的议程设定；潜在层面就需要对中国文化产品国际消费者的行为方式改变进行测度。文化传播效果的测度，最终要看文化内容接受者在价值观、对中国文化的认同度及其行为方式（包括交往行为、消费行为、生活习惯等）方面的变化。这一测评属于长期效果测评，只有通过一定的时间才能得出结果。应该设计出一套完整的方法对中国文化走出去的长期效果进行评估。在完成了以上研究之后，对

第五章 统筹国际国内市场：中国文化"走出去"路径

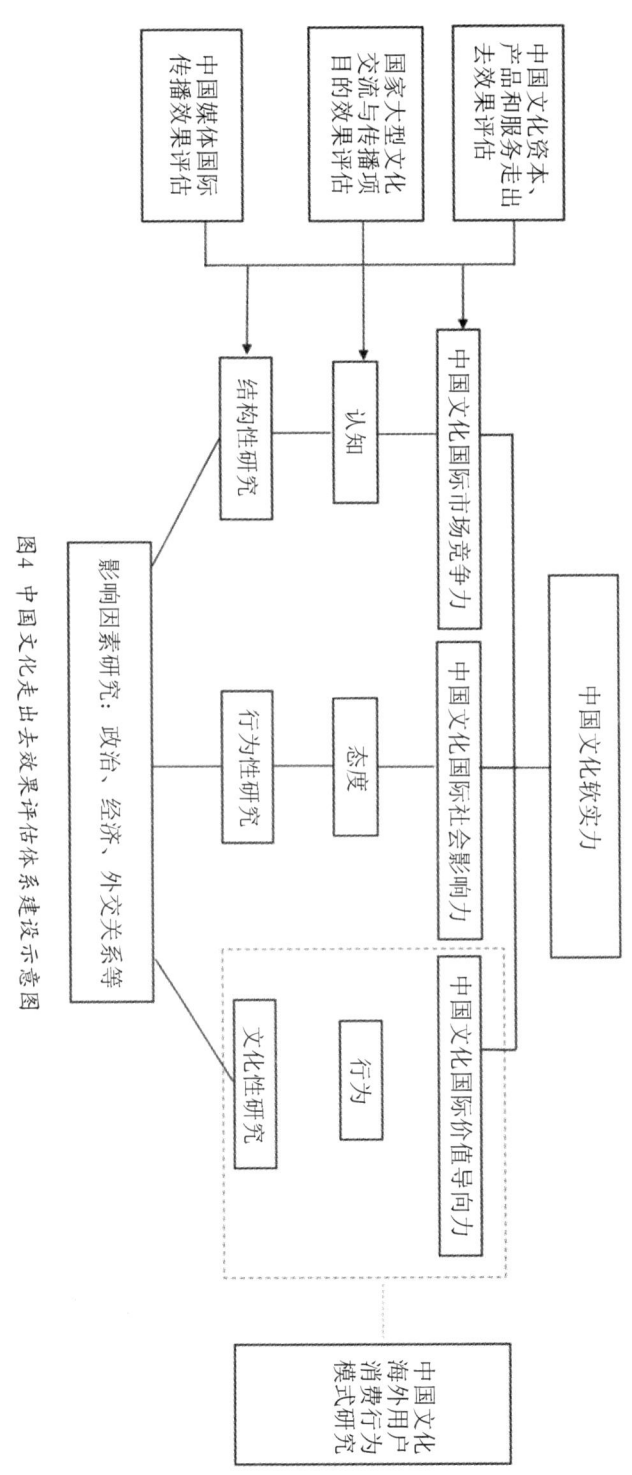

图4 中国文化走出去效果评估体系建设示意图

中国文化走出去支持政策绩效评估，提出如何加强和改进对中国文化走出去工作进行指导的政策建议。

（三）指标体系设计

结合总体目标和过程目标要求，应当以中国文化软实力提升为总体目标，在中国文化的国际市场竞争力、中国文化的国际影响力和中国文化的国际价值引导力三个维度上，从政治、经济、外交、文化等多方面构建中国文化走出去效果评估指标体系，并多视角对指标权重的影响因素进行分析，避免指标设定的随意性，保证评估体系的科学性。

中国文化走出去的形式和渠道多种多样，每一种文化形式走出去都有各自特点，不可能构建一套适用于所有文化形式走出去的效果评估体系。因此，在设定评估指标体系时应当以文化交流、文化传播、文化消费、消费者行为的相关理论为支撑，充分挖掘利用国内外各种数据，对各种统计、调查、模型和指数分析方法进行研究，按不同文化走出去形式的具体情况构建适合其特点的最佳效果评估子系统，各子系统有机结合构成效果评估总的指标体系。具体来说，研究中国文化走出去的五种子效果评估体系包括：（1）国家主导的大型文化交流项目和文化活动走出去的效果评估子系统；（2）文化对外投资和文化贸易的效果评估子系统；（3）中国传统媒体和新媒体的海外传播效果评估子系统；（4）中国传统文化价值和社会主义核心价值观走出去的效果评估子系统；（5）中国传统文化和饮食文化海外传播的效果评估子系统。

指标体系的具体设定可参考以下因素：（1）中国文化国际市场竞争力，包括广度、市场占比、用户规模、参观旅游人次、覆盖率、受众构成、访问量、订阅数、点击率等，是一个越多越好的概念。（2）中国文化国际社会影响力，则包括了需求偏好、用户粘性、接触频度、持续时长、深度收看率、深度访问率等。这两个指标体系的可量化度是比较强的，但还属于认知和态度的浅层效果层面。(3)中国文化价值导向力(行为),该因素是在更深层次上引起用户行为的改变。全球价值导向力是中国文化走出去效果评估的最高维度,衡量的是中国文化传播意图对国际受众行为的强化程度。所谓强化,指的是接收者对与本身既有观点相符的内容进行选择,并付出持续注意力所造成的结果。

第六章 人类命运共同体：中国社会主义文化强国建设价值坐标

世界从"全球化时代"迈向"后全球化时代"，以推进西方现代性为主的"全球化理论"已遭遇多重挑战，这是一个"全球共同体"时代，全人类共同面临三大挑战：包括病毒疫情在内的自然灾害、经济衰退以及人类自身的偏见。人类命运紧密相连，必须寻求更大范围的合作，世界的治理模式和话语方式将出现多样化的态势，因此休戚与共、守望相助、开放包容将是面对和处理"全球共同体时代"问题的真知灼见。"人类命运共同体"理论由此而生，不同于以往的共同体理论，人类命运共同体理论超越了民族国家层面，把全球作为共同体的范围，把共同命运作为连接人类的纽带，深刻地揭示了人类前途命运和时代发展趋势之间的内在逻辑，有着深刻丰富的理论内涵。打造人类命运共同体的内涵，强调要建立平等相待、互商互谅的伙伴关系，营造公道正义、共建共享的安全格局，谋求开放创新、包容互惠的发展前景，促进和而不同、兼收并蓄的文明交流，构筑尊崇自然、绿色发展的生态体系。这五个方面形成了打造人类命运共同体的总布局和总路径，从不同角度诠释了人类命运共同体的内涵，相辅相成、缺一不可，形成一个完整统一的有机整体。

全球共同体时代为国际文化交流和文化的国际传播开拓了空间，伴随着"逆全球化"和"权力转移"，新的、真正属于多元文化的话语体系得

第六章 人类命运共同体：中国社会主义文化强国建设价值坐标

以萌芽和生长。话语权利的转移，促使西方话语霸权的消解，也会促成国际软实力格局的重构。中国软实力迎来新的崛起，在新的国际环境下，中国的和平自主外交政策得到了更广泛的认可，"一带一路"倡议的实施，全球治理的中国方案和"人类命运共同体"倡导，得到了国际社会的广泛欢迎。在理念、制度和机制以及实践方面，中国在软实力系统建构中均做出了重要举措。落实到中国文化建设，2035年建成社会主义文化强国是中国式现代化建设的重要目标，从传统的文化大国到文化强国，我们需要重新梳理文化强国建设历史逻辑、理论来源、现实依据和核心内涵，从历史文化脉络中发掘建设文化强国标准内生逻辑、整体性、引领性、开放性、兼容性和时代性，以国际视野和科学的理论体系来指导文化强国标准的建立以及评价指标的创新。由此为中国国家治理现代化提供一份答卷，也为全球范围内文化治理提供一套新的价值理念系统、新的治理规范、新的话语体系和议程设置。

第一节 "后全球化时代"的国际文化传播[①]

本节选择西方全球化理论家最有代表性的全球化定义，沿着世界市场和世界传播的无限扩展这两个维度，对全球化的本质特征、逻辑起点、运动过程和动力转换进行分析，指出以西方化为特征的全球化已经走到了终点，世界进入"后全球化时代"。以推进西方现代性为核心的全球化已经终结，世界将进入以新兴市场国家发展需求为内生动力的全球合作时代。全球化延续了"冷战思维"，在这个新的"后全球化时代"，与冷战时期和

---

① 本节内容最初发表于2017年第2期《现代传播（中国传媒大学学报）》，作者：李怀亮。

全球化时代相比，意识形态的对抗性可能减弱，为多元文化的多主体交流传播提供了更为广阔的空间。全球化时代，国际文化传播领域突破"美国/欧洲中心主义"的挑战有可能不再以"挑战"的姿态出现，新的、真正的多元文化、多主体平等交流传播的话语体系有可能成为主流话语。虽然目前民粹主义在全球范围内普遍抬头，但不会影响世界文化多元、开放格局的形成。中华文化的国际传播在"后全球化时代"存在更为广阔的空间。

全球化无疑是20世纪80年代以来对当代社会影响最大的关键词之一。而金融危机以来的种种迹象表明，全球化已经开始退潮。英国公投脱欧和美国特朗普逆袭当选，被当作这种退潮的两个标志性事件。就在我刚刚写下这个题目的时候，ABC News报道了美国时任总统奥巴马先生在雅典的演讲，其中提到了他对全球化的看法。他说全球化为世界带来了许多经济利益。"全球化、技术和整合的力量，带来了如此巨大的进步，创造了如此巨大的财富，并且深刻地揭示了错误的路线"。和针对英国脱欧和特朗普的意外当选，他也警告说目前"部落主义"和"民族主义"正在抬头，引发对于全球化体制的怀疑。这也许是由于全球化的副作用所造成的。"全球化增强了不公平的感觉，技术的进步减少了劳动力和就业岗位，制造业开始转移到国外。""这种不公平（的感觉）是对我们的经济和民主制度的最大的挑战"。全球化出现了一些负面影响，"对目前全球化的道路需要进行航线校正（Coursecor-rection）"①。奥巴马是全球化的维护者和代表性政治人物，他对于全球化退潮的解释具有普遍的代表性。

两天之后出版的《经济学人》认为"西方领导人对于全球化的无力的

---

① Sky NEWS, Barack Obama's Speech in Athens, 2016, https://news.sky.com/story/barack-obama-donald-trump-and-i-could-not-be-more-different-10659507（访问日期：2016年12月21日）。

第六章　人类命运共同体：中国社会主义文化强国建设价值坐标

辩护显得陈旧过时"①。我想指出的是，全球化的退潮，不仅仅是因为"负面影响"，也不是简单的航线修正就可以挽回的，作为一个运动，美国和西方国家发动并主导的全球化已经终结；作为一个时代，全球化已经过去，世界即将进入"后全球化时代"。世界将进入一个多中心、多引擎、多条道路和多种价值观并存的时代。与此相对应，西方学术界关于"中心"与"边缘""东方"与"西方"的话语体系，将成为过时的理论。本节无力全面阐述"后全球化时代"的各个方面，而只是指出这样一种趋势，并把它作为一个背景，来讨论国际文化传播的发展趋势。

一、全球化理论：逻辑的起点与终点

从本质上来讲，全球化运动是冷战的延续。冷战时期全世界被分成两大阵营，一个是以苏联为代表的社会主义阵营；另一个是以美国为代表的资本主义阵营。冷战的结束曾被描述为历史的终结。此后，资本主义跨国集团公司在全球范围内畅通无阻，凭借雄厚的资本实力、领先的技术水平、先进的管理经验、多样化的营销手段以及制定游戏规则的先发优势，在国际市场上获得了垄断性的市场地位和丰厚甚至超额的利润。跨国公司利用技术优势、品牌优势和渠道优势，把研发设计和营销留在发达国家，把利润率最低、能源耗费最大的制造环节转移到发展中国家，利用微笑曲线实现了利益最大化。经济的全球化为西方发达国家带来了巨大的经济利益。与经济全球化同步展开的文化全球化，也使以美国为代表的西方文化成为世界范围内的主导文化和支配性文化。美国的电影、电视剧、图书、流行音乐、动漫等文化产品借助市场优势在全球成为最为流行的大众文

---

① The Economist, What the World Thinks about Globalisation: Daily Chart, https://www.economist.com/graphic-detail/2016/11/18/what-the-world-thinks-about-globalisation（访问日期：2016 年 12 月 18 日）。

化,形成了所谓的"麦当劳化""可口可乐化"。好莱坞几乎成为了世界电影的代名词,美国文化帝国主义造成了世界文化的同质化,被指为文化巨无霸和文化压路机。从苏联解体到 21 世纪金融危机爆发之前这几十年间,轰轰烈烈的全球化运动达到了极盛时期。

在铺天盖地的全球化运动中,也形成了系统的全球化理论。以阿尔让·阿帕杜莱(Arjun Appadurai)、乌尔里奇·贝克(Ulrich Beck)、约翰·汤林森(John Tomlinson)和罗兰·罗伯逊(Roland Robertson)为代表的全球化理论家,创造了一整套概念、理论、工具、方法来对全球化进行系统的理论思考。他们的著作不仅仅对全球化这一事实进行整体性把握,而且把全球化当成了一个广泛关注的学术领域。这些学者共同搭建的全球化理论体系,是一个开放性的系统。在这套体系中,全球化被当作无所不包、不可阻挡的力量。他们所描述的全球化是非常复杂的、系统交织的、分形的,有时也非常晦涩难懂。他们虽然有时也会提及全球化的负面效应,但更多的是对全球化的积极肯定。在他们那里,全球化"被描述为非领土化、无所不包以及相互联结,一句话,你很难指出来什么东西是外在于全球化的,或者说有什么东西是没有受到全球化影响的"[①]。由于全球化理论的这种开放性、复杂性和晦涩性,我们在此也无意于对其做一个系统的梳理和评价,而是想找出所有全球化定义中最为广泛接受的说法,并以此为出发点展开我们的讨论。

全球化理论家们给出的"全球化"定义很多,我认为弗雷德里克·詹姆士(Fredric Jameson)和罗兰·罗伯逊(Roland Robertson)的说法不仅最有代表性,而且把他们两人的定义结合起来看,基本上可以确定"全球化"的主要方面和基本性质。弗雷德里克·詹姆士(Fredric Jameson)说,

---

[①] Philipsen L, Baggesgaard M A, "Against Globalization: Introduction to Theme Section", *Journal of Aesthetics & Culture*, Vol.5, 2013.

第六章 人类命运共同体：中国社会主义文化强国建设价值坐标

全球化的实质就是"对于世界传播以及世界市场边界的无限扩大的意识"①。罗兰·罗伯逊（Roland Robertson）认为，"全球化主要被用来描述西方现代性观念在世界范围内扩散的历史进程"。全球化理论所要讨论的并不是地理空间的问题。"空间的问题主要是通过全球性的概念提出来的更加具体和独立的问题。"② 由此可以看出全球化的两个基本维度：世界传播与市场体系；全球化的本质：按照西方现代性的观念来塑造世界。下面我们就先沿着两个维度当中的"市场体系"来做一个简单的回顾。

冷战时期世界被分成两大阵营：社会主义和资本主义。社会主义经济的特点被概括为生产资料公有制和计划经济，资本主义经济的特点被概括为私有制和市场经济。这一时期西方主流经济学家的主要使命就是要从理论上证明计划经济是荒谬的，只有市场经济才是适合人类社会发展的经济模式。比如，诺贝尔经济学奖获得者弗里德里希·哈耶克（Friedrich Hayek）所关注的核心问题是：人类的知识和智慧是分散在不同的大脑当中的，不可能把所有的知识装进一个脑子里面去，经济管理和商业决策是在去中心化的经济秩序之中展开的。在经济活动中，价格的波动、个人资产的处置、利润高低、合同签约以及商品和服务交换的能力，所有这些，都是基于转瞬即逝的、分散的甚至碎片化的信息做出决定的。因此，由一个中央政府来代表全社会控制和管理经济，是不可能实现的，必然是阻碍生产力发展的。哈耶克自由主义经济学的核心概念是"浮动的价格和利润"：价格和利润传达了信息，它们传达了生产者和消费者对于不同产品和服务的供求关系的信息，因而能够指导生产。没有浮动的价格和利润，一个经济体就无法实现满足人类需求的最佳生产活动。市场经济社会，在

---

① Fredric Jameson and Masao Miyoshi, eds., *The Cultures of Globalization*, Durham: Duke University Press. 1998. p.XI.

② Roland Robertson, *Globalization: Time-space and Homogeneity-Heterogeneity*, in Featherstone, Lash, Robertson: Global Modernities, 1995. pp.25, 27.

最大程度上可以被简单地界定为：允许成年人和有行为能力的人在不伤害他人的前提下，按照自己的意愿做自己想做的事情。①

"世界市场的边界扩展"被弗雷德里克·詹姆逊（Fredric Jameson）当做全球化运动的两个维度之一，是非常有见识的概括。冷战结束以后，以西方的现代性在全球的扩展为核心的全球化运动，其核心内容就是市场经济体系的扩展。苏联解体后，俄罗斯等原成员国进行经济私有化改革，放弃了计划经济体系。而另一个社会主义大国中国，对市场经济也进行了深入的探索。中国的改革总设计师邓小平指出，市场经济并不是资本主义特有的，社会主义也可以有市场，资本主义也可以有计划。党的十八大已经正式把市场经济列入党的纲领性文献，认为市场对资源配置起着基础和决定性作用。中国已经成为市场经济国家，其市场经济地位已经得到世界多数国家的承认。从"世界市场的边界扩展"这个维度来看，全球化的任务已经完成。

从全球化的另一个维度，也就是弗雷德里克·詹姆逊所说的"世界传播……的无限扩大的意识"来看，随着传媒技术的飞速发展、互联网及移动互联网的迅速普及以及传播基础设施的完善，目前信息的传播已"弥合了时间和空间的界限"，"互联网内容的传播速度已经达到了光速水平"，"我们已经生活在一个信息过剩的时代"。由于新媒体技术的发展，"从社交媒体到智能手机再到各种网站，普通人不仅可以获得资讯，而且可以参与内容生产，报道重大事件的发生"②。无须赘述，我们可以知道"世界传播……的无限扩大的意识"已经深入到每个普通人的日常生活当中。

从弗雷德里克·詹姆逊所说的全球化的两个维度来看，全球化运动的使命已经完成，目标已经实现。再从全球化运动的"负面效果"来看，这

---

① Alan Ebenstein, *Friedrich Hayek, A Biography*, Palgrave for St. Florida: Martin's Press, 2001.

② Nikki Usher, *Interactive Journalism - Hackers, Data, and Code*, Illinois: University of Illinois Press, 2016, pp.2-10.

第六章 人类命运共同体：中国社会主义文化强国建设价值坐标

个运动也应该结束了。全球化的"负面效果"之一是，发达国家作为全球化的推动力量，把研发与市场留在其国内，而把产业链的低端制造环节和夕阳产业转移到发展中国家，造成这些国家的资源过度开采和环境遭到污染。"负面效果"之二是，在发达国家内部，"许多人，尤其是穷人、穷乡僻壤的居民、许多国家的农民和失业的工人等等在心中出现了一种挫败感，一种隐隐约约的无序感"。① 当下在美国畅销的《乡巴佬的挽歌》(*Hillbilly Elegy*)② 非常生动地描述了产业空心化之后美国中西部地区产业工人的艰难处境，是对奥巴马所说的"不公平感"的一个形象注释。从负面效果来看，我们有理由说，全球化运动也该收尾了。

二、"全球化"实践：引擎转换

在全球化运动的过程中，美国一直延续冷战思维，把世界划分为两个阵营：英法等欧洲国家和日、韩等亚洲国家是盟国（Allies）；俄罗斯、中国和朝鲜是敌对国（FOES）。在欧洲用北约（NATO）来对抗俄罗斯；在亚洲部署萨德（THAAD）来遏制中国和朝鲜。奥巴马的TPP目的是搞亚太"再平衡"，遏制中国的崛起。特朗普要取消TPP，对全球防御系统提出质疑，并且要与俄罗斯改善关系，使美国的"所有盟友产生了恐惧"③。

英国《经济学人》认为世界已经进入"特朗普时代（Trump Era）"。特朗普当选美国总统"把开放市场和西方的自由民主的幻觉打碎了。历史复仇般的倒退了。他的胜选和他胜出的方式，重锤击打着支撑美国政治的标准和美国世界大国地位的角色。美国的盟友感觉到旧秩序在崩溃，产生

---

① 据阿兰·巴迪欧2016年11月9日在加州大学洛杉矶分校的演讲。
② J. D. Vance, *Hillbilly Elegy*, New York: Harper Collins Publishers, 2016.
③ Michael McFaul, "Our Allies are Afraid. Here's How Trump can Reassure Them", *The Washington Post*, Nov 17, 2016.

了动摇。对全球化失败的恐惧使市场受到双重损失。虽然脱欧后的英国人已经尝到了这种滋味,但这次大选的后果将很快让英国的全民公决黯然失色"。①

这个《经济学人》所谓的"特朗普时代",也就是西方全球化运动的逆转期。美国一直是"促进市场开放""消除贸易壁垒"和"自由贸易"的推进者。约30年前里根当选美国总统的时候提的口号是"让美国再次伟大",实现目的的手段是推进全球化,消除各种壁垒、推倒"柏林墙"。特朗普当选总统后,提的口号跟里根一样,但实现的手段却是要"建墙",要提高关税壁垒,反对全球化及其带来的负面效应。其实,这不是特朗普一个人的想法,而是反映出他所代表的一种思潮。

20世纪90年代,全球贸易的增长速度是全球经济增长速度的两倍以上。根据IMF的研究计算出来的结果是,在那个时代,全球经济每增长1%,能为贸易带来2.5%的增长。在这个全球化运动的鼎盛时期,欧洲联合起来了,中国抓住了历史机遇,迅速发展为世界工厂。自由贸易理论为越来越多的国家所接受,关税大幅下降,运输成本也降到了历史最低水平。但从2008年以来,全球经济放缓导致贸易减少。全球经济每增长1%只能带来0.7%的贸易增长,和20世纪90年代相比大幅下降。根据荷兰《统计学家》发布的数据,全球贸易量2016年第一季度持平,第二季度下降0.8%。美国的情况也不例外。2015年美国进出口总值下降2000多亿美元,2016年前三季度再次下降4700多亿美元。这是第二次世界大战以来美国与其他国家的贸易首次在经济增长期间出现下降。由于在全球化期间西方跨国集团将研发和销售留在国内,而把制造环节转移到成本低廉的发展中国家,使全球化的好处不成比例地落在垄断资本家手中,全球化的代价却落到了失业的工人身上。超级富豪越来越富,穷人面临的痛苦却没有得到政府帮助从而及时缓解。西方国家国内矛盾加剧。经济学家布兰科·

---

① "The Trump Era, Americas New President", *The Economist*, Nov 12, 2016.

第六章 人类命运共同体：中国社会主义文化强国建设价值坐标

米拉诺维奇（Branko Milanovic）2012年发表的"大象曲线"显示，在1988年至2008年期间，世界上大多数人口的实际收入大幅度上升，但美国和其他发达国家的大多数居民的收入没有上升。① 在这种背景下，全球化开始退潮，发达国家开始背弃全球化进程。世界贸易组织最近一轮全球贸易谈判2015年以失败告终。根据WTO2016年7月公布的数据，2008年以来其成员国共实施了2100多项新的贸易限制措施。

过去几十年来，资本、市场和技术从西方发达国家向更广泛的发展中国家转移和扩散，使许多原来处于边缘的发展中国家有条件实现经济跨越式发展。伴随着这种转移和扩散，世界的经济格局和利益关系发生了结构性调整。原来推动全球化的西方国家和被认为是边缘的发展中国家对全球化的态度也发生了逆转。最近英国《经济学人》杂志委托一家名为YouGov的调查机构，对19个国家的民众对待移民、贸易和全球化的态度进行了民意调查。调查数据显示，新兴市场国家和西方国家之间的差距巨大。受到工资增长停滞的困扰，西方国家开始背弃全球化。在美国、英国和法国，只有不到一半的受访者认为全球化是"向善的力量"。西方人认为世界正在变得更加糟糕。即使是相对来说比较乐观的美国人也感到郁闷，只有11%的人认为在全球化运动中世界改善了。相反，经济增长最快的国家对全球化持更为积极肯定的态度。越南、菲律宾、印度、泰国、马来西亚、印度尼西亚等国对全球化持肯定态度的受访者超过70%；其中越南最高，达到90%以上。而法国、美国、英国等国家对全球化持肯定态度的受访者都在50%以下，在19个调查对象中是最低的。法国、美国、英国等国家的受访者对外国人来并购本国企业持反对态度，而亚洲国家的受访者则认为这不构成什么问题。②

---

① Milanovic B, *Global Inequality: A New Approach for the Age of Globalization*, Cambridge: Harvard University Press, 2016.

② Graphic detail, "What the World Thinks about Globalisation: Daily Chart", *the Economist*, Nov 18, 2016.

和东南亚其他国家一样,中国也是全球化运动的受益者,目前也对经济全球化持肯定的态度。中国提出"一带一路"倡议。"一带一路"沿线主要是新型经济体和发展中国家,经济发展普遍处在上升期,经济总量为21万亿美元,占全球总产出的26%。中国积极推进这一地区的"五通",即政策沟通、设施联通、贸易畅通、资金融通、民心相通。创建"三同"就是利益共同体、命运共同体和责任共同体。同时,中国也在积极推进亚太自由贸易区的建设。中国领导人习近平在亚太经合组织第二十四次领导人非正式会议第一阶段会议上的发言明确阐述了中国对于经济全球化的态度。习近平指出,亚太经合组织应该"坚定不移引领经济全球化进程。经济全球化进入阶段性调整期,质疑者有之,徘徊者有之。应该看到,经济全球化符合生产力发展要求,符合各方利益,是大势所趋。我们不能因为一时困难停下脚步,要在参与经济全球化进程中,注重同各自发展实践相结合,注重解决公平公正问题,引领经济全球化向更加包容普惠的方向发展。我们要用行动向世界宣示,亚太对经济全球化决心不变、信心不减"。[①]

西方国家所推动的全球化绝不仅仅是经济的全球化,"全球化"和"经济全球化"绝不是一个概念。西方所指的"全球化"是以推广西方现代性(包括意识形态、政治经济体制和世界市场)全球扩散的全球化,由于其负面效应,西方国家作为推动者已经失去了动力。目前,世界发展中国家和新兴经济体对于经济发展的内驱力,将成为"经济全球化"的新动力。由于动力机制不同,目前由新兴经济国家推动的"经济全球化"将不会是已近尾声的以西方现代性为核心的全球化的2.0或3.0版本,而是以经济增长为核心的全球经济合作机制。

---

① 习近平:《面向未来开拓进取 促进亚太发展繁荣——在亚太经合组织第二十四次领导人非正式会议第一阶段会议上的发言》,载《光明日报》,2016年11月22日。

第六章　人类命运共同体：中国社会主义文化强国建设价值坐标

三、国际文化传播的新趋势

如上所述，以西方国家为主导的全球化运动，有着很强的西方化色彩，在拓展市场的过程中伴随着社会制度和西方价值观的推广。软实力理论的创导者美国学者约瑟夫·奈（Joseph Nye）将一个国家创造软实力（吸引力）的来源定义为三个方面：它的文化、政治价值观和外交政策。①从著名的马歇尔计划到后来的历任美国总统，都十分强调美国价值观和意识形态的输出，甚至不仅仅是市场经济体系和民主制度，就连文化和审美趣味也都要向西方标准看齐，造成了严重的文化同质化。在原有的国际政治经济框架之下，全球的文化潮流却大部分还是由美国等西方国家带领控制。作为美国的盟友，由于政治制度和意识形态一致，日本漫画和"韩流"在美国流行，并在亚洲乃至世界形成一定的影响力。2012年，韩国音乐人"鸟叔"的音乐视频"江南Style"通过YouTube在全球流行。而一些评论家，如美国CNN广播公司的著名主持人和《华盛顿邮报》的专栏作家Fareed Zakaria认为，由于政治制度和意识形态不同，中国是永远不可能创造出这样的全球流行"Style"。② 有学者甚至认为中国想在文化意识形态领域挑战美国的地位是"不可能完成的任务"③。可以看出，在旧有的以西方化为宗旨的全球化运动过程中，中国文化的国际传播如逆水行舟。意识形态的对抗性对中国文化的阻止作用超过了所有的贸易壁垒。

---

① J. S. Nye, *The Paradox of American Power: Why the World is Only Superpower Can It Go It Alone*, NY: Oxford University Press. 2002.

② See R. Joustra, "The Kung Fu Panda Problem: Gangnam Style Goes Global", http://www.carus.ca/blog/2012/10/the-kungfu-panda-problem-gangnam-style-goes-global(访问日期：2015年7月12日)。

③ W. Sun, "Mission Impossible? Soft Power, Communication Capacity, and the Globalization of Chinese Media", *International Journal of Communication*, Vol.4, 2010, pp.54-72.

随着"后全球化时代"的到来,西方化现代性推动的乏力和新兴市场国家经济发展内生力需求带动的"经济全球化"的展开,将会对意识形态的对抗性起到一定的缓冲作用。特朗普当选美国总统后,韩国官员忧心忡忡地对《华盛顿邮报》记者迈克尔·迈科夫(Michael McFaul)说,"特朗普从来只谈钱,绝口不提价值观的事。"因此,迈科夫建议当选总统提"民主""自由"和西方价值观,因为价值观是西方盟国之间的精神纽带。当然,迈科夫也看到,指望特朗普总统像以前的总统那样去国外推行民主太不切实际了,但是至少要在名义上"捍卫民主"①。特朗普是一个反对全球化的人士。他认为美国的模式不一定适合全球所有国家,也不主张在海外输出美国价值观。他的观点并不是孤立出现的。贝淡宁(Daniel A. Bell)的《中国模式:精英政治与民主的局限》以及杰森·布伦南(Jason Brennan)的2016年的新书《反对民主》(*Against Democracy*)代表了西方知识界在英国脱欧公投和美国大选之际对民主选举制度本身局限性的反思。

这种迹象表明,在"后全球化时代",与冷战时期以及全球化时代相比,意识形态的对抗性可能会出现某种程度的缓和。这种缓和是经过了冷战与西方化的沉重代价后取得的,来之不易,有可能为国际之间的文化交流和不同文化的国际传播打开一定的空间。在这个新的空间中,国际学术界和国际社会将不仅仅用西方价值一个标准或一个维度来看待世界。国际文化界一直主张的文化多元化将真正被人们所肯定。去掉意识形态的滤镜,不再把彼此作为"假想敌",从多元文化的不同视角更多地换位思考,会使国际文化交流和传播更有实效。当然,由于这种缓和刚刚出现一些苗头,我们还不能对空间的广度持太过乐观的态度。

在以西方化为特征的全球化过程中,我们很难发现什么东西或哪个领

---

① Michael McFaul, Our Allies are Afraid. Here's How Trump can Reassure Them, *The Washington Post*, Nov 17, 2016.

第六章 人类命运共同体：中国社会主义文化强国建设价值坐标

域是处于全球化之外的，现代性成了所有事物的标准，一切都被纳入了西方的框架之内。以国际艺术传播为例，"当代艺术的全球化是西方艺术体制观念深刻而广泛扩散的结果（比如艺术学校和商业画廊）。而西方的艺术体制观念是建立在特定审美理念基础之上的。所有非西方的艺术作品在全球范围内的流动是在西方艺术审美观念统治的体制框架内发生的。也就是说，在全球当代艺术界流通的作品，不管它是在什么地方产生的，全都是由专家按照西方艺术观念的特定标准发现挑选出来的。如果不符合这个标准，就会被当代艺术界踢出圈外。尽管有些作品是在不同的地方，甚至不同的地缘文化中产生的，但它们必须在同样的认知语境中流通"①。但是，对西方标准唯一化的挑战即使在全球化运动最鼎盛的时期也没有停止过。早在 1991 年，在伦敦成立的"新国际主义视觉艺术研究所"（INIVA），就向西方标准唯一化提出了挑战："所谓'国际'视觉艺术的主流，变成了西欧和美国的代名词。这种以西方/欧洲为中心定义，其局限性就在于它把无比丰富的世界文化艺术的实践（包括在西方地域内的少数族群文化）排除在了当代艺术展览和艺术史之外。""'新国际主义'就是要把世界上众多文化的成就纳入话语体系当中来，使之能够参与世界艺术的各种展览，并写进世界艺术历史，从而填补这一鸿沟"。② 2010 年出版的洛特·飞利浦森的《使当代艺术全球化》（*Globalizing Contemporary Art*）把"挑战传统的当代艺术的欧洲中心主义范式"作为全书的核心论题。从当代艺术发展的实践来看，艺术也早已"突破了原来的欧洲中心主义。世界各地大量出现的双年展就是一个突出的案例。世界重要的双年展都变成了全球社区。第三世界被推上了全球艺术的舞台。打破地域和国家的界限，已经成为双年展组织者的一条规则。……展出来自世界'边缘'

---

① Philipsen L, "Unbound: The Circulation of Works of Art among Different Cultures", *Journal of Aesthetics & Culture*, Vol.5, Issue.3, 2013.

② See Lotte Philipsen, *Globalizing Contemporary Art*, Aarhus: Aarhus University Press. 2010.

的作品，用意不仅在于对抗欧美作品占主流的传统，而且在于对西方世界的艺术创造理念提出质疑"①。实际上绝不仅仅限于国际艺术传播领域，几乎在所有领域，都有对西方化的抵制和挑战。如果说在以西方化为特征的全球化时代，这种挑战还比较"边缘"的话，在即将到来的"后全球化时代"，这种挑战将进入主流话语，甚至将不以"挑战"的姿态出现。"后全球化时代"的主流话语将是新的、真正属于多元文化的话语体系。

当然，在这个"新的、真正属于多元文化的话语体系"形成之前，我们也不能不看到，随着去全球化呼声的逐渐高涨，目前在全球范围内出现的民族主义和民粹主义可能会对国际文化传播和国际文化交流造成一定的影响。这一话题我想另文探讨，这里就不展开了。我想说的是，任何形式的民族主义或民粹主义都不可能阻止世界文化多元、开放的格局。在"新的、真正属于多元文化的话语体系"中，中华文化的国际传播将会获得更多的机遇、取得更多的成就。

第二节　从全球化时代到全球共同体时代 ②

全球化时代已经进入第二阶段：全球共同体时代。随着全球权力转移和逆全球化的发展，由西方推动的全球化已难以为继。全球共同体时代是对全球化的深化和纠偏。全球共同体时代的三大特征是：休戚与共，人类命运紧密相连；守望相助，人类必须寻求更大范围的合作；开放包容，世界的治理模式和话语方式将呈现多样化的态势。全球共同体时代面临三大

---

① Dumbadze, Alexander, and Suzanne Hudson, eds. *Contemporary Art:1989 to the Present*, New York: John Wiley & Sons, 2012.

② 本节内容最初发表于 2020 年第 6 期《现代传播（中国传媒大学学报）》，作者：李怀亮。

第六章　人类命运共同体：中国社会主义文化强国建设价值坐标

挑战：包括病毒疫情在内的自然灾害、经济衰退以及人类自身的偏见。人类命运共同体理念超越了历史上的共同体理论，从人类命运的高度来理解"一种关于归属的观念"，是对人类集体"意义、团结和集体行动的寻求"。人类命运共同体理念是中国处理国际事务的指导思想。疫情改变着世界，疫情之后，人类命运共同体意识将具有更为广泛的国际共识，成为国际社会主流话语体系。

民粹主义、单边主义等在全球的扩散，大有终结全球化的趋势，而通过仔细考察就可以发现，这场突如其来的全球疫情，看似让全球化雪上加霜，实则把全球化推到了 2.0 版本，也就是全球共同体时代。全球共同体时代是对全球化的深化和纠偏，而不是终结和替代。当把地球村（global village）、全球化（globalization）、全球共同体（global community）这三个词放在一起来思考的时候，可以发现：地球村是一个时空压缩的概念、全球化是一个带有西方化特色的概念，而全球共同体则是一个人类命运视角的共情性概念。

一、权力转移与逆全球化

全球化无疑是 20 世纪 80 年代以来对当代社会影响最大的关键词之一。经济全球化实现了全球范围内产业结构的调整和产业链的融合，促进了经济增长和贸易发展。权力转移与逆全球化的根基深植于全球化运动的内在机制。根据全球化战略理论家们设置的全球价值链理论，西方发达国家的跨国集团，把资本密集和人才密集的研发环节留在发达国家内部，而把污染环境、耗费材料并且利润率最低的制造业环节转移到发展中国家，最后面向全球市场来销售产品，获取高额利润。西方资本主义跨国集团公司在全球范围内畅通无阻，凭借雄厚的资本实力、领先的技术水平、先进的管理经验、多样化的营销手段以及制定游戏规则的先发优势，在国际市场上获得了垄断性的市场地位和丰厚甚至超额的利润。

这个被称为"微笑曲线"的价值链理论,在短时间内实现了全球资本、人力资源和市场的优化资源配置,实现了全球范围内的产业转移。新兴市场国家正是在经济全球化的过程中,抓住了制造业环节的外溢机会,实现了经济的迅速发展。中国传统的艰苦创业精神和发明创造智慧在中国与全球化的碰撞中擦出了火花,让中国成为世界工厂,实现了经济腾飞。以中国为代表的新兴市场国家由此在国际事务中获得了越来越多的话语权,这便是西方话语内部所说的权力转移。由于在全球化期间西方跨国集团将研发和销售留在国内而把制造环节转移到成本低廉的发展中国家,使全球化的好处不成比例地落在垄断资本家手中,全球化的代价却落到了失业的工人身上。"微笑曲线"让跨国集团的报表保持了微笑,同时也让一些发达国家的"经济主权"受到了挑战:由于工厂外迁,造成个别发达国家内部的制造业空心化,原来的制造业基地经济下滑、民生衰退。超级富豪越来越富,穷人面临的痛苦却没有得到政府的及时缓解,导致西方国家的国内矛盾日益加剧。经济学家布兰科·米拉诺维奇(Branko Milanovic)2012 年发表的"大象曲线"显示,在 1988 年至 2008 年期间,世界上大多数人口的实际收入大幅度上升,但美国和其他发达国家的大多数居民的收入没有上升。[①] 在这种背景下,全球化开始退潮,发达国家开始背弃全球化进程。英国脱欧和特朗普当选美国总统以来,国际社会出现了一股逆全球化的动向。西方国家内部民粹主义情绪高涨。美国丢弃全球化积极推手的角色,背弃多项国际协定,大搞单边主义,主张"美国优先",提高关税壁垒,发动贸易战,给全球产业链造成损害,使本来已经十分疲软的全球经济雪上加霜。

---

① Branko Milanovic, *Global Inequality, A New Approach for the Age of Globalization*, Cambridge: Harvard University Press. 2016. p. 48.

二、全球共同体时代特征之一：休戚与共，人类命运紧密相连

现有的世界秩序是建立在"民族国家"理论基础之上的。民族国家实现了民族与国家的统一，并与资本主义经济活力结合在一起，显示出巨大的优势。民族国家这种国家形式也被世界范围的其他国家接受和模仿从而向全球拓展，不仅成为近代以来主导性的国家形态，而且进一步构建了民族国家的世界体系。随着民族国家的构建和扩张，民族这种特定的人类群体受到了越来越多的关注，"民族"（nation）也成为运用广泛的描述和分析人类群体形式的概念工具。这也凸显了一个事实，民族这种人类群体，一开始就与国家联系在一起。民族国家不仅是民族这种人类群体得以凸显的逻辑前提和历史前提，而且构成了民族概念的逻辑基础和理论预设。以往的共同体理论，不论村落共同体、社区共同体、阶层共同体还是行业共同体，都是在民族的范围内来讨论的。滕尼斯把共同体看作一种与社会相对的生活，"特指那些凭借传统的自然感情而紧密联系的交往有机体"[①]。本尼迪克特·安德森认为，"民族是一种想象的政治共同体——并且，它是被想象为本质上有限的，同时也享有主权的共同体。"[②] 鲍曼认为，基于人与人之间差异性的共享基础上的共同体形态，是一种基于他人和社会对个体平等权利和机会给予尊重上的共同体[③]。而在类型上，民族共同体、宗教共同体、种族共同体，乃至科学共同体、艺术共同体等，都曾出现在共同体的类型学视野中。同样，脱离近代以来的"民族"概念的内涵，就

---

① ［德］费迪南·滕尼斯：《共同体与社会：纯粹社会学的基本概念》，林荣远译，北京：商务印书馆1999年版，第154页。

② ［美］本尼迪克特·安德森：《想象的共同体：民族主义的起源与散布》，吴叡人译，上海：上海世纪出版集团2005年版，第6—7页。

③ ［美］齐格蒙特·鲍曼：《后现代性及其缺憾》，郇建立等译，上海：学林出版社2002年版，第242页。

无法对"中华民族"的内涵和特点进行合理的解释①。民族国家理论包括的概念和方法也成为我国民族学研究的基础性框架。

不同于以往的共同体理论，人类命运共同体理论超越了民族国家层面，把全球作为共同体的范围，把共同命运作为连接人类的纽带，深刻地揭示了人类前途命运和时代发展趋势之间的内在逻辑，有着深刻丰富的理论内涵。打造人类命运共同体的内涵，"强调要建立平等相待、互商互谅的伙伴关系，营造公道正义、共建共享的安全格局，谋求开放创新、包容互惠的发展前景，促进和而不同、兼收并蓄的文明交流，构筑尊崇自然、绿色发展的生态体系。这五个方面形成了打造人类命运共同体的总布局和总路径……从不同角度诠释了人类命运共同体的内涵，相辅相成、缺一不可，形成一个完整统一的有机整体"②。

三、全球共同体时代特征之二：守望相助，人类必须寻求更大范围的合作

2020年3月27日，习近平主席在与美国总统特朗普通话时表示："中美合则两利、斗则俱伤，合作是唯一正确的选择。希望美方在改善中美关系方面采取实质性行动，双方共同努力，加强抗疫等领域合作，发展不冲突不对抗、相互尊重、合作共赢的关系。"共同体时代，世界各民族的合作变得更加广泛深入和必要。中美关系如此，世界各民族的关系也是一样。在国际事务中，中国秉持人类命运共同体理念，在国际和区域层面建设全球伙伴关系，走出一条"对话而不对抗，结伴而不结盟"的国与国交往新路。在共同体时代，中国倡导世界各国摆脱结盟或对抗的窠臼，顺应时代发展潮流，平等相待、互商互谅，探索构建不设假想敌、不针对第三

---

① 周平：《中华民族的性质和特点》，载《学术界》，2015年第4期。
② 王毅：《携手打造人类命运共同体》，载《人民日报》，2016年5月31日。

第六章　人类命运共同体：中国社会主义文化强国建设价值坐标

方、具有包容性和建设性的伙伴关系。这为各国正确处理相互关系指明了方向和途径。在疫情全球蔓延势头得不到遏制的情况下，世界各国必须深刻地意识到，我们共处于一个休戚相关的命运共同体中，我中有你、你中有我、互联互通、彼此包容，加强沟通、增进联系、深化政策协调，是摆脱当前困境的最好选择。

四、全球共同体时代特征之三：开放包容，世界的治理模式和话语方式将出现多样化的态势

"西方中心"长期支配和影响着人们理解世界和解释世界的方式。从19世纪开始欧洲国家"开始输出主权、管理、法律、外交和商业的欧洲思想。在这个意义上讲，欧洲不仅主导着世界的其他部分，使其黯然失色，而且在独特的欧洲价值和机制基础上建立起了全球秩序。欧洲人成功地把他们的地区性秩序复制成了全球层面上的基础性规则"①。有学者认为，过去的一千年"欧洲一直是世界政治的中心"②。"世界历史，至少五百年以来的世界历史，是欧洲的历史。"第二次世界大战以来，西方不仅在军事和经济上处于支配地位，而且在国际话语体系中形成了霸权。也就是说，当代国际社会的制度和标准体系都是由西方扩展来的，西方的思想体系奠定了当今社会的基础性思想框架，我们只能在这个框架内，用西方的观点和方法进行思考；西方的制度文明成为现代性话语的唯一合法性来源。

在西方现代性话语霸权之下，西方具有唯一的"合法性"，除了西方之外的地方都被视为"其余部分"（the rest）。在西方的叙事话语中，"其

---

① Charles Kupchan, *No One's World: The West, The Rising Rest, and The Coming Global Turn*, New York: Oxford University Press, 2013, p.78.
② Graham Allison, "The Thucydides Trap: Are the U.S. and China Headed for War?", *The Atlantic*, September 24, 2015. http://www.theatlantic.com/international/archive(访问日期：2020年2月22日)。

余部分"是倾向于专制的。西方中心主义的文化霸权理论,采用二分法原则,把世界分成"中心"和"边缘",西方是进步的力量,是创新和启蒙思想的载体,西方在推动世界"其余部分"进步。在第二次世界大战之后自由世界秩序和西方话语的构建过程中,美国起到了关键的作用,特别是美国的军事力量。西方世界在"自由秩序"构建过程中,特别突出地强调了"自由、民主、美国理想"等"合法性"一面,"强调西方机构、所有权和文化吸引力等因素,而有意回避军事力量在当今世界秩序创建和维持过程中的作用"①。

如罗兰·罗伯逊(Roland Robertson)所说,全球化的实质是"西方现代性观念在世界范围内扩散的历史进程"②。全球化时代有两个显著特征:第一,全球化的主导话语体系是自由国际主义的国际霸权。第二,市场经济、多党竞争的社会治理模式被说成是人类发展的终极模式和普遍价值,与其条条框框不符的所有的其他治理模式,统统被打上愚昧落后专制的标签,都没有存在的合法性。

进入21世纪以来,以中国为代表的世界"其余部分"的崛起,如俄罗斯、巴西、印度以及南非等金砖国家逐渐在国际舞台上占据越来越重要的地位,美国霸权的衰落,世界多极化成为不可逆转的趋势,西方的话语霸权也受到了越来越多的挑战。随着权力由西方向东方的转移,自由国际主义的话语霸权将被打破,人类命运共同体理念将得到越来越广泛的国际共识,上升为主流意识形态,获得主流话语权。全球化时代,西方的政治领袖和学术精英把西方的治理模式看成世界唯一的、终极的治理模式,此外一切模式都没有合法性。而实际上,因为历史发展阶段的不同、政治经济文化的发展不平衡,每个国家应该找到最适合自己的发展道路和治理模式。

---

① Oliver Stuenkel, *Post Western World*, Cambridge: Polity Press, 2016, p.3.
② Roland Robertson, *Globalization: Time-space and Homogeneity-heterogeneity*, in Featherstone, Lash, Robertson: Global Modernities, 1995, SAGE, p.25.

第六章　人类命运共同体：中国社会主义文化强国建设价值坐标

第三节　人类命运共同体理论与国际软实力格局的重构[①]

在党的十九大报告中，习近平总书记指出，世界命运握在各国人民手中，人类前途系于各国人民的抉择。中国人民愿同各国人民一道，推动人类命运共同体建设，共同创造人类的美好未来。这一宣示，是在习近平总书记构建人类命运共同体理论引领国际软实力格局重构的背景下提出来的，是以科学理论塑造国际软实力格局的重要体现。

软实力理论是在大国博弈的现实基础上产生的，其倡导者约瑟夫·奈把一个国家软实力的来源界定为三个方面：文化、政治理念和外交政策。从外交政策这个维度出发，我们可以看到，随着世界多极化的到来和世界格局的历史性深刻转变，美国自第二次世界大战结束以来奉行的单边性"民主外交"政策，为世界和美国自身带来一系列严重后果，越来越受到强烈质疑。相反，习近平主席"一带一路"倡议的实施，特别是共商共建共享的全球治理观和构建人类命运共同体的倡导，得到了国际社会的广泛欢迎。习近平主席2017年1月17日在达沃斯世界经济论坛发表演讲之后，据BBC报道，研究全球化问题的专家认为，"中国领导人提出'人类命运共同体'的倡导符合人类发展大趋势"。新加坡国立大学亚洲和全球化研究所所长黄靖指出，"中国在全球化遭遇阻力和挑战时提出'人类命运共同体'，是一个势在必行之举，符合全球化发

[①] 本节内容节选自2018年第7期《对外传播》的《西方话语霸权的消解与中国软实力的系统性构建》与2017年第21期《红旗文稿》的《人类命运共同体理论与国际软实力格局的重构》，作者：李怀亮。

展潮流的倡导"。中国为世界的和平发展和全人类的进步贡献了智慧和思想。在新的国际环境下,习近平主席构建人类命运共同体理论,将成为外交层面中国软实力建设的重要指导思想,对中国软实力的提升起到极大的促进作用。

一、美国"民主外交"政策的困局

"美国外交政策的核心要素是推进民主"。"民主外交"是美国外交政策的核心,也是美国软实力的核心内容。冷战结束以来,美国把在全世界推广"民主"当作自己的使命。历代美国领导人都把这种传统理念落实到其具体的外交政策和外交实践当中,不遗余力地在海外推广"民主"。美国之所以这么做,是与其切身利益相关的,而且这也不是什么秘密:"美国公开地宣告民主化代表了美国的战略利益。美国希望在海外推广民主获取自身在安全防卫和经济方面的利益。一直以来,推广民主对美国维护自身利益的功能都是非常明显的。"把推进"民主"这样冠冕堂皇的说法,和自身利益搅在一起,甚至常常是打着"民主"的旗号来获取自身的经济利益,这就必然形成美国"民主外交"的内在困局。

美国的"民主外交"政策为美国的国家利益带来了极大好处,对其软实力提升起到了重要作用。约瑟夫·奈在谈及美国霸权时曾说:"美国当然不仅仅限于使用武力。在过去的世纪中美国一直在与这个或那个国家打仗。世界各地的许多民众——虽然肯定不是全部——都相信美国的战争是出于高尚的动机,本质上代表了正义的、善的力量。特别有趣的是,中国在过去几十年中几乎没有对外战争,但从总体上来说,中国仍然是被人质疑的。"显然,美国的"民主外交"政策,为其国家经济上带来了好处,政治上带来了声誉。

但是,我们也要看到,美国"民主外交"的这种内在困局大大削弱了其在国际社会的影响力,制约了其核心软实力的作用。比如,美国经常会

第六章　人类命运共同体：中国社会主义文化强国建设价值坐标

打着保护"人权"的名义进行武装颠覆他国政权的活动。有时它所推翻的政权恰恰是民选总统。它扶持谁、打压谁，唯一的依据是谁符合美国的利益。有时，"民主"甚至会成为美国政府为其失误进行辩解的一种借口。比如，发动伊拉克战争的情形就是如此。虽然美国情报部门没有发现伊拉克与基地组织有任何联系，但布什总统仍然相信萨达姆·侯赛因是基地组织的幕后黑手。他的幕僚们花了大量时间和精力，四处演讲会谈，说服美国民众，使他们相信伊拉克藏有大规模杀伤性武器，对美国构成严重威胁。美国国会于2002年10月批准对伊拉克动武。布什政府不顾世界广大地区的强烈反对，发动了这场旷日持久、血腥残酷的战争。然而，入侵伊拉克后，并没有发现所谓的大规模杀伤性武器。面对来自世界各地和美国国内的严厉批评，布什政府声明这场动用了大规模军队、耗资10亿美元以上并给伊拉克人民带来深重灾难的战争"是为了在伊拉克并最终在其他阿拉伯世界推广民主"，"把人们对大规模杀伤性武器的注意力转移到了反对独裁统治上来"。

美国的"民主外交"不仅在国际社会受到越来越多的抵制和反对，在美国国内也越来越得不到民众的认可与支持。在过去几十年中，美国国内对于其历届政府所推行的"民主外交"政策，一直都有着激烈争论和严重分歧。美国民众对"民主外交"的支持率越来越低，他们正在丧失对于美国政府推行"民主外交"的信心。美国的"民主外交"已日薄西山。

二、西方话语霸权的消解

一个半世纪以来，西方不仅在军事和经济上处于支配地位，而且在国际话语体系中形成了霸权。人们理解世界和解释世界的方式，长期受到"西方中心"的支配和影响。正如美国乔治城大学查尔斯·库普坎教授所说，从19世纪开始，欧洲国家"开始输出主权、管理、法律、外交和商业的欧洲思想。在这个意义上讲，欧洲不仅主导了世界其他部分，使其黯然失色，而且在独特的欧洲价值和机制基础上建立起了全球秩序。欧洲人成功地把他们的地区性秩序复制成了全球层面上的基础性规则"。

在西方现代性话语霸权之下，西方具有了唯一的"合法性"，除了西方之外的地方都被视为"其余部分"（the rest）。在西方的叙事话语中，"其余部分"在历史上为人类发展所做的贡献被严重低估甚至视而不见，"其余部分"是蒙昧野蛮专制的代名词，需要用西方的文明标准去开发，不论什么样的历史背景和经济发展阶段，都只能用西方的模式去套改。西方中心主义的文化霸权理论，采用二分法原则，把世界分成"中心"和"边缘"，把"其余部分"和西方对立起来，认为西方不仅代表了政治"民主"和"人权"，甚至"民主"和"人权"本来就是西方文化的本性，而非西方的"其余部分"则是倾向于专制的。西方中心主义构造了这样的元叙事：西方是进步的力量，是创新和启蒙思想的载体，是西方在推动世界"其余部分"进步。

第二次世界大战之后，在"自由世界"秩序和西方话语的构建过程中，美国特别是美国的军事力量起到了关键性的作用。美国的"理想主义"和"美国例外"对战后世界秩序的建立发挥了重要影响。所谓"美国例外"，是与美国民族优越论、美国对世界的责任契约、不妥协的爱国主义等美国身份构建联系在一起的。西方国家在"自由世界"秩序构建过程中，特别突出地强调了"自由、民主、美国理想"等"合法性"的一面，"强调西方机构、所有权和文化吸引力等因素，而有意回避军事力量在当今世界秩序创建和维持过程中的作用"。如果没有第二次世界大战之后美国在世界各地的驻军，如果没有对法国和意大利等国家共产主义运动的武力威胁，如果没有美国在拉丁美洲、非洲和亚洲武装颠覆其敌对政府，如果没有美国政府在世界各地强硬地推行其政治、经济的利益和标准，西方话语霸权的构建是不可想象的。

第六章　人类命运共同体：中国社会主义文化强国建设价值坐标

进入 21 世纪以来，以中国为代表的世界"其余部分"的快速发展，如俄罗斯、巴西、印度以及南非等金砖国家逐渐在国际舞台上成为越来越重要的角色，美国霸权的衰落、世界多极化成为不可逆转的趋势，西方的话语霸权也受到了越来越多的挑战。反对恐怖主义、维护国际金融稳定、应对全球气候变暖以及网络安全等问题，不是一个国家能够单独完成的任务，需要多边协作、共同努力。在这些问题上，金砖国家特别是中国已经成为重要的贡献者。在现有的国际秩序之内，中国作为负责任大国的行动受到了国际社会的广泛关注和赞赏。中国已成为重要的国际捐助国，是一个卓越的贡献者而不是"搭便车"者。中国的国际形象在明显提升，"中国威胁论"和"中国崩溃论"不攻自破。随着"一带一路"倡议的响应者和受益者越来越多，中国在国际社会的话语空间也越来越大。

三、中国软实力的新崛起

改革开放以来中国经济的迅速崛起，引起了全世界的瞩目。然而对于中国的软实力建设的成效，国内评价较为谨慎，国外评价则有贬抑之嫌。从国内来讲，党和政府提出了要把中国建设成为社会主义文化强国的目标，清醒地认识到国际软实力对比"西强我弱"的局面长期没有得到改变。在这个问题上，学术界更多地看到中西特别是中美软实力建设的巨大差距，更强调软实力建设过程中如何学习西方的经验。从国际范围来看，虽然中国的软实力在一些国家和地区如非洲和部分"一带一路"国家得到赞赏，但在西方国家，不论是对中国软实力建设的成绩还是对其未来发展，基本上持负面的评价。比如，美国乔治·华盛顿大学政治和国际事务学的教授沈大伟指出：中国确实走向了世界，但只是部分。据沈大伟的调查："中国的软实力及其文化在全球的吸引力仍然非常有限。"他进一步阐述道："在中国寻求全球大国地位的过程中，已发现国际形象和软实力的重要性。但是，在这个领域，我们虽然见证了越来越多中国在国外的文化活动,但对全球文化潮流的影响很小。"① 约瑟夫·奈认为,中国在软实力上的投资和努力实际上鲜有回报。② 有些人甚至更进一步预测,中国的魅力攻势是注定要失败的,是一个"不可能完成的任务"。

客观上说,中国软实力的建设的确还有很长的路要走,但如果把它的前景看得那么黯淡,则未免失之偏颇。这里存在一个衡量标准,或者说看问题的角度的问题。如果按照西方标准来看,中国的软实力建设的确是一个"不可能完成的任务"。按照西方标准来套中国问题,就会得出"中国崩溃论"或者"中国威胁论"的结论,但实践证明这些结论都站不住脚。西方的学者在研究中国问题时往往很自然地会用西方经济社会发展的标准设计一个模型,然后用这个模型来判断中国政治、经济和社会的未来走向,而不是把中国当成一个研究客体,深入研究该客体自身的运行规律和内在逻辑,这样就容易犯主观主义的错误。特别是西方"中心—边缘"的思维范式,会习惯性地漠视"边缘"国家的历史,贬低"边缘"国家的影响。可喜的是,由于多极化时代的到来,随着世界秩序的深刻变化,原有的"中心—边缘"思维模式也在逐步消解,为中国的软实力建设提供了发展的空间。

实际上,中国的软实力建设并不像这些国际学者所说的那么悲观。软实力理论是在大国博弈的现实基础上提出来的,其倡导者约瑟夫·奈把一个国家软实力的来源界定为三个方面:文化、政治理念和外交政策。③ 从外交政策这个维度出发,我们可以看到,随着世界多极化的到来和世界格局的历史性深刻转变,美国自第二次世界大战结束以来奉行的单边"民主

---

① Shambaugh, D., *China Goes Global: the Partial Power*, Oxford University Press, 2013, p.17.

② Nye, J. S., "Why China is Weak on Soft-power", *International Herald Tribune*, 2012, Vol.3, p.15.

③ Nye, J. S., *The Paradox of American Power: Why the World's Only Superpower Can't Go It Alone*, NY: Oxford University Press, 2002, p.48.

第六章　人类命运共同体：中国社会主义文化强国建设价值坐标

外交"政策，为世界和美国自身带来一系列严重后果，越来越受到强烈的质疑。这种质疑不仅来自国际社会，也来自美国国内。随着特朗普政府外交政策的逐步清晰化，以民主为核心和旗帜的美国外交政策也发生深刻的变化。美国的外交政策将不再以推进全球民主为宗旨。这将会对美国既有的软实力内核产生重大影响。威廉姆斯学院人文学教授苏珊·邓恩认为特朗普的外交政策完全抛弃了约瑟夫·奈提出的软实力。[1] 由此可以看出，随着全球化的退潮，美国政府的软实力策略已经发生很大变化，以推动全球"民主"为核心和旗帜的美国软实力政策正在让位给贸易保护主义和民粹主义主张。

随着"一带一路"倡议的实施，全球治理的中国方案和"人类命运共同体"倡导，得到了国际社会的广泛欢迎。习近平主席2017年1月17日在达沃斯世界经济论坛发表演讲之后，BBC的报道引用研究全球化问题的专家的观点认为，"中国领导人提出'人类命运共同体'的倡导符合人类发展大趋势"。新加坡国立大学李光耀公共政策学院特聘讲座教授、亚洲和全球化研究所所长黄靖指出："中国在全球化遭遇阻力和挑战时提出'人类命运共同体'，是一个势在必行之举，符合全球化发展潮流的倡导。"英国国王学院的中国问题观察家凯利·布朗说："在全世界的眼中，美国地位有所下降，中国变得更加重要，因此习近平讲话具有重要的象征意义。"[2]

在新的国际环境下，中国的和平自主外交政策得到了更广泛的认可。中国为世界的和平发展和全人类的进步贡献了智慧和思想。"人类命运共同体"的理念，有着中国优秀传统文化中的"和合"基因，体现了中华民族追求世界各民族"美美与共"的理想。在习近平新时代中国特色社会主

---

[1] Susan Dunn, "Trump's America First Has Ugly Echoes From U.S. History", CNN, updated AM ET, Thu April 28, 2016.

[2] http://www.bbc.com/zhongwen/simp/indepth-38655017.

义思想的指导下,中国的软实力建设必将会迈上一个新的台阶。

近年来,中国高举和平、发展、合作、共赢的旗帜,积极推动建设相互尊重、公平正义、合作共赢的新型国际关系。我们呼吁构建人类命运共同体,积极促进"一带一路"国际合作,积极参与全球治理体系改革和建设,不断贡献中国智慧和力量。这些都彰显了中国软实力的不断提升。

四、中国软实力的系统性构建

在理念方面,中国提出了"构建人类命运共同体"的全球观,秉持共商共建共享的全球治理观,倡导国际关系民主化。努力构建以合作共赢为核心的新型国际关系,共同面对人类发展特定阶段常出现的复杂难题,集中体现了中国智慧和中国担当,为世界提供了包含价值理念、制度设计在内的全球治理新思路。在2016年9月的G20峰会上,习近平主席和各国元首就加强政策协商、创新增长方式、全球经济金融治理、国际贸易和投资等议题达成许多重要共识。在2016年11月的亚太经合组织工商领导人峰会上,习近平主席指出,"我们应该构建平等协商、共同参与、普遍受益的区域合作框架,坚定推进亚太自由贸易区建设。要重振贸易和投资的引擎作用,增强自由贸易安排开放性和包容性,维护多边贸易体制。要积极引导经济全球化发展方向,着力解决公平公正问题,让经济全球化进程更有活力、更加包容、更可持续,增强广大民众参与感、获得感、幸福感。"在2017年1月举行的瑞士达沃斯论坛上,习近平主席强调,要"坚持协同联动,打造开放共赢的合作模式。人类已经成为你中有我、我中有你的命运共同体,利益高度融合,彼此相互依存"。由于世界经济下行,一些西方国家纷纷采取贸易保护主义措施,经济全球化进程一定程度上受阻。在这样一个攸关世界经济发展前途的关键时刻,中国正在扮演着四重角色:利益攸关方、关键行动者、议程设计人和变革领航员。从杭州G20到瑞士达沃斯论坛,习近平主席站在全球人类发展历史的高度所作的这一系列深

第六章　人类命运共同体：中国社会主义文化强国建设价值坐标

刻的阐述，既勇敢面对全球历史变革关键时刻的复杂挑战，又坚定了各国对经济全球化发展前景信心，发出了中国声音，贡献了中国智慧，显示了中国担当，构成了中国软实力的核心与灵魂。

制度和机制是国际影响力和软实力的基础保障，思想和主张只有通过制度安排和运行机制保障，才有可能转化为现实力量。中国积极参与和利用现有世界体系，在既有的制度安排中争取合理的发展空间。中国不仅是联合国安理会常任理事国，目前在联合国维和部队中，中国的贡献达到了五分之一。中国加入了WTO、国际货币基金组织、巴黎气候协定等，积极推动国际规则的改革和调整，争取国际规则和治理体系的发言权。习近平主席指出："过去数十年，国际经济力量对比深刻演变，而全球治理体系未能反映新格局，代表性和包容性很不够。全球产业布局在不断调整，新的产业链、价值链、供应链日益形成，而贸易和投资规则未能跟上新形势，机制封闭化、规则碎片化十分突出。"由于既有体系的这种局限，中国和其他金砖国家一起成立了金砖国家新开发银行（NDB），倡导成立了亚洲基础设施投资银行（AIIB）。这些新的制度安排将有助于使中国的理念和主张落到实处。

在实践方面，中国提出的"一带一路"倡议，已经得到一百多个国家和国际组织的响应和支持，40多个国家和国际组织同中国签署了合作协议。随着一系列重大项目的落地实施，中国企业对沿线国家的投资已达到500多亿美元。仅2016年，中国企业就在"一带一路"沿线20多个国家累计投资超过185亿美元，为东道国创造了18万个就业机会。"一带一路"朋友圈正在迅速扩大。在《巴黎协定》的达成、签署、生效、落实过程中，中国起到了关键作用。在国际援助方面，中国在自身长期处于发展水平和人民生活水平不高的情况下，从1950年至2016年，累计对外提供援款4000多亿元，实施各类援外项目5000多个，其中成套项目近3000个，举办11000多期培训班，为发展中国家在华培训各类人员26万多名。在非洲，中国正在获得越来越高的美誉度和吸引力。

在当今世界，人类面临许多共同挑战，世界面临的不稳定性不确定性突出，世界经济增长动能不足，贫富分化日益严重，地区热点问题此起彼伏，恐怖主义、网络安全、重大传染性疾病、气候变化等非传统安全威胁持续蔓延，习近平主席构建人类命运共同体理论的提出，为国际社会吹来了暖风，带来了光明。中国正以负责任大国的担当引领世界前进的方向，国际软实力格局发生了重要变化，中国将作为重要的推动力量汇入构建人类命运共同体的大潮。

第四节 社会主义文化强国建设的标准和实现路径

用什么样的标准来评价文化发展，对文化的发展方向会起到直接的影响。对于文化强国标准的理论构建、指标体系和实现路径选择进行深入的探讨，具有重大理论意义和现实意义。文化强国理论来源、现实依据和核心内涵与文化强国标准之间的逻辑关系怎样？文化强国标准的历史逻辑、学科基础和构建原则是什么？文化强国标准的内部维度和外部维度是一种怎样的关系？标准确立之后怎样保证指标体系的合理性、客观性、普遍性和可操作性？在创新性标准评价体系的指导下，如何实现路径优化？本节对国内外文化发展评价标准的研究进行回顾，并在此基础上提出构建中国特色文化发展评价体系的设想。

一、国内研究文献综述

自党的十七届六中全会首次提出建设社会主义文化强国以来，国内学界围绕社会主义文化强国的基础理论、生成逻辑、时代价值、建设标准和实现路径等进行了系统性、全方位的探讨，取得了较为丰硕的研究成果。

第六章 人类命运共同体：中国社会主义文化强国建设价值坐标

笔者对 2011 年以来国内学者对文化强国标准的研究进行了梳理，参考唐丕跃《社会主义文化强国研究的回顾与展望》① 一文，以图表形式概括如下：

表 11　社会主义文化强国建设评价标准

标准分类	代表学者	评价标准	备注（学者所在机构）
"核心标准说"	郑丽勇，2012②	现代东方文化	南京大学
	杨静美，2014③	中华文化再创新	天津社科院
	傅才武，2020④	建设 21 世纪中华民族文化共同体	武汉大学
"二标准说"	毛志成，2011⑤	对内提高文化独立性和自由度 对外扩大国际性和现代性	首师大中文系
"三标准说"	钟明华等，2021⑥	文化生产力先进、文化创造力强盛；文化凝聚力、引领力巨大；文化影响力、感召力强盛	中山大学 广东省委党校
"四标准说"	温宪元，2012⑦	社会的文化创新潜力充分激活，文化产业的规模大幅提升，拥有宏大的文化人才队伍，国家文化软实力大幅提高	广东省社科院

---

① 唐丕跃：《社会主义文化强国研究的回顾与展望》，载《湖南省社会主义学院学报》，2015 年第 2 期。

② 郑丽勇：《文化强国战略的再思考》，载《中国地质大学学报（社会科学版）》，2012 年第 4 期。

③ 杨静美、张新华：《以文化自觉自信构建中国文化强国梦》，载《理论与现代化》，2014 年第 5 期。

④ 傅才武：《推进文化强国建设的重大战略设计》，载《人民论坛》，2020 年第 31 期。

⑤ 毛志成：《文化强国贵在尊重文化资本》，载《中国党政干部论坛》，2011 年第 12 期。

⑥ 钟明华、刘雅琪：《中国共产党百年文化自觉与文化强国建设》，载《广西社会科学》，2021 年第 7 期。

⑦ 温宪元：《中国文化强国的使命与方略》，载《广东社会科学》，2012 年第 6 期。

(续表)

标准分类	代表学者	评价标准	备注(学者所在机构)
"五标准说"	齐勇锋，2011①	除了"四标准说"所提到的四点，还要求在世界文化贸易中发挥重要作用，文化贸易特别是版权贸易要由净进口转变为净出口。	中传文化产业研究院
"六标准说"	胡守勇，2021②	意识形态领导力（价值）/文化资源整合力（结构）/文化创新创造力（活力）/文化民生保障力（共享）/社会文明约束力（治理）/国家文化软实力（势能）	湖南省社科院

下面对表 1 提到的部分文献做一个简单述评：

一是"核心标准说"：

郑丽勇（2012）主张，文化强国战略是未来 30 年中国社会发展的核心战略，重建现代东方文化是文化强国的显著标志。文化强国需要一个清晰准确的定位。决定文化定位有三个主要变量：一是东西方文化；二是意识形态，即社会主义和资本主义；三是传统与现代。目前中国首要的目标是实现现代化，弱化意识形态的差异性。未来中国文化应该是多元的、现代的、东方的，并通过人的全面发展来推动人类社会的繁荣和进步。

杨静美等（2014）认为，文化强国是使中华文化不断发展创新、实现其再创造和发挥文化生产力的过程。中国要实现中华民族的伟大复兴，就要树立以高度的文化自觉和文化自信为基础的理念，在继承中国传统文化精粹的同时，推动与世界不同文化的广泛融合。

---

① 齐勇锋：《"文化强国"的几个标准》，载《人民论坛》，2011 年第 30 期。
② 胡守勇：《建成社会主义文化强国的评价标准、构成要素与指标体系》，载《福建论坛（人文社会科学版）》，2021 年第 5 期。

第六章 人类命运共同体：中国社会主义文化强国建设价值坐标

傅才武（2020）指出，建设21世纪中华民族文化共同体是文化强国的根本标志。党的十八大以来，"建设文化强国"成为我国国家文化战略的集中表达，形成了对以往文化改革发展经验和未来发展目标的集成性概括。推进社会主义文化强国建设，应以建设中华民族精神家园为目标，在中外文化交流互鉴的基础上构建21世纪中华民族精神家园的价值基础。应以建设中华民族精神家园为目标，在文化强国战略中进一步深化中华民族文化共同体的特色内涵，在全球比较视野下超越农耕文明和工业文明的局限，在中外文化交流互鉴的基础上重建21世纪中华民族共同的文化价值系统和文化象征符号，从而构建21世纪中华民族精神家园的价值基础。

二是"二标准说"。毛志成（2011）认为，真正的文化强国，主要标志有两个：一是坚持和提高文化的独立性和自由度，并使文化成为德育、智育的一种重要资本；二是对文化的观察视野和理解程度予以扩大化和深刻化，懂得了文化必须具有国际性和现代性。

三是"三标准说"。钟明华等（2021）认为文化强国的标准是文化生产力先进和文化创造力突出、文化凝聚力和引领力巨大、文化影响力和感召力强盛。以"文化生产力先进、文化创造力强盛""文化凝聚力、引领力巨大""文化影响力、感召力超强"为基本内涵，标定推进建成社会主义文化强国是"重要战略机遇期"的历史必然。

四是"四标准说"。温宪元（2012）认为衡量"文化强国"需要综合四个因素来考量：一是全社会的文化创新活力充分激活。二是文化产业的规模大幅提升，竞争力大幅提高，形成一批有国际竞争力、影响力的文化企业和跨国文化产业集团。三是文化人才辈出、济济一堂，既拥有一支规模庞大、结构合理的宏大文化人才队伍。四是国家文化软实力大幅提高。

五是"五标准说"。齐勇峰（2011）认为文化强国标准可以从以下五个方面衡量：一是全社会的文化创新活力充分激活。二是文化产业的规模大幅提升，竞争力大幅提高，占到GDP比重的8%到10%左右。三是既拥有一支规模庞大、结构合理的宏大文化人才队伍。四是文化贸易特别是版权贸易由净进口转变为净出口。五是国家文化软实力大幅提高,能够提出引领国际经济社会发展潮流的各项议题,在构建国际新秩序中发挥积极作用。

六是"六标准说"。胡守勇(2021)提出建成社会主义文化强国应具备价值、结构、活力、共享、治理、势能6大评价标准,具体为意识形态领导力、文化资源整合力、文化创新创造力、文化民生保障力、社会文明约束力、国家文化软实力6大构成要素,进而建构出由1个目标、6大准则和28个指标构成的建成社会主义文化强国评价指标框架体系。

二、国内现有研究成果的贡献与不足

总体而言,目前对于社会主义文化强国评价指标体系的研究主要集中在以下三个面向:

(一)基于科学社会主义理论视角,对社会主义文化强国概念内涵、标准原则和实现路径的研究

这类研究的贡献:深化了社会主义文化强国出场逻辑研究,主要体现在:一是从理论维度出发,通过理论逻辑铺陈,挖掘马克思主义经典文本中的思想理论资源,为相关研究提供学理支撑。立足马克思恩格斯唯物史观,指出经济基础对整个社会历史的基础性和对文化的决定性作用,同时强调文化在人类社会历史变革中的杠杆力量以及对社会物质生产和政治发展所具有的能动反作用。

这类研究的不足:(1)多数研究笼统地以马克思主义作为文化强国的理论指导,而对具体的原理、观点和方法缺乏完整的逻辑梳理和系统整合,因而对文化强国建设的推进理路往往局限于国内视野的有限方面,未能构建起系统性强、逻辑清晰的国际国内协同并进的理论和实践路径。指标的建构既要能够有效兼容中国特色,同时也要能够与世界文化发展相融

通。(2) 未能将定性定量有机兼容和结合。这类研究大多是从社会主义文化强国的价值层面的探讨，较少从可操作性的层面出发去思考社会主义文化强国建设的有效推进路径，对社会主义文化强国思想的研究学界未形成一个大家公认的指标体系与测评机制，从定量方面衡量的研究还是一片空白。由于缺乏量化指标，无法参与国际社会的对比，导致学界对文化强国建设所面临的困境分析较为粗浅，且仅就问题而谈问题，鲜有涉及问题背后的相关"底层逻辑"。

（二）基于文化产业经济学理论视角，从文化产业竞争力角度进行整体评估

这类研究的贡献：归纳起来，这一视角下的研究主要有三种不同观点：一是外因决定论；二是内因决定论；三是内外因综合决定论。外因决定论者，如基于波特钻石模型或者改进模型的评价体系，强调外部环境对国家或地区获取竞争优势有着决定作用。内因决定论者从产业显性的市场占有和赢利状况出发，沿着竞争力显性指标—直接决定因素—间接决定因素的研究思路，由果导因，不断向前推溯，从而把影响竞争力的决定因素引向产业内部。

这类研究的不足：这类研究大多数有一个评估框架和指标体系，有些建立了评估模型，但总体来说指标来源和指标依据比较模糊，甚至逻辑不统一，指标选取存在随意性，且有些研究过度倚仗定量，会导致过度模型化，势必导致指导文化发展的价值理性缺失。部分学者对"文化事业""文化产业""文化体制改革"等单个现象或某几个现象研究较多，就地方、行业、部门、界别乃至企事业单位等的特点来谈文化建设等较多，而未能从历史与现实相统一的逻辑角度，也未能站在开辟中国式现代化新道路、实现中华民族伟大复兴的高度来深入理解文化强国的深层次意蕴，存在着明显的历史局限性和现实的狭隘性。

（三）基于国际关系与国际传播理论视角，从国家文化软实力和中国文化国际影响力的角度进行整体评估

这类研究的贡献：国内关于文化软实力指标体系的研究成果丰硕，按照文化作用可分为文化基因说、文化能力说、文化结构说和文化资源说四种。关于文化软实力指标体系的研究成果也层出不穷，按照文化要素的构成，可概括为"一体系论""两指标论""三指标论""五要素论""六要素论"和"七要素论"六种类型。国内有关文化软实力的研究虽然取得了不少成果，比如对于国外软实力理论的翻译和介绍，关于文化软实力的内涵界定、文化软实力的结构要素、发展提升路径等问题，都做过有益的探索。

这类研究的不足：一些研究过分倚重西方理论，没有脱离软实力理论框架，甚至存在一定程度的价值导向迷失。不同的文化强国指标实质上体现了背后的价值观的内在差异。如一项研究文化软实力指标中根据宗教和语言身份标准对国家进行分类。根据这个指数，中国软实力不到美国的1/5。显然，就宗教、语言方面，"相同民族文化（同一宗教）国家数量"和"官方语言教学进入国家教育体系的国家数量"等指标都存在明显缺陷，过于遵循西方国家的标准，没有充分考量文化发展中文化多样性的规律和特性。约瑟夫·奈提出的"软实力"基本指标，是以他国遵循美国对世界的领导为出发点的，带有明确的"对他国施加影响"的语境，蕴含着意图"控制他者"的霸权色彩，完全反映了以美国为代表的西方主流价值观，如果随意套用这类指标，相关评价体系便存在明显的缺陷。

（四）现有指标体系设计存在的问题

通过对现有研究指标体系进行整理分析，发现现有文献中存在指标重复、指标不明确、指标可操作性差等问题。一是指标重复，以对于公共文化服务的评价指标为例，梳理文献后发现对于这一项目的评价，不同文献

第六章 人类命运共同体：中国社会主义文化强国建设价值坐标

采用了不同指标，共出现5种评价指标，存在重复评价的过程。以文化产业发达程度评价指标为例，研发经费投入强度、从业人员数量、法人数、人才数量、收入数都是对于经济收益状况的评价，数据之间存在相互关联性，几个指标同时出现在评价体系中，存在重复计算。二是指标可操作性差，如对于社会生活评价的一些指标，健康福祉、清洁能源、交通便利、法治社会等指标属于定性描述指标，缺乏可测性，只能通过主观评价得出结果。如减排、耕地保护、生物多样性、环保理念等指标，虽属于定量指标，但是测量过程复杂且需要大量人力资本及时间资本，属于可操作性较差的指标。三是指标不明确，如对于公共文化服务绩效的评估存在多种指标形式，而其中人均公共文化产业增加值、从业人员人均产值、固定资产产出率、劳动报酬产出率这几个指标相对于实际情况存在指标不明确，指向性过多，不利于最终评价结果的得出。

小结

文化强国的标准和指标体系应该能通过具体的数据指标对全国文化强国的建设现状作出客观性的描述，更要能够通过指标的对比和分析，找出文化强国建设过程中存在的短板和差距，进而确定引领全方位深入推进文化强国建设的核心要素和主要发力点。而现有的文化强国指标的研究前瞻性不够、引领性不强，缺乏对国际国内文化发展潮流、趋势和文化演变内在规律的深刻把握，因此在核心指标的设置中要突出文化引领性、前瞻性、预见性，既要突出我国文化强国建设的独特理论优势、战略优势、制度优势、领导优势和价值优势，也要在相当程度上与世界文化发展大趋势相联通，真正体现文化强国内在的文化底蕴与文明史意义。

在学科基础方面，笔者认为，文化强国标准问题，属于国家现代化治理的范畴，是提高国家现代化治理能力的一个重要方面，因此应该在现有科学社会主义、文化经济学和国际关系学的基础上,引入现代国家治理理论,从个人层面、企业(机构)层面、国家层面和世界层面入手,进行标准设定和指标体系构建,从而增强文化强国标准研究的科学性、规范性和专业性。

二、国外研究文献综述

(一)国外学术界和媒体机构对中国文化发展的评价

1. 国际学术界对中国文化的评估,基本上基于三个视角

(1) 基于世界秩序和文明范式的视角

进入新世纪以来,特别是 2008 年世界金融危机之后,面对中国的经济崛起,开始警觉地观察中国崛起对世界秩序的影响。中国崛起成为西方学术界讨论的热门话题。中国会不会替代美国成为世界头号强国?中国将如何改变世界秩序和现有规则?中国的文化影响力究竟如何?Martin Jacques 着眼于中国不断增长的力量如何从文明和文化的角度寻求改变全球秩序的规则,他认为:"一旦中国成为超级大国,它将通过自己的历史、政治制度和价值观来看待世界,并以自己的形象和力量来重建世界。在中国崛起的影响下,西方主导的世界秩序将灭亡。"①Kurlantzick 发现中国越来越多地使用软实力工具为中国作为世界良性大国的形象做出贡献。这种新兴的亚洲软实力,是可以挑战美国的。②而 David Shambaugh 则认为,中国只不过是一个"局部大国",只在经济领域有影响力。他指出,尽管中国的"足迹"正在世界不同地区扩展,但中国没有向其他国家提供"替代模

---

① Jacques, Martin. *When China Rules the World: The Rise of the Middle Kingdom and the End of the Western World*, New York: Penguin Books. 2009.

② Kurlantzick, Joshua. *Charm Offensive: How China's Soft Power is Transforming the World*, New Haven: Yale University Press. 2007.

第六章 人类命运共同体：中国社会主义文化强国建设价值坐标

式"。最值得注意的是在中国文化软实力和军事领域，几乎看不到中国的存在。① 从这个视角出发的讨论还可以参阅 Friedberg②、Cardenal & Araujo③、Steinfeld④、Nathan and Scobell⑤ 等人。

（2）基于现代性的视角

从洛克以来，到孔德、斯宾塞，再到迪尔凯姆、滕尼斯和韦伯的社会发展理论都可以看作是关于现代化的理论。罗兰·罗伯森指出，20 世纪 50 年代至 60 年代的现代化理论"构成了西方国际主义的普遍形式"。现代化理论把"传统"和"现代"作为评价社会文化发展的基本评价标准，目的是用处于高级发展阶段的"现代社会"来改造处于社会发展低级阶段的"传统社会"，用西方文化的标准来"统一"其他的文化，让其他文化向西方文化"看齐"。帕森斯以后的美国社会学家们开始把对于欧洲现代化经验的总结描述和概括世界上所有国家的现代化进程，把一个历史性的概念当成了一个普遍性的概念。列维在 1952 年出版的《社会结构》（*The Structure of Society*）和 1966 年出版的《现代化和社会结构》（*Modernization and the Structure of Society*）中把传统社会和现代化社会的区别特征分为八个方面。基于这种"传统"和"现代"的划分，现代化理论家们设计了不发达国家从"传统"社会向"现代"社会转化、发展的模式和理论。他们认

---

① Shambaugh, David, *China Goes Global: A Partial Power*, New York: Oxford University Press. 2013.

② Friedberg, Aaron L, *A Contest for Supremacy: China, America, and the Struggle for Mastery in Asia*, New York: W. W. Norton & Company, Inc. 2011.

③ Cardenal, Juan Pablo and Araujo, Heriberto, *China's Silent Army: The Pioneers, Traders, Fixers and Workers Who are Remaking the World in Beijing's Image*, New York: Crown Publishers, English translation by Catherine Mansfield. 2013.

④ Steinfeld, Edward S, *Playing Our Games: Why China's Rise Doesn't Threaten the West*, New York and Oxford: Oxford University Press. 2010.

⑤ Nathan, Andrew J. and Scobell, Andrew, *China's Search for Security*, New York: Columbia University Press, 2012.

为，发展中国家的变革是西方经济技术变革的必然结果，因此，发展中国家的现代化过程也就是西方化。

这样，西方的学者顺理成章地把西方文化作为全世界甚至全人类的文化标准。哈里森认为，"应当制定一项综合的理论与应用研究计划，以便做到将价值观和态度的变革纳入第三世界国家的发展政策、安排和规划，以及纳入美国的反贫穷计划。这项研究的最终成果应是争取改变价值观和态度的指导方针，包括切实可行的举措，以便倡导进步的价值观和态度。"要求全体第三世界国家的人民以美国的价值观和态度为标准来改变自己的生活，以美国人的标准为标准，以美国人的是非为是非，这个意思得到了最为清楚的表达。

(3) 基于软实力的视角

西方学者在利用约瑟夫·奈的软实力理论对中国的"软实力"进行评价的时候，也是把"意识形态合法性"放在首位的。哈佛大学 Anthony Saich 教授直言不讳地说道："中国真的有软实力吗？还是仅仅是其经济的快速增长吸引了我们？如果真的有，请问哪个国家愿意接受中国软实力这个术语所包含的概念？是其文化？还是教育？或者是其政治体制？我想我们西方人多数会对其政治制度的方方面面感到不舒服。中国哪个方面的软实力有吸引力？我们不能把软实力分解成若干因素，然后说我喜欢其软实力的这个方面，不喜欢其软实力的那个方面"[1]。这里的意思非常明白：只要中国的政治价值观没有"合法性"，它就没有软实力。

因此，西方学者在对世界各国软实力进行评价的时候，政治价值观作为核心这条原则，是贯穿在其评价体系之中的。他们所设定的指标、影响

---

[1] Harvard University John F. Kennedy School of Government Institute of Politics Forum, "The Rise of China's Soft Power", http://www.iop.harvard.edu/JFKJrForumArchive/ transcripts/04192006_The_Rise„of_Chinas_Soft_Power.pdf.

第六章　人类命运共同体：中国社会主义文化强国建设价值坐标

因子和权重，都充分体现了其"政治正确"的指导思想。特别是单独针对中国的软实力测评，这一点体现得更为明显。比如，Gregory G. Holyk 2011年发表于《政治科学季刊》上的《纸老虎？中国软实力在东亚》一文，认为之前的一些学者夸大了中国软实力在东亚国家的影响，指出中国的影响力仅限于经济方面，而中国的软实力不过是"纸老虎"。他基于约瑟夫·奈的软实力理论框架设计了自己的评价指标体系，一级指标包括"政治软实力、外交软实力、文化软实力、人力资本软实力和经济软实力"。其中"政治软实力"项下包括"政治体制和尊重人权"两个问题。在问卷设计中，他预置的假设就是"由于受访者对中国威权政体和人权记录的负面印象，中国的政治软实力会非常低"[1]。不出他的"预料"，通过问卷调查，他得出的结论是："中国的威权政体和缺乏对人权的尊重严重伤害了中国的软实力"[2]。

2. 部分国际文化研究机构和媒体对文化影响力的国际测评

通过研究发现，欧美国家的一些研究机构和媒体，发布了世界主要国家文化影响力排名。这些机构有：布达佩斯文化关系研究所（ICRP Budapest）、澳大利亚洛伊研究所（Lowy Institute）、U. S. News、Ceoworld Magazine、softpower 30、Mars Translation。

上述6家机构近两年所做的世界各国文化影响力排名如下：

---

[1] Gregory G. Holyk, Paper Tiger? Chinese Soft Power in East Asia, *Political Science Quarterly Volume.* 126 Number 2 2011.

[2] Gregory G. Holyk, Paper Tiger? Chinese Soft Power in East Asia, *Political Science Quarterly Volume.* 126 Number 2 2011.

表12 世界各国文化影响力排名

评选媒体/研究机构	US News①	Ceoworld Magazine②	ICRP Budapest③	Mars Translation④	Lowy Institute⑤	Softpower 30
评选年份	2021	2020	2020	2021	2021	2019
第一名	意大利	意大利	意大利	意大利	美国	法国
第二名	法国	希腊	法国	法国	中国	英国
第三名	美国	西班牙	西班牙	西班牙	日本	德国
第四名	英国	美国	美国	美国	印度	瑞典
第五名	日本	法国	英国	印度	澳大利亚	美国
第六名	西班牙	英国	日本	英国	泰国	瑞士
第七名	韩国	印度	中国	希腊	韩国	加拿大
第八名	瑞士	葡萄牙	德国	瑞典	马来西亚	日本
第九名	德国	日本	瑞士	墨西哥	新加坡	澳大利亚
第十名	瑞典	瑞士	巴西	尼泊尔	俄罗斯	荷兰
中国排名	11	17	7	11	2	27

---

① US News, "Cultural Influence: Cutting-edge Centers of Art, Entertainment and Fashion. Italy and France Top This List, https://www.usnews.com/news/best-countries/influence-rankings(访问时间：2021年11月2日)。

② Sophie Ireland, Ranked: Best Countries for Cultural Influence, 2020, https://ceoworld.biz/2020/05/05/ranked-best-countries-for-cultural-influence-2020/(访问时间：2021年12月24日)。

③ ICRP Budapest, Top 10 countries with the most cultural influence, http://culturalrelations.org/top-10-countries-with-the-most-cultural-influence/(访问时间：2021年12月24日)。

④ Shahzad Bashir, Top 28 Cultures of the World, https://www.marstranslation.com/blog/top-28-cultures-of-the-world(访问时间：2021年12月27日)。

⑤ Lowy Institute, Asia Power Index (2021 Edition), https://power.lowyinstitute.org/(访问时间：2021年12月27日)。

(二) 联合国及部分国家进行文化评价的做法

1. 联合国文化统计框架

联合国于 1986 年颁布了第一个文化统计框架,在此基础之上,英国、澳大利亚、加拿大、欧盟等相继颁布了自己的统计体系,2009 年联合国教科文组织正式颁布了最新的《文化统计框架2009》,并推动联合国大会通过了三项具有里程碑意义的决议(2010 年、2011 年和 2013 年),承认文化作为实现可持续发展的推进手段和驱动因素起到的作用,并最终将文化写入了 2015 年通过的《2030 年可持续发展议程》。在《2030 年可持续发展议程》文化专题指标中,联合国教科文组织将其分为环境和复原力、繁荣和生计、知识和技能、包容和参与四个一级指标,并设立了 22 个相应的二级指标作为发展的目标,并具体对应相应的发展方向。

目前从全球范围来看,文化统计整体框架较为完善的国家有英国、澳大利亚、新西兰、加拿大、法国、美国等 OEDC 国家,从各国的统计指标来看,目前基本遵循联合国最新的统计框架,并在此基础之上,结合各自国家的特点,进行了相应的调整与修改。①

2. 部分国家文化评估体系

英国从创意产业的角度对文化指标进行综合评价,在 UNESCO 的框架基础上,更加侧重从创意的角度进行产业设计。根据英国数字文化媒体体育部 2018—2019 的年度报告,其愿景是驱动经济的增长、丰富人民的生活并提升英国在全球的影响力。该报告从全球化、增长、数字链接、参与度、社会五个维度的全新视角,力图将英国打造成敏捷、高效的国家

---

① 联合国教科文组织《2030 可持续发展议程》文化专题指标,http://whc.unesco.org/en/culture2030indicators(访问时间:2021 年 12 月 20 日)。

典范。①

澳大利亚通过在联合国原有框架的基础之上，从文化、社会、消费者及对文化从业者的生活品质以及经济四个大类来进行文化发展的评价。②

新西兰文化评价指标体系框架包括参与度、文化认同、多样性、社会凝聚力、经济发展五个大类从而对本国文化进行整体统计与评测。③

加拿大的文化学者在综合了世界其他国家的研究评价基础之上，与2006年提出了自己的文化评价指标体系，在借鉴了英国、新西兰、美国及OEDC组织的相关评价指标基础之上，从以下六个方面提出了文化指标的评价体系：①文化对于周边环境的改善以及场所的更新与改造；②文化对于个体的幸福感与个人发展；③文化对于社会资产与社区的建筑影响；④文化对于经济发展的促进作用；⑤文化对于社区活力的促进作用；⑥文化对于健康及可持续发展的促进作用。

（三）国外研究的不足与借鉴

1. 国外研究的不足之处

目前国外进行的文化影响力和软实力测评，基本上都是由西方国家的研究机构和媒体进行的。其基本理论是现代化理论，指导思想是自由国际主义思潮，分析框架以约瑟夫·奈的软实力理论为基础，出发点是衡量中国是否有能力挑战美国为主导的世界秩序，带有浓重的意识形态色彩。20世纪90年代初，美国哈佛大学教授约瑟夫·奈提出了软实力理论，指出一个国家除经济和军事硬实力之外，表现为"魅力"和"吸引力"的软实力

---

① "Annual Report and Accounts for the Year Ended", 31 March 2018, Department for Digital, Culture, Media and Sport UK.

② "Annual Report 2019-20 Department of Infrastructure, Transport, Regional Development and Communications", Australia Government.

③ "Cultural Indicators for New Zealand", July 2009, Ministry for Culture and Heritage Te Manatū Taonga Wellington, New Zealand.

第六章 人类命运共同体：中国社会主义文化强国建设价值坐标

也是其综合国力的重要组成部分。在自由国际主义思潮高涨、全球化运动深入推进的过程中，约瑟夫·奈的软实力理论实质就是要以一种柔性的方式来推进美国以推广民主为核心的外交政策。在约瑟夫·奈的理论中，"合法性"是一个核心概念。文化、政治价值观和外交政策的"魅力"来源于"合法性或具有道德权威"（legitimate or having moral authority）[①]，最核心的问题还是"普世价值"问题。约瑟夫·奈说得非常明白："当一个国家的文化维护的是其他国家愿意认同的普世价值的时候，这个普世价值会使其天然地具有对其他国家的吸引力"[②]。因此本研究在进行社会主义文化强国标准选择的时候，突破约瑟夫·奈的普世价值观，而以社会主义核心价值观为指导，把衡量政治价值观优劣高下的观测点定为"人民对政府的满意度"。

2. 有选择地借鉴

抛弃掉西方研究机构和媒体软实力测评中的政治偏见，他们所采用的一些观测点、评价方法和数据来源具有一定的借鉴意义。联合国的统计框架体系，已经被世界许多国家所采纳，有一定的合理性，本研究将充分借鉴其合理因素，特别是其中对可持续发展的考量和文化作为经济社会发展驱动力的观点，值得我们学习。此外部分国家评价文化发展的原则，也为我们提供了很好的思路。比如新西兰的国家文化发展评价体系中，特别强调了文化对社会发展的驱动力、凝聚力和包容力，对本研究有一定启发。

三、构建文化强国和文化发展评价标准体系的设想

基于我国对标准的分类，社会主义文化强国标准属于推荐性国家标

[①] Ibid, p.6.
[②] Nye, J, *Soft Power: The means to success in world politics*, New York: Public Affairs, 2004.

准,是国家治理体系和治理能力现代化的基础性制度,是中国特色社会主义事业"五位一体"总体全局和"四个全面"战略布局实施的质量基础设施。笔者试图在细读中央文献的基础上对相关部门进行实地调研,从现代治理理论出发,从个人、产业、国家和世界四个层面构建社会主义文化强国的标准,明确文化强国建设的目标和发展方向,创建引领性文化发展评估体系,并在创新性评价体系指导下优化文化强国的实现路径。

(一)对党的十七届六中全会以来重要文献和习近平同志重要讲话中有关文化强国建设的论述进行研读,梳理文化强国建设历史逻辑、理论来源、现实依据和核心内涵,明确马克思主义理论、中国优秀传统文化和中国共产党百年奋斗史的实践经验构成了社会主义文化强国的理论渊源。社会主义文化强国建设从个体和社会的层面,现代文化产业体系和公共文化服务供给层面,民族和国家的层面,乃至全球发展形势的层面,都有充分的现实依据。新时代中国特色社会主义文化自信和以人民为中心的文化发展导向是文化强国建设的核心内涵。

(二)从对国内外文化评价的理论体系和评估实践的研究和梳理中发现,所有的评价体系都依靠价值体系的支撑,我们在借鉴国外文化评价体系的同时,必须剔除其自由国际主义思潮支配的文化普遍主义和普世价值观,而以以人民为中心的社会主义核心价值体系为指导。从学科基础的角度,我们发现国内已有对文化强国标准的研究,基本上是从科学社会主义、文化产业学和国际关系三个学科领域出发的,这三种视角第一种过于注重定性研究,第二种局限在文化产业和公共文化服务领域,第三种过分倚重"软实力"分析框架,因此我们引入了第四个视角,即现代治理理论。标准的制定,实际上是一个现代治理学科范畴内的问题。与传统的管理理论不同,现代治理理论强调治理主体的多元化,认为个人、企业、政府都是现代社会治理的主体。明确现代治理理论作为文化强国标准设计的学科基础和学理支撑。

第六章 人类命运共同体：中国社会主义文化强国建设价值坐标

（三）进行文化强国标准的理论构建。紧扣第一步"社会主义文化强国建设从个体和社会的层面，民族和国家的层面，乃至全球发展形势的层面，都有充分的现实依据。新时代中国特色社会主义文化自信和以人民为中心的文化发展导向是文化强国建设的核心内涵"，从现代治理理论个人、产业、国家、全球四个层面出发，笔者的研究团队把社会主义文化强国建设的标准定格在四个维度：个人层面、产业层面、国家层面和世界层面。个人层面，落实以人民为中心的文化发展导向，既满足人民群众丰富的精神文化需求，又促进人民群众文明素养的全面提高；产业层面，既为社会提供优质的精神文化产品和服务，又形成现代文化产业体系良性循环；国家层面，既以社会主义核心价值体系凝聚精神力量，又为社会经济发展提供文化驱动源泉；世界层面，形成中华文化强大的国际影响力，同时与其他文明文化平等交流互鉴。

（四）依据文化强国标准，进行创新性评价指标体系的设计。我们把党的十七届六中全会以来重要文献和习近平同志重要讲话中有关文化强国的论述作为指标重要来源，对58篇国内外涉及文化评价的研究文献作为参考依据，按照民主性、权威性、系统性、科学性和引领性原则，提出一、二、三级指标，然后采用德尔菲专家打分法对指标进行优化，并用熵权法、层次分析法和DFA分析法（动态因子分析法）确定指标权重，最后采用公开、客观、科学、权威的数据来源，建立评估模型，进行评估实践。

（五）在创新性指标体系指导下，优化文化强国实现路径。文化强国是一个系统性工程，需要顶层设计、全面动员、系统施策。因此，在新时代新征程上，实现文化强国的战略目标需要在创新的评价体系的指导下，精准识别多元承载主体，并对各个主体进行系统定位，从而达成合力。在个人层面，青少年群体以其数字原住民身份已经成为文化数字化时代的强国主体，其内容生产和传播能力、跨国跨文化理解能力、技术学习和使用能力都使其必然承担"强国有我"的时代重任。在企业层面，尤其是高新技术企业和跨国文化企业，以其全球创新能力和跨国管理能力将成为文化强国的市场主体，在国际地缘政治争端加剧和虚拟空间内主体泛化的环境中，企业将有效承担起用户积累、话语组织、渠道搭建、文化培育等角色，为集结国内创新活力和输出发展中国的故事提供系统化助力。在政府层面，在营造中华民族共同体精神家园的同时，要把积极推动构建人类命运共同体作为世界新格局的核心价值支撑和话语体系，为中华文化国际影响力的形成打开话语空间。

附 录

致力于中国文化与世界的对话与兼容性发展
——评李怀亮教授的国际文化研究

张 玉

作为我国国际文化贸易研究的先行学者,国际文化市场与文化发展研究领域的开拓者,李怀亮教授的学术研究以历史脉络为经,以全球视野为纬,以多学科交叉研究方法全面探讨国际文化贸易与文化发展问题。二十多年来致力于国际文化贸易、国际文化市场、国际文化传播以及人类命运共同体理念的国际传播等研究,出版了诸如《当代国际文化贸易与文化竞争》《国际文化贸易概论》《国际文化市场报告》和《大变局中的国际传播》(主编)等著作,在国内重要报刊如《求是》《新华文摘》《文艺报》《文艺研究》《现代传播》发表论文 100 余篇。这些成果具有较高的学术价值、强烈的现实意义和政策参考价值,对文化研究做出了贡献。纵观其学术生涯,发现贯穿始终的是他对全球文化普遍主义与文化多元主义二元对立观点的深度思考。他指出在各国文化政策及贸易理论中,都贯穿着一条普遍主义与多元主义相对立、冲突、消解与融合的矛盾运动过程,他主张使用宏观辩证综合的观点来考察国际文化竞争问题,并展开了从理论到实践、从抽象到具体的一系列研究,对国际文化贸易与文化发展进行了宏观勾勒与微观扫描。

肩负使命：从全球文化竞争格局中思考中国文化道路的选择

　　文化普遍主义的核心是西方中心主义。文化普遍主义认为，文化应该能适应并促进经济的发展和繁荣。并不是世界上每一种文化都适合经济发展。西方文化是现代的、亲经济性的，第三世界国家的文化是传统的、反经济性的。既然文化的未来应该与经济保持同样的模式，经济全球化的同时文化也就应该全球化，亲经济性的西方文化就应该成为普遍的全球文化。①

　　深受国际文化竞争中各国力量对比的巨大悬殊感强烈的刺激，李怀亮开始研读西方文化理论著作，深度思考中国文化道路如何走的问题。他在著作《当代国际文化贸易与文化竞争》中，深切发问："西方资本主义文化真的就可以理直气壮地把世界上所有其他文化都'终结'掉吗？全球化是否可通过某种文化模式的单向推行就可以实现？资本主义作为一种经济模式，是不是整个人类文化所必须采纳和适应的秩序？西方资本主义文化中从一开始就暴露出来的弊端难道就要伴随着人类的始终？"

　　带着对中国文化建设的使命感以及对东西方文化的深度思考，李怀亮教授对中西方二元论进行了反驳，认为应该超越二元论，以综合、辩证、动态的眼光来看待国际文化竞争这一复杂的问题。不可否认，西方文化发展至今，为文化现代化做出巨大贡献。但今天，"好"就只存在一种标准吗？其他文化就要进行文化横向移植吗？中国式现代化的发展，中国文化几千年璀璨文明，儒释道等优秀的传统文化就要丢弃吗？中国文化的创新发展和创造性转化到底怎么做好国内与国外市场的兼容问题？这是李怀亮

---

　　① 李怀亮：《当代国际文化贸易与文化竞争》，广州：广东人民出版社2005年版。

教授在研究和实践中长期思考的问题。

李怀亮教授主张世界各国都有权利根据自己国家的发展状况和发展阶段选择自己的发展道路，国际社会应当在相互尊重的基础上，开展务实友好的合作，实现双赢多赢；在求同存异的前提下，开展文明交流对话，增进互相理解①。在对待外国文化上，他主张应超越"开放—保守"这样一个长期以来对我们产生了深刻影响的二元对立思维模式。而是既要有开放的宏观战略，还应配合灵活的微观战术。因此他在文化领域的学术思想基本可以概括为两条逻辑。第一条是对国际文化贸易实务、贸易理论、文化政策及文化思潮的宏观扫描；第二条则是对我国文化政策、文化实践、跨文化传播效果的研判，即对中国文化发展本身的思考。中国的文化现代化到底要走怎么样的道路？我们的文化建设是否必须采纳和适应文化普遍主义的思想、走西方现代化的老路子？显然，他的答案是否定的。带着这样的使命感和思考，李怀亮开始了从理论到政策、从政策到实践的一系列研究。力图从文化视角切入认知全球关系，从全球关系的解读中认知中国。其学术研究密切考照中央政策，思考文化道路的选择，肩负当代中国文化建设的使命。

仔细考究李怀亮教授的研究缘起，主要根植于中国文化发展的全球历史变局，中国文化发展经历从繁荣到衰落再到复兴的过程。因此，从文化发展的历史深层脉络中建立研究出发点尤为重要。以文明发展史来看，中华文明拥有悠久的历史和深厚的文化底蕴，儒家、道家、墨家等学派的思想体系，对于中华文明的发展和壮大起到了至关重要的作用。这些思想体系强调天人合一、道德伦理和人文关怀，注重人与人、人与自然的关系，提倡和谐、平衡和整体性，积累了丰富优秀中国传统文化，成为中华民族的瑰宝。而在古代西方，古希腊哲学家如苏格拉底、柏拉图和亚里士多德

---

① 李怀亮、姬德强：《大变局中的国际传播》，北京：人民日报出版社2022年版。

等开创了理性主义和形而上学的传统，对西方哲学、科学和艺术产生了深远的影响。伴随近代科学的产生，西欧走上工业化道路，立足于经济根源、文化根源及启蒙根源，西方文明大放异彩，也正是局限于这些根源，东方自然科学技术及文学影响力层面与西方国家产生差距，东方文明的发展脚步放缓。全球化时代，伴随西方文化的全球扩张，"文化霸权""将东方东方化"问题日益明显，全球话语权力逐渐向西方倾斜，形成了"以西方为中心"的话语格局。进入"共同体时代"，"逆全球化"和"权利转移"促使西方话语霸权的消解，促成国际软实力格局的重构，为全球国际文化交流和文化的国际传播开拓了空间。那么在此背景下，如何把握全球文化传播格局？如何提升中国文化软实力？如何在文化传播中学习借鉴有利因素？如何创新文化产业活力？提升国际传播效能？

在李怀亮教授多年的研究成果中，集中回答了这些问题。他主张文化发展需深刻认识到全球发展格局，掌握全球文化发展的关键密码，在做好国内市场的同时，还需要从国际市场中寻求关键原因。从文化贸易发达国家的文化事业中汲取思维，发现差距，以提升我国的文化软实力和国际影响力，这种借鉴具有"他山之石"的理论与现实意义，有助于深入理解中国文化的内在动力和外在影响因素，以及在全球化背景下如何保持和发展自身文化的独特性和优势。同时，也有助于更好地理解和应对当前中国文化面临的挑战和机遇，为推动中国文化的发展提供有益的启示和指导。

李怀亮教授的学术研究脉络紧密契合我国近20年来文化发展动态轨迹，密切关照我国文化发展领域的实际问题。我国于2001年12月11日正式加入WTO，文化国际贸易开始在全球崭露头角，李怀亮教授最先于2002年开始正式产出国际文化贸易相关成果，成为该研究领域先行者。随着文化国际文化贸易开始逐渐频繁，如何提升文化创新创造活力，提升国家文化软实力，文化产业与国家经济的关系逐渐成为其关注焦点。全球化以来，我国综合国力得到巨大提升，成为世界第二大经济体，如何融通中外，提升国际传播的效能成为全球化时代必须攻克的难题。当前，面临百年未有之大变局，弘扬全人类共同价值，推动构建人类命运共同体是应有之义。全面建设社会主义现代化国家，增强文化自信，围绕举旗帜、聚民心、育新人、兴文化、展形象建设社会主义文化强国，助推我国从文化大国到文化强国建设，是当下至2035年需要完成的目标。李怀亮教授对中国文化发展持有乐观态度，他认为，当今，中国文化发展的新高度，已经改写了世界文化竞争格局。世界文化发展将由西方文化的"一元引领"向"多元引领"范式转换，中国文化发展从"追赶型"到"引领—追赶型"的范式转变①。从脉络梳理中可以发现，他的研究实践络始终追踪文化发展领域最紧迫的问题，立足于国家文化战略，以敏锐的视角与深沉的关切回应国家文化发展实际。

突破学科界限：以综合视角与方法深探文化发展的内核本质

李怀亮教授是一位沿着自己思想行走的学者，从文化贸易、文化产业、国际传播、人类命运共同体、文化强国建设等研究主题的分布可以看出，他的学科基础虽是文艺学，但却没有走文艺学研究的传统路线，而是突破了学科范围的传统研究范式，始终沿着自己思想行走，以综合的视角与方法深刻探寻文化发展的内核本质。这一点与他对学术工作的态度是一脉相承的。他认为作为学术工作者，学术研究的目的不应该仅停留在完成一篇博士论文、发表几篇学术成果，而是要肩负使命，真正投身于问题本身，培养发现问题，并努力解决问题的魄力，从对问题的钻研和解决中获得深刻领悟。

---

① 李怀亮：《文化产业周刊》，https://mp.weixin.qq.com/s/KLz5gMgyB9Wt9_NuvrNZDQ。

由此，李怀亮教授构建了一种全面、辩证、镜像的研究体系。在对全球文化发展、文化贸易的全景扫描与勾勒中寻求中国文化发展的进路。其特点呈现出关联性高、纵向深度挖掘、由产业-政策-国家-全球由点及面式地辐射开来。

其一，研究内容与全球文化发展进行互动。将全球文化实践纳入范畴，分析全球文化贸易实践、文化发展与文化软实力关系、文化走出去需关注的两个市场、如何建设文化强国以及面临百年未有之大变局下，如何寻求全人类普遍共同价值，进而推进人类命运共同体的传播。在与全球的深度对话中，提出适合中国文化发展的具体路径。

其二，内容广泛且前沿，与文化发展领域的最新趋势与热点内容进行对话。从政府角度、企业角度、文化产品和服务出口等多元视角进行多元解读。他研究文化产品的种类丰富，从电视节目的全球贸易到电影、娱乐产品、数字文化的贸易，全球文化贸易与文化实践从传统文化产品到数字化条件下的微电影、网络游戏、手机电视等各种新型文化产品样态。20年成果对标全球文化领域20年最新发展现状，以新思维与新视角引领文化实践。在对全球文化贸易领域众多研究样本的分析中，不仅揭示了文化贸易的多元化、数字化和融合化特点，还展现了全球化背景下自由化、规范化和多边化的发展趋势。

其三，研究结论关照中国文化发展实际，具有重要的实践意义。他在研究中提出了中国文化贸易发展的路径、中国文化产业如何创新创造活力，如何更好地走出去的策略、国家文化软实力的构建策略、做好国际文化传播、构建国际软实力、建设文化强国以及推进人类命运共同体等众多维度的具体路径及策略。服务于我国文化建设的具体实际与相关政策，为更好地建设文化强国，构建强大的文化软实力做出贡献。

也因此，在多年研究中，李怀亮教授培育了广阔、丰富、新颖的研究视野。以贯通中西、放眼全球的宏大视野，他提出文化"走出去"须统筹国际国内两个市场①。以中国文化贸易问题为研究切口，立足于中国文化贸易、文化产业、国际传播、文化强国建设以及外交实际问题，瞄准中国文化发展在国际场域中的具体实践，通过对不同国家和地区文化贸易的比较研究，以更好地理解不同国家和地区的政策、文化和社会背景，为中国特色文化强国建设提供理论支撑和智力支持。其研究对象涵盖全球众多国家和机构，其中包括美国、英国、日本、韩国等全球众多典型文化发展强劲且具有代表性国家。此外，研究还涉及了各类国际组织和非政府组织等，如联合国教科文组织和世界银行、世界贸易组织（WTO）、亚太经济合作组织（APEC）和欧盟（EU）世界环境与发展委员会、联合国贸易开发事务局等，形成了丰富多元的研究群体。李怀亮教授以宏观视角审视全球文化格局与中国文化建设的关系，理解不同国家和地区的文化特色和优势，以及不同国家在国际舞台上的地位和影响力，并深入探究中国文化在全球化背景下的定位和角色，分析在文化贸易中的优势与不足，为中国文化的建设和发展提供有针对性的建议和策略，促进中国文化的传承和创新。同时，李怀亮教授还关注后全球化时代文化格局的变化和趋势，探究文化产业的发展和国际传播的新趋势，致力于在新时代背景下推动中国文化的国际传播与交流，促进不同文化之间的对话和理解。

李怀亮教授的最大成就是开设了文化贸易学科体系。立足于二十世纪以来世界格局的变化和世界范围内文化思潮的发展演变，他以敏锐的洞察力和精准把控力关注到文化经济化与经济文化化的热点现象，最早投入到国际文化贸易相关研究，成为我国国际文化贸易领域的先行学者，开拓了国际文化贸易研究的新方向。具备创新意识和前瞻性，创新性地将全球文化贸易纳入研究视角，对国际文化市场的规模、结构、特点和趋势进行了较为全面分析，对国际文化贸易理论和实践模式进行了深入理解和研究。

---

① 李怀亮：《文化"走出去"须统筹国际国内两个市场》，载《现代传播：中国传媒大学学报》，2015年第7期，第5页。

中国文化"走出去": 国际文化贸易与文化发展

其研究焦点引领着该领域的发展方向，走在最前沿。从早期电视节目的全球化开始到中国文化出口再到数字化背景下的国际文化贸易的新趋势，紧跟文化贸易最新实践，挖掘国际文化贸易的内在规律和特点，许多新颖、独到的论点和观点，为该领域的研究与实践注入了新动力。具备跨学科的知识和综合视野，综合运用文化经济学、国际贸易学、经济学、传播学、国际关系学等多学科的理论和方法，对国际文化贸易领域的文化政策、文化出口、文化市场、文化产业及文化软实力等实际问题进行扫描与透视，关照我国文化贸易实践，进行横向与纵向对比分析，将多学科理论与方法融入研究，为分析问题提供了更广阔的视角和更丰富的理论应用维度。

李怀亮教授于 2006 年出版图书《国际文化贸易概论》，是国内第一部国际文化贸易方面系统性教材，对当代国际文化贸易的特点、规律进行了深入研究。在该书中李怀亮教授从全球化语境，文化贸易理论，国际文化贸易的市场环境、政策环境、人文环境以及国际文化市场特点等内容进行了深入细致的理论讨论①。从国际文化贸易领域的多角度归纳梳理了全球文化贸易相关学者、研究理论及研究方法，对经典的研究理论及应用情况做了透视与解读。有助于读者系统认识国际文化贸易领域相关研究脉络，掌握该领域理论应用及演变历程。此外，创新性地使用产业内贸易理论和需求偏好理论解释国际文化贸易现象。他指出文化商品的国际贸易高度集中于少数几个国家，属于典型的产业内贸易。根据产业内贸易和需求偏好理论，国际文化企业经营管理和内容生产存在"趋同化"倾向。在此情况下，中国文化产业要充分发挥丰富的潜在文化资本优势，提高中国文化的国际竞争力，必须在文化企业的经营管理形式和内容生产标准上与国际市场"接轨"②。其次，他认为应该借鉴发达国家文化产业的营销经验，重

---

① 李怀亮：《国际文化贸易概论》，北京：高等教育出版社 2006 年版。
② 李怀亮、闫玉刚：《当代国际文化贸易综论（上）》，载《河北学刊》，2005 年第 6 期，第 7 页。

视销售市场构建及市场促销等环节。再次，在内容生产方面，也应在立足本土文化的同时，尽量做到与国际市场接轨。这种创新的解释框架对于政策制定者、文化产业从业者以及学术研究者都具有较高的参考价值。可以更全面地理解国际文化贸易的运作机制和影响因素，揭示文化产品和服务在国际市场中的竞争优势和需求特点，还有助于制定针对性的市场策略，进一步推动全球文化多样性的交流与传播。

深耕学研：转化理论，助推实践

李怀亮教授扎根于科研教学第一线，从学术中来，到实践中去，深耕学研、转化理论、助推实践。从2004年成立国际中国传媒大学文化贸易研究所到2005年建设国家对外文化贸易理论研究基地，再到2019年出任中国传媒大学人类命运共同体研究院院长，李怀亮教授充满热情和使命感，以孜孜不倦的精神推动学科落地、人才培养、资源整合及全球交流与合作。一方面，持续助推文化贸易领域"四位一体"综合教研体系的落地；另一方面，终极国家，惠及全球，通过多种渠道和方式，向世界传播中国的文化、历史、哲学和价值观，促进中外文化交流和互鉴。依托于人类命运共同体研究院，积极开展各种文化交流活动，举办国际学术会议、文化展览、文艺演出、国际媒体宣传、线上研讨会、海外转播、跟踪报道和评论等，为中外文化交流搭建了良好的桥梁。李怀亮教授将政策践行、学术工作以及社会服务融为一体，始终贯彻"服务国家战略、主动为国担当、做有学术穿透力的科研"的理念，是国家文化发展政策的倡导者、传播者及推动者。

人类命运共同体理念既是中国处理国际事务的指导思想，也是百年未有之大变局中全球共同攻坚克难的宝贵理念。因此，从实践层面与理论层面如何解读该理念是一项重大且极具挑战性的课题。

在实践层面，自人类命运共同体研究院成立以来，立足于学术实践与全球传播实践，现已与众多国家合作举办 20 多场国际会议、200 多场丰富的系列讨论讲座以及推进共建 18 所（截至 2023 年）人类命运共同体研究中心，形成丰富的研究成果。目前研究院共承担国家级、省部级等课题 20 余项，在国内外核心期刊发表学术论文 60 余篇；出版专著《大变局中的国际传播》《中国与委内瑞拉：迈向命运共同体》，撰写数十篇咨政报告，并被相关部门采纳。

在课题研究中，李怀亮教授是最早攻克这一课题的重要参与者。他在课题研究中指出："推动构建人类命运共同体是中国共产党就人类未来发展提出的'中国方略'。一方面，确立了国际关系新思路，彰显了全球治理新特征，开创了国际交往新格局；提出共建持久和平、普遍安全、共同繁荣、开放包容、清洁美丽的世界的美好愿景；另一方面，在推动新型经济全球化、引领世界走和平发展道路、构建新型国际关系、践行真正的多边主义的道路上，强调通过弘扬全人类共同价值，超越所谓'普世价值'的狭隘历史局限，为人类社会开辟美好明天。"[①] 在论文成果中，李怀亮教授认为人类命运共同体理念超越了历史上的共同体理论，从人类命运的高度来理解"一种关于归属的观念"，是对人类集体"意义、团结和集体行动的寻求"[②]。

对人类命运共同体理念的解读，李怀亮教授的研究具有高度与深度，从时代的解读中理解当下，从国际软实力格局的解读中认知中国。体现出其深厚的研究功底以及国际视野，也是对他既有研究的超越与升华，立足于国际问题，但又超越国际问题，纳入哲学思考，在对全人类共同价值的感知中寻求更大范围的合作与理解。此部分内容具有深刻的哲学思想、人文精神和价值观念。

---

① 中国政协课题组：《推动构建人类命运共同体是"两个结合"的生动实践》，载《中国政协理论研究》，2024 年第 4 期。

② 李怀亮：《人类命运共同体理论与国际软实力格局的重构》，载《红旗文稿》，2017 年第 21 期，第 8—10 页。

放眼全球,以深邃、广阔的眼界看待全球文化贸易问题、全球文明交往问题,并以热诚关切的态度和坚定的决心,投身于中国文化建设,以推动中华文化更好地走向世界。李怀亮教授从学术思维创新到具体实践的深耕,未来还将步履不停,他的探索与实践仍在进行时。